正說九王奪嫡

清史專家重述康熙朝
最驚心動魄的皇位爭奪戰，
獨到拆解雍正
奪取上位的重重疑點

鄭小悠
橘玄雅
夏天
著

康熙帝後宮集團等級示意圖

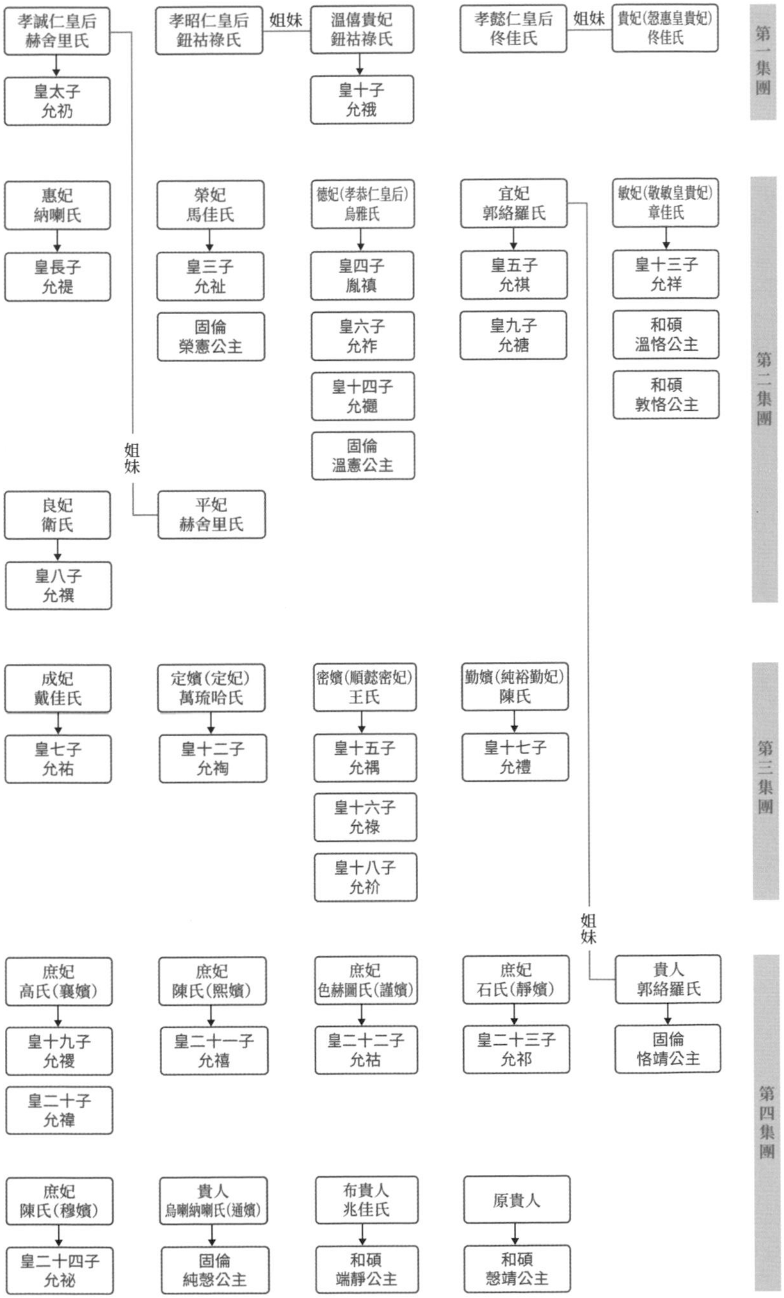

康熙帝四任皇后家族主要成員關係圖

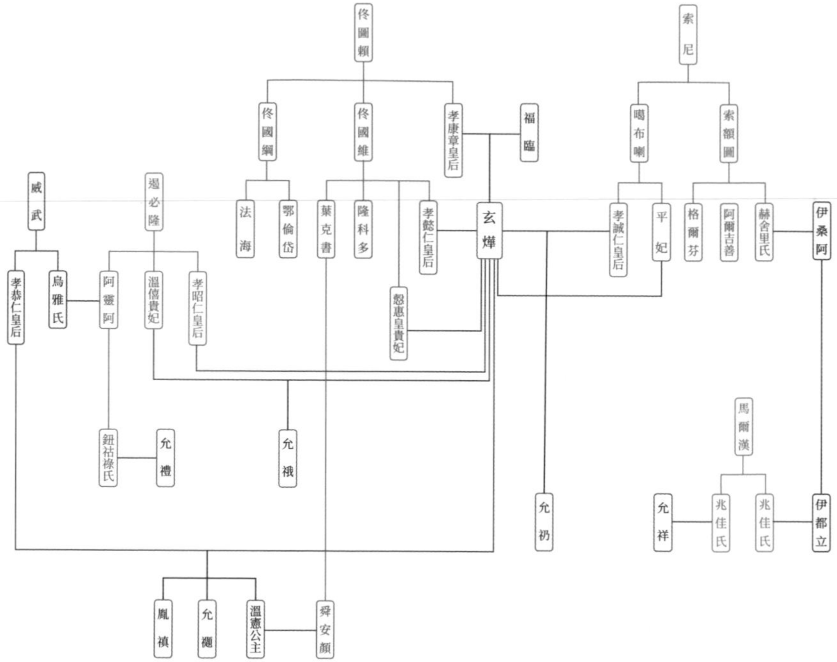

康熙末年胤禛集團主要成員關係圖

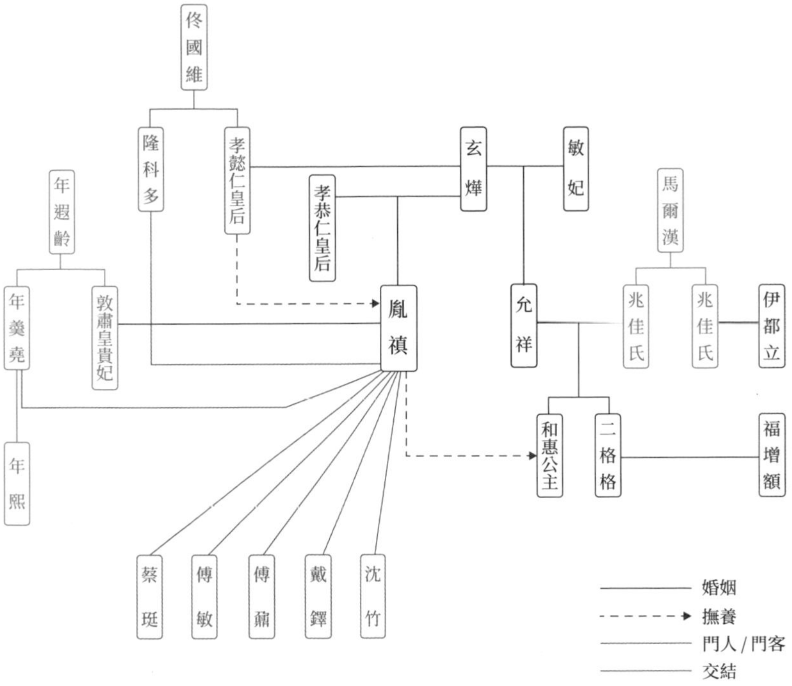

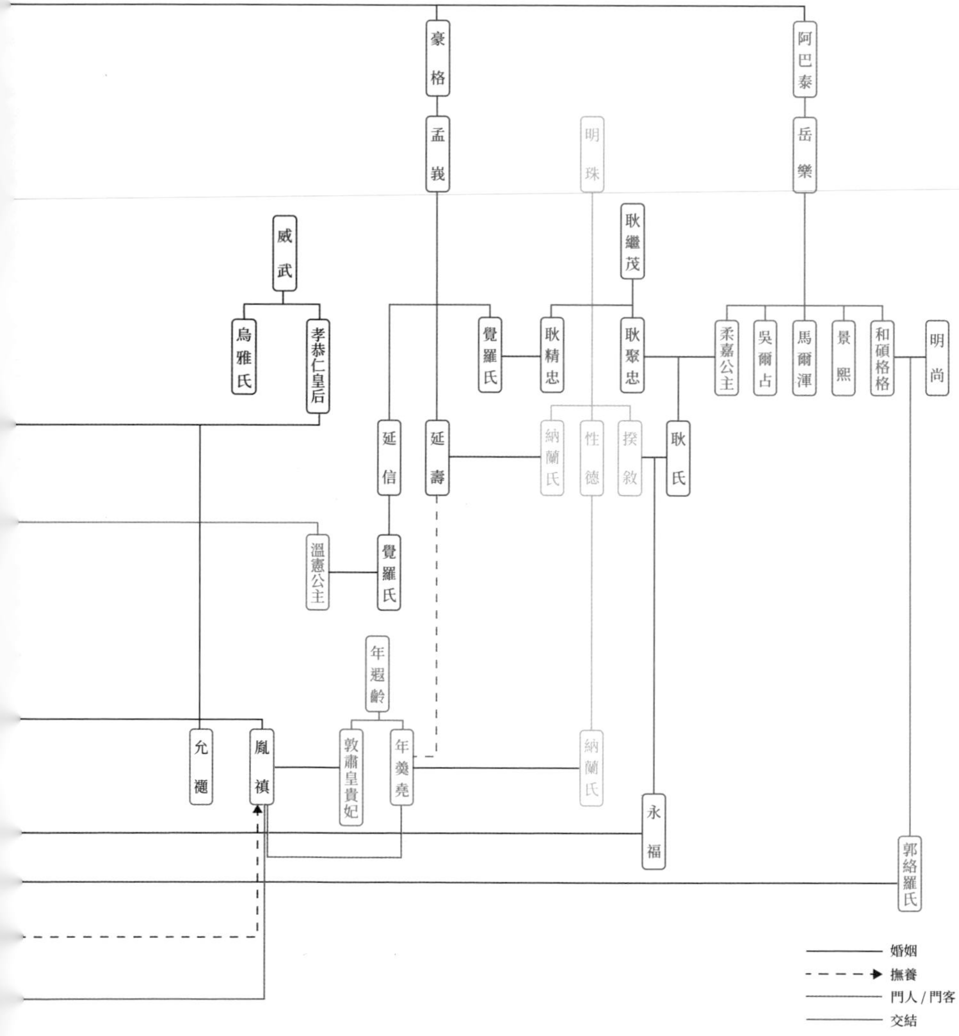
豪格
阿巴泰
孟峩
岳樂
明珠
耿繼茂
威武
烏雅氏
孝恭仁皇后
覺羅氏
耿精忠
耿聚忠
柔嘉公主
吳爾占
馬爾渾
景熙
和碩格格
明尚
延信
延壽
納蘭氏
性德
揆敘
耿氏
溫憲公主
覺羅氏
年遐齡
允禵
胤禛
敦肅皇貴妃
年羹堯
納蘭氏
永福
郭絡羅氏
婚姻
撫養
門人／門客
交結

允禩集團主要成員關係圖

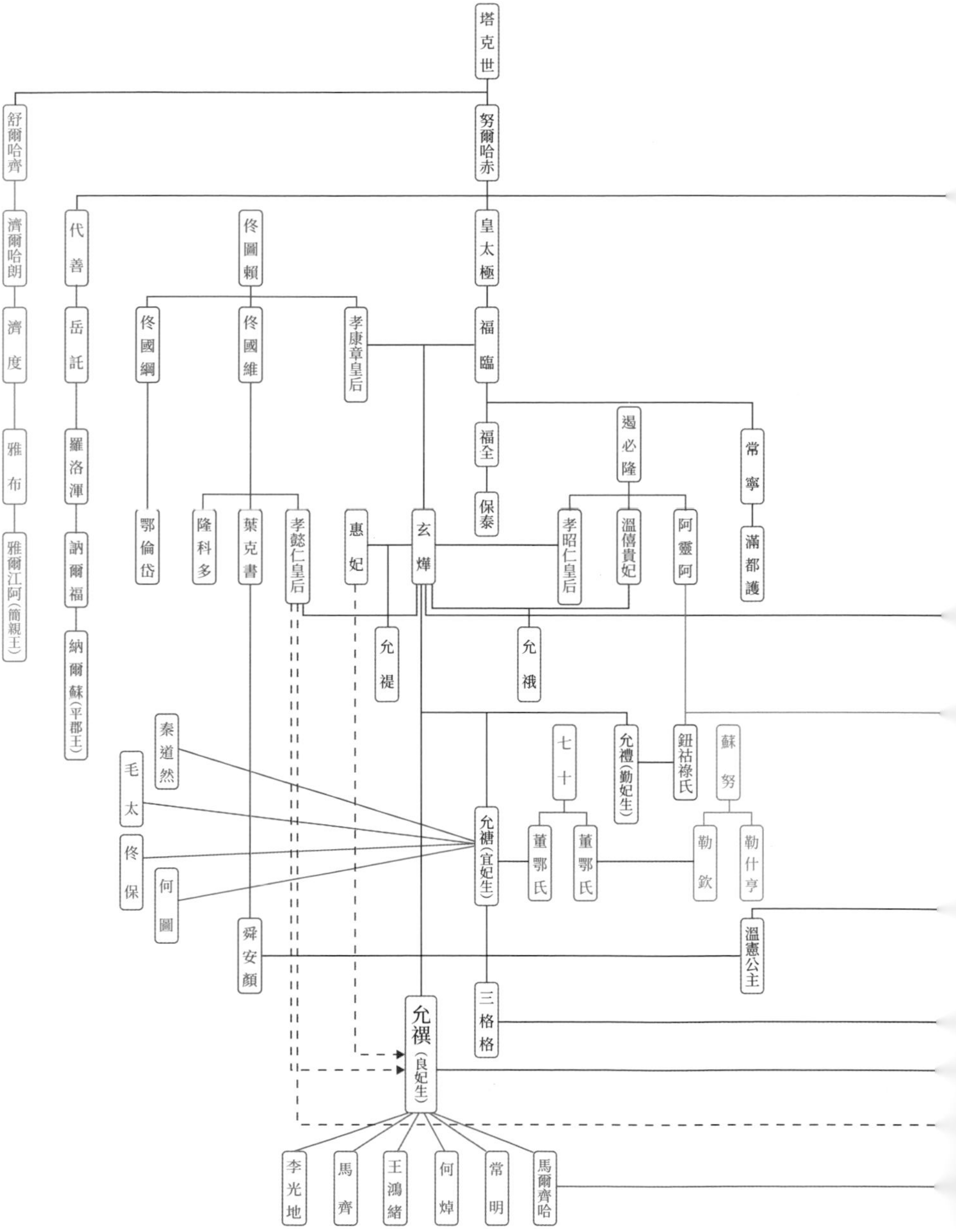

允礽集團主要成員關係圖

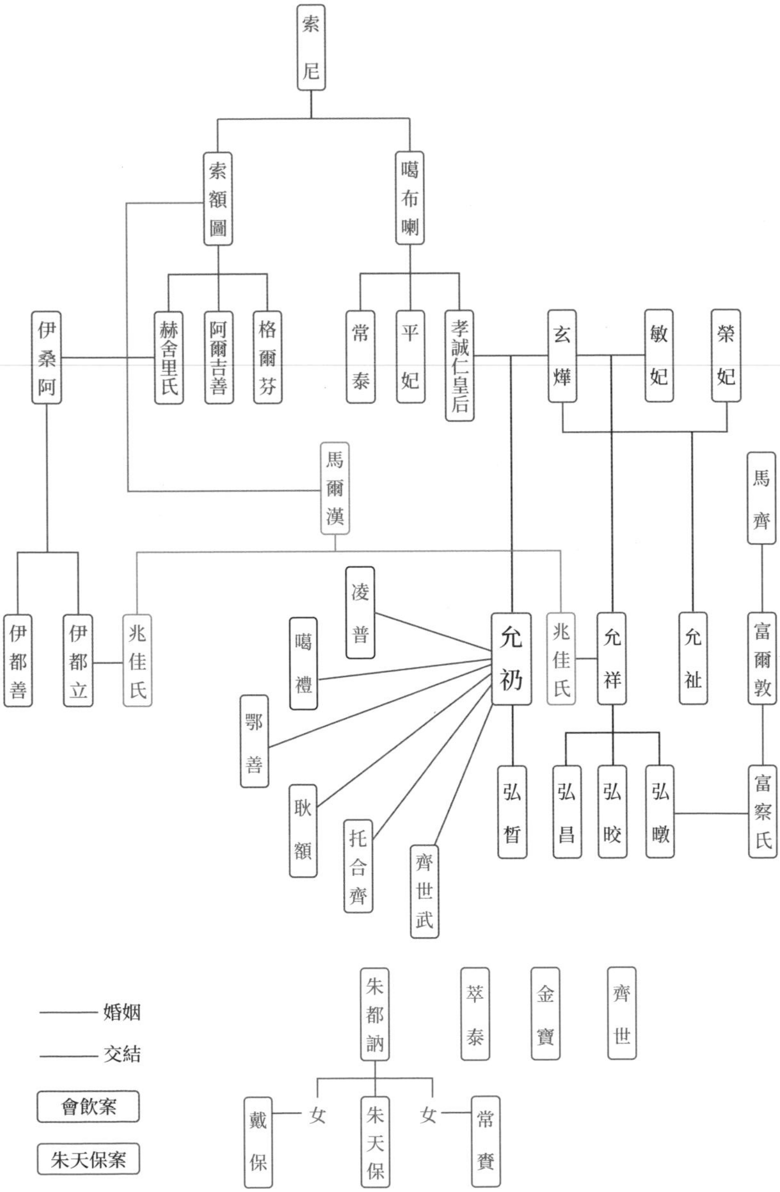
索尼
索額圖
噶布喇
伊桑阿
赫舍里氏
阿爾吉善
格爾芬
常泰
平妃
孝誠仁皇后
玄燁
敏妃
榮妃
馬爾漢
馬齊
凌普
噶禮
鄂善
伊都善
伊都立
兆佳氏
允礽
兆佳氏
允祥
允祉
富爾敦
耿額
托合齊
齊世武
弘皙
弘昌
弘晈
弘曔
富察氏
朱都訥
萃泰
金寶
齊世
婚姻
交結
會飲案
朱天保案
戴保
女
朱天保
女
常賚

序言

近年來，我一直在從事歷史普及讀物的寫作。用史學研究的材料解讀方式去寫大眾感興趣的人與事，打破人們在觀察歷史時程序化、臉譜化的思維桎梏，是我從事這項工作的最直接願望。事實上，歷史文化讀物的社會關注度日益提高，在今天的中國無疑是一種必然形成的現象。第一，隨著社會經濟水準的不斷提高，受過高等教育的城市白領階層規模不斷擴大，人們對精神生活的要求也越來越高，自我認知、自我反省的意識越來越強。讀歷史就是讀當下，讀古人就是讀自己，這已經成為很多人的共識。第二，世紀之交以來，「國學熱」不斷發散，從民間到官方，從影視劇到綜藝節目，形式已經非常立體多元，受到影響的群體也已經非常龐大。基於我們無與倫比的人口基數，哪怕只有很小比例的好學讀者在對歷史事件、歷史人物有了基本感性認識後，產生系統學習相關知識的興趣，對於出版業而言，其絕對數量也已經非常可觀，市場由此得以形成。第三，專業的乃至一流的歷史學者應該發揮中國傳統史學的經世精神，更多地參與到知識普惠當中，而非自以為是地保持清高（鄧小南，二〇一一），或是受困於既有的學術範式，將歷史寫作技術化、工具化，甚至將大眾史觀啟蒙的陣地拱手讓位於一些不宜從事這項工作的人——這樣的觀點已經為很多學院派的專家所接納。一些著名學者，包括我在北大歷史學系讀書時的師長們，都開始主動寫作兼顧專業性與可讀性的歷史作品，並透過豐富的在線、線下活動進行推廣，得到讀者的接納與信賴。一流學者的參與提高了歷史普及讀物的公信力和整體格調，在作者與讀者之間形成良性循環。

不過，即便有看起來比較適宜的出版環境，讓我拿準主意，敲定本書的選題，仍然是一件非常困難的事情。對「康雍之際皇位爭奪故事」這一擁有近百年學術研究史，兼具大眾化、開放性的話題進行再創作，就作者而言，很可能是個費力不討好的選擇。首先，缺乏設身處地的感知力，對史料的評估與解讀可能出現偏差。宮廷政治是個離我們很遙遠的事情，人情冷暖、利害得失，固然有跨越時代和階級的相通之處，但也必定會出現「皇帝用金鋤頭耕地」一類的笑話而不自知。其次，已有研究太多，寫出新意極難。攻讀博士學位期間，導師郭潤濤教授就對我反覆告誡：從來沒人研究的題目不能選，那很可能是個「偽問題」；研究成果已經蔚為大觀的題目也要慎選，因為所需的閱讀量太大，而自我發揮的空間太小。再者，對於一個已經大大跨出學界範疇，形成高熱度的社會性話題，如何在專業視角與公眾認知之間形成有效溝通，對作者的敘事能力和技巧也構成極大挑戰。有鑑於此，雖然我對這一話題一直抱有興趣，自謂有所心得，又蒙我的博士指導老師之一、北京大學歷史學系張帆教授加意推薦，漢唐陽光尚紅科總經理多年督催，卻一直沒有下定決心，正式落筆。直到我的兩位摯友——對滿文檔案和愛新覺羅家族史、清代宮廷史頗有研究的橘玄雅，以及特別擅長梳理人物關係、在康雍史事方面對我頗有啟發的夏天——加盟贊襄，我才感到稍有底氣，同意一試。

橘玄雅憑藉出色的滿文功底和檢索「想像力」，在中國第一歷史檔案館找了多件尚未被學界利用的極重要檔案。在大體蒐集好材料、理清了思路之後，本書的寫作時間被我安排在二〇二〇年夏秋之際。二〇二〇年的詭譎毋庸置疑，全世界被疫情攪得兵荒馬亂，無數人既定的生活軌跡被打破，命運朝著不可預測的方向游離而去。作為一個對任何事都容易「多想」的讀書人，我也難免受到焦慮情緒的困擾，在這種情況下，強制自己完成寫作任務，是比較有效的排遣方式，寫到得意處，甚至可以作為一種成本很低的娛樂活動。

言歸正傳。本書在開篇部分先簡要概括康熙後期激烈儲位鬥爭的成因，繼而從參與奪嫡的「九王」其人入手，由人論事，以免重複。再用一些篇幅探討康熙皇帝臨終前後諸事，特別是雍正帝為自己辯冤時的敘事邏輯。最後介紹奪嫡諸王的命運遭際與「後奪嫡時代」的政治遺產。因為全書涉及人物眾多、頭緒複雜，所以特別附上人際關係圖和奪嫡大事記，作為更直觀的說明。

本書正文及附錄，均由本人執筆；橘玄雅在蒐集文獻，特別是蒐集、翻譯滿文檔案方面做出極重要貢獻；學術史的梳理、網路上「九王」粉絲動向的觀察，以及全書人物關係圖的製作則由夏天負責。在很長一段時間內，我對「成於眾人之手」的原創作品抱有天然的排斥，但本書的寫作、出版之順利，讓我體會到誠懇而高效的合作確有其不可替代的價值。感謝兩位合作者毫無保留的信任，特別是橘玄雅，那些還沒有受到學界關注的核心檔案，本可以由他自行留用、撰寫文章，現在竟允許我透過自己的意旨加以解讀，這樣的情誼，比新書出版本身，更令人溫暖愉悅。

鄭小悠

二〇二一年一月十三日於中國國家圖書館

目次

皇位繼承是個歷史難題

康熙末年的儲位之爭，是個格外熱門的話題。雍正帝即位伊始，就有他得位不正的小道消息在京師內外口口相傳，隨後流布全國，引發了駭人聽聞的曾靜案。乾隆帝即位以後，將乃父親自編撰的辯白奇書《大義覺迷錄》毀版禁絕，關於這件事的討論，在文深網密的清朝中期，理所當然變成禁忌。直至清末，特別是革命排滿宣傳風起雲湧之後，雍正皇帝以暴君形象重新作為市井的談資，野史筆記、小道消息、文學作品層出不窮，說法千奇百怪，觀點五花八門。二十世紀三〇年代，清史學家孟森先生提出「清初三大疑案」的概念，「世宗入承大統」是其中之一。孟森先生以《東華錄》《上諭八旗》《上諭內閣》為基礎史料，結合傳統考據與近代史論研究的方法，得出雍正帝並非康熙帝所定繼承人的結論，並將這一問題正式引入到學術研究的範疇，後起學者爭相參與討論，學林、大眾雙軌並進。

二十世紀九〇年代，作家二月河先生的歷史小說《雍正皇帝》走紅海峽兩岸，數年後，根據小說改編的電視劇《雍正王朝》更是獲得空前的收視率。小說和電視劇雖以雍正時代為主要著眼點，但描寫、演繹最精彩的部分，卻是康熙末年的儲位之爭——這當然與文學、影視作品需要的戲劇張力有關。小說將這段歷史言簡意賅地歸納為「九王奪嫡」，並賦予幾個主要人物以鮮活的形象，令讀者印象深刻，形成人人爭說的熱鬧場面。隨後的二十年裡，一系列康、雍題材的小說、影視劇蜂擁而至，無不受到二月河作品的影響。這一系列的大眾傳播，為我們今天再談起這個話題打下了很好的「群眾基礎」——凡說起一個人物的名字而不必多加解釋，簡直是歷史普及讀物寫作的最理想狀態。

在小說裡，二月河將康熙帝的皇太子允礽、皇長子允禔、皇三子允祉、皇四子胤禛、皇八子允禩、皇九子允禟、皇十子允䄉、皇十三子允祥、皇十四子允禵這九位皇子劃在奪嫡範圍之內，這與歷史上的實際情況是吻合的。九位皇子參與奪嫡，足見康熙末年儲位之爭的激烈與複雜，不但對當時的政治局勢產生重大影響，即縱觀整個中國古代史，亦有相當的代表性。

中國古代從較早時候起就發展出了諸子均分遺產的繼承制度，和西方主流的單子（長子）繼承制差別很大。也就是說，在傳統中國民間，兄長之於弟弟在財產繼承方面沒有什麼優勢，相反，很多中小地主或自耕農家庭是由長兄負責挑起家庭生活的重擔，供養資質較好的弟弟讀書科舉。乾隆年間的名臣、大學士陳宏謀自幼受教於兄長陳宏誠，宏謀晚年在乾隆帝跟前深情回憶兄長對自己的教養之恩，乾隆皇帝受到感動，特賜「友恭篤慶」匾額作為表彰。稍晚時候的另一位重臣，刑部尚書、直隸總督胡季堂因為感激長嫂的撫養之恩，為兄嫂申請封典，而這種封典一般只能贈予大臣的父母。

在民間，因為兄弟之間分工合理、互相幫襯而興家旺族的例子數不勝數。但在帝王家，手足相殘、兄弟鬩牆的悲劇卻時有發生，萬一出現個把兄友弟恭的例子，就會被史家形容為「不啻布衣昆季」。意思是說，皇家兄弟居然也有老百姓那樣的手足之情，真是不可思議！

有讀者可能會說：皇家子弟怎麼就那麼想不開？當個有錢、有閒、有地位的「皇二代」，那是一般人做夢也想不來的美事，何必拚死拚活去做皇帝這個高危險職業？事實上，對於皇子來說，清閒不是你想躲就能躲，是要滿足很多主客觀條件的。

首先，從主觀上來說，皇子想當富貴閒人，必須要心態好、膽子小，另外還要性格軟弱、文不成武不就。心態好而能力強，那是不行的。匹夫無罪，懷璧其罪，生在權力中心，沒有爭權的欲望，卻有行權的能力，別人也不會放心。就算賢如周公，也要恐懼流言之後。

第二，不能和那些過分顯赫的、有野心的人搭上關係，其中包括自己的生母、妻子、叔伯兄弟、舅父姑父、親朋好友、重臣大將，以及身邊工作人員等。劉邦的小兒子趙王劉如意被殺時還是個小孩子，能有什麼罪過？不過因為母親戚夫人是劉邦的寵妃，得罪了呂后，就被連累而死。至於中晚唐那些被宦官廢立的皇帝，更不是一般窩囊，任由奴僕擺弄來擺弄去，甚至謀害致死。對皇室子弟來說，被裹挾害死和自己膽大作死，雖然出發點不一樣，結局卻一樣。但值得注意的是，條件一和條件二在某些程度上其實是矛盾的。一般來說，容易被各方勢力裹挾的人，普遍性格柔弱、缺乏自主的能力，甚至乾脆就是幼兒，而個性剛強、能力出眾的人雖然不會被利益集團選中，但是容易遭到執政者的猜忌和嫉妒。

第三，皇室子弟想做富貴閒人，還得趕上承平之世才有可行性。政局動盪、天下大亂，不但百姓沒有好日子過，這些天潢貴胄也是一樣。趕到北宋靖康、明末甲申這樣的王朝覆滅之際，前朝宗室往往都是被一鍋端的命。碰上孫吳、西晉、劉宋這樣一家一姓頻見兵戎的時代，想憑著不主動、不參與而獨善其身，可能性也微乎其微。

第四，是要當朝皇帝或是執政者存心厚道，最起碼講究個表面上的敦睦之情；另外國家制度健全，生殺賞罰有依據可言。萬一命苦，碰上呂后、武則天、金熙宗、海陵王這樣專殺宗室，想殺就殺的獨裁者，怕都難逃一劫。

為了維持政權穩定，盡可能避免兄弟相殘，在三千年前的西周時代，中國人就確立了比較完備的宗法制度——嫡長子繼承制，試圖保證最高統治權交替的穩定性。即在一夫一妻多妾的婚姻制度下，首先依長幼順序，立嫡妻所生之子為繼承人，如嫡妻無所出，則立眾妾所生的最年長之子為繼承人，其他條件不予考慮。幾千年來，制度雖然還是那個制度，但執行情況實在不容樂觀。

首先，嫡、長的身分是生而成之，賢愚強弱都不確定。最高統治者的個人素質如果太成問題，就算合法性足夠強，即位後也難以控制局面，最典型的就是「白痴皇帝」晉惠帝。另外，有的合法繼承人雖然本身素質還說得過去，但與挑戰者相比則顯得不足，唐朝的李建成、明朝的建文帝就是這種類型。

其次，嫡子的身分是其母決定的，長子的身分是出生順序決定的，如果嫡子母親早死或者后位不穩，長子生母並非寵妃或者半路失寵，繼承人的地位就岌岌可危了。尤其是後者，案例比比皆是。就算在嫡長子繼承制執行得比較好的明代，備受萬曆皇帝寵愛的鄭貴妃也差點兒幫他的兒子福王奪位成功。

第三，嫡長子繼承制規定的是現任君主有兒子的情況，如果君主沒有兒子，或是兒子死在他前面，順利擇儲的難度係數就會陡然增加。到底是立弟、立侄還是立孫？是考慮血緣關係遠近，還是考慮國有長君、賢君？想要平穩過渡，各方滿意，著實不易。

第四，宗法制是中原王朝的傳統，中國歷史上大量存在的北方少數民族政權本來沒有這樣的傳統。他們進入中原，建立了穩定政權後，未嘗不想確立可持續的皇位繼承秩序，但大多會經歷非常慘烈的鬥爭過程，常有終其一朝而不能平息者。

清朝的滿洲統治者在入關前也沒有「嫡長子繼承」一說，而是採取汗（帝）位的推舉制，即最高統治者生前不立儲君，最高統治者去世後，由諸貝勒從其兄弟子侄中擇優推舉新汗（帝）。這一制度既與遼、金、元等前代北方民族政權的汗（帝）位繼承制度有異曲同工之處，又以後金（清）的八貝勒共治、議政王大臣會議制度為基礎。

努爾哈赤以武功起家於白山黑水之間，兄弟子侄多是能征善戰的虎狼之士。起兵後期，努爾哈赤對女真氏族社會的狩獵組織牛錄加以改造，創建「四旗」，後改為「八旗」，將「一國之眾」

盡行編入八旗，再將八旗兵民作為私產，分別賜給子侄，自己作為大汗，凌駕其上。八旗旗主之間互無統屬，且對本旗部屬有絕對的控制權力。

努爾哈赤在世時，本有以親生之子作為權力繼承人的意圖，故先與立有大功的弟弟舒爾哈齊決裂，將其幽死於禁所；但在隨後的數年中，被努爾哈赤屬意接班的長子褚英、次子代善也先後獲罪於父，褚英被殺，代善喪失了繼承汗位的資格。褚英、代善兩兄弟的失勢，都與諸弟、各旗貴族大臣的反對、攻訐有關，努爾哈赤據此判斷，由現任大汗指定最高權力繼承人的辦法，與八旗共治的政治制度、權力結構相悖，無論自己指定哪個兒子為繼承人，其威望、權力，都不足以駕馭同輩的旗主貝勒們，很容易造成自己屍骨未寒，子侄們就兵戎相見、自毀基業的局面。

所以代善的繼承人地位被廢後，努爾哈赤就明確表示：此後立阿敏台吉、莽古爾泰台吉、皇太極、德格類、岳托、濟爾哈朗、阿濟格阿哥、多鐸和多爾袞等人為八和碩貝勒。為汗者接受所給予的八旗人眾，食其貢獻，但不得恣意橫行。汗承天命執政，若某和碩貝勒有違法亂政之行，其餘諸貝勒集會議處，該辱則辱之，該殺則殺之。和碩貝勒之賢能者，汗不得出於一己之私怨任意罷黜，如有此舉，諸貝勒可共止之。[1] 以上九人均為努爾哈赤的子、侄、孫，其中多鐸與多爾袞年紀尚小，是二人同掌一旗。這番話明確了新汗和八和碩貝勒的共治格局，特別是貝勒們對汗的監督權力。天命七年（一六二二年），努爾哈赤更提出後金新汗由八和碩貝勒中產生，八和碩貝勒具有選舉、更換新汗的權力，正式將自己的擇儲權交給八和碩貝勒，讓他們在自己身後，以集體決策的方式選立新汗。

努爾哈赤去世後，兼具政治與軍事才能，且擅長在諸貝勒中抑強扶弱、積攢人望的皇太極脫穎而出，被推舉為新汗。當然，推舉過程暗流湧動，也充斥著複雜的政治較量和血腥氣味——譬如鑲藍旗旗主阿敏就對新汗不甚服氣，有「出居外藩」的分裂主義傾向；另外，阿濟格、多爾袞、多鐸三貝勒之母大妃烏拉納喇氏被迫殉葬，導致三兄弟喪失了可以依靠的重要力量。不過拋開這些不談，後金政權的第一次最高權力交接，畢竟在大體和平的氛圍中順利完成，更重要的是，皇太極，這個愛新覺羅家族第二代中見識最高遠、心性最沉毅、智勇最平衡的傑出人物被推上了最適合他的政治舞臺，讓一個草創政權走上發展壯大的快車道。

皇太極在兄弟子侄中當然不具備努爾哈赤那樣的絕對權威，所以執政以後的一個重要政治目標，就是突出汗（皇）權，抑制八和碩貝勒。他先後使用強力手段，剝奪了堂兄阿敏和兄長莽古爾泰的權力，確立了汗（皇帝）的南面獨尊地位。皇太極寵愛宸妃博爾濟吉特氏，希望立她所生的皇子為儲嗣，改變八旗旗主們集體推舉新汗的舊制。不過此子早殤，不數年宸妃亦死，皇太極全力指揮對明戰爭，未及再對繼承人一事做整體制度設計。崇德八年（一六四三年）八月九日，皇太極突然病故，新君仍要由高級貴族集體推舉產生。

1 原文出自《滿洲舊檔》，轉引自岡田英弘《清太宗繼位考實》，《故宮文獻》第三卷第二期。

不同於皇太極嗣位時相對的「一枝獨秀」，這次最高權力交接中，皇太極的嫡長子豪格與皇弟多爾袞勢均力敵，相持不下。最終在以孝莊太后為代表的崇德後宮，以及皇太極自將的兩黃旗大臣代表索尼、鰲拜等人的堅持下，豪格、多爾袞各讓一步，折中改立年僅六歲的皇子福臨為新君，以濟爾哈朗、多爾袞輔政。在這場火藥味十足的政治鬥爭中，作為皇帝「家臣」的兩黃旗大臣，竟公然抗衡作為旗主的多爾袞三兄弟，堅持「立帝子」成功，這在努爾哈赤時期是不可想像的事情，是崇德年間壓抑諸王、推崇皇權之舉已大有成效的表現。當然，憑藉過人的才能和實力，多爾袞的地位迅速攀升，特別是揮師入關成功後，儼然成為實際上的最高統治者。而多爾袞最重要的競爭對手豪格，雖然在入關戰爭中建立了殊勳，但仍遭到殘酷的政治清洗。

面對強大的外部壓力和生存挑戰，對關外的後金（清）政權來說，充分競爭、優勝劣汰的繼承策略無疑效率最高，努爾哈赤諸子中最有才略的皇太極、多爾袞，先後在恰當的時機執掌政權，是後金（清）政權得以成功的關鍵因素。當然，最大的風險也伴隨而來，短暫的權力真空期，使統治集團的內部角逐劍拔弩張，隨之而來的也必然是失意者的報復與勝利者的高壓，一旦處理不當，內亂與分裂就足以毀掉一個初興的政權。所以在幸運地闖過這一關，把打江山變成坐江山後，滿洲統治者也開始考慮皇權交接的穩定性問題。為了突顯皇權力量，柔化宗族關係，避免再出現叔侄兄弟打成一團的局面，也為了遵守儒家秩序，強調政權在漢地的合法性，康熙皇帝在與吳三桂作戰最為焦灼的時間點上，果斷冊立年幼的嫡子允礽為皇太子，起到穩定人心的效果。

然而在其他皇子長大成人之後，康熙帝才發現，立嫡長子為太子等著接班這件事，和滿洲舊制嚴重水土不服。太子允礽雖然資質不壞，但也沒有明顯優於其他皇子。其他皇子瞭解本民族歷史，也不認可皇太子的天然優越性。於是在眾皇子陸續成年之後，八旗重臣、外戚勳貴，各拉一派，各執一詞，讓太子的地位危機重重。而生活在精神重壓下的太子一旦有所動作，當然更不能為父親和諸兄弟所容。兩立兩廢之後，太子允礽被淘汰出局。而一旦儲位空置，其他皇子各顯身手，兄弟關係就徹底變成叢林法則，皇位繼承退回到了入關前的混亂局面。康熙帝在這一問題上的漢化追求以失敗告終，清朝的嫡長子繼承制剛一開始就走到了盡頭。

康熙時代的後宮格局

歷代王朝的奪嫡鬥爭往往和複雜的後宮矛盾有關，那麼康熙年間的情況是否如此呢？我們先來簡單交代幾句。

清王朝入關前的後宮制度比較簡單，汗的妻妾大致分為三等，即正妻、側妻和妾婢。北方民族，如蒙古族、滿族等均具有多妻制傳統，這與漢民族長久以來實行的一夫一妻多妾制有所不同。貴族首領除了有一名地位最高的妻子外，還擁有數量不等的、與正妻地位相近的妻子，其所生子女也享受與嫡出子女大致相同的待遇。至於妾婢的地位則明顯低於前者，其所生子女也無法與前者的子女相提並論。明初皇室受蒙元影響，也有過類似做法。比如朱元璋為他的次子秦王朱樉娶元末名將王保保之妹為妃，娶開國功臣、衛國公鄧愈之女為次妃，可見次妃的地位之高。

順治年間的宮廷制度同入關前有較強的延續性，但也開始刻意參照中原王朝舊制。特別是在高階妻妾方面，將原有的妻、側妻，定為皇后以下有二妃、九嬪之階。其中東宮皇妃本來是著名的孔四貞，西宮皇妃即後來的孝獻皇后董鄂氏，至於「九嬪」人選則候旨未備。後來，孔四貞因故沒有進入清宮，東宮皇妃缺位，使得原本的「二妃」體制發生變化；董鄂妃先被封為賢妃，因為順治帝一度有令其取皇后而代之的想法，故特仿明制封為皇貴妃。皇貴妃由此成為單獨的宮廷等級，並具有「副后」的尊崇地位。

除了皇后、皇貴妃、妃，以及並未實授其人的嬪等級外，順治宮中還有為數眾多的未經冊封的嬪御，按照關外的傳統，稱為福晉、小福晉、格格之類，在漢文史籍中則統稱為「庶妃」。與努爾哈赤、皇太極時代宮廷妾婢的家世卑微不同，順治年間的「庶妃」中，很多人出身於蒙古貴族或滿漢中高級官員之家，只是由於宮廷制度尚在草創階段，順治皇帝又早亡，沒來得及獲得封號。於是到康熙年間，為了使本朝更像一個儒家等差秩序下的正經王朝而非草臺班子，康熙皇帝逐步設計出一套比較規範，也更貼近漢制的後宮體系。到康熙三十年（一六九一年）左右，後宮等級大致穩定在皇后、皇貴妃、貴妃、妃、嬪、貴人、常在七個等級，統稱後宮「主位」。其中嬪及以上主位有正式的名號和人數限制，在《會典》中有明確的冊封儀式、輿服制度，按照現在的話說，可以算作皇帝有「編制」的妻妾；貴人及以下則不具有這樣的禮儀身分，人數上也較為隨意，可以算作嬪妃的後備。

後宮制度基本確定後，清代的妃嬪晉封以雍、乾時期為界，前後有較明顯的差異。特別是乾隆朝以後，後宮的晉升主要以是否獲得皇帝的寵愛，特別是能否生育子女為主導。生育子女，尤其是子女能存活到成年的後宮女性，多能在生前獲得較高的名號，譬如妃、貴妃之類。而康熙年間，妃嬪的晉升則主要以其出身為依據，其他條件只作為加分因素。康熙帝的後宮在妃和貴妃之間設有鴻溝，能進入貴妃及以上等級的女性均出身於三個大貴族之家，其他嬪妃即便受到寵愛，或是為他生育了五六個子女，最高也只停留在妃這一等級。特別是後期，一些資歷較淺的漢人女性，雖然生育子女，卻長期置於貴人、常在等低位，不能實現母以子貴。

這一現象大概可以從兩方面解讀。首先是康熙皇帝個人，他廣義上的嬪妃有五十多人，是清代之最，所以不能說他不好色。但好色歸好色，在給職位給待遇問題上，他又非常克制，完全不因為內寵而破壞規則和等級秩序。和歷朝歷代很多縱容寵妃驕奢、干政的皇帝比，康熙帝算得上頭腦清楚，以禮止情。

第二，康熙朝後宮女性地位的獲得，最看重家世背景而非其他，這是康熙朝八旗統治集團內部還有較強貴族共治色彩的表現。皇帝需要給大貴族以相當的尊重，讓這些家族的女性成員占據後宮的高級職位，凌駕於其他妃嬪之上。而乾隆以後的皇帝則不大需要顧慮這些。乾隆朝貴妃以上的高級主位中，出身內務府包衣，乃至漢人平民家庭的比例很高，皇帝以己之好惡授予後宮名位，這和康熙年間的宮廷秩序有根本性差別。

康熙皇帝的五十多名后妃中，生前即獲得貴妃以上名位的共有五人，可以算是後宮中的第一集團。她們分別是輔政大臣索尼的孫女孝誠仁皇后赫舍里氏；輔政大臣遏必隆的女兒孝昭仁皇后鈕祜祿氏，及其妹溫僖貴妃；康熙皇帝的表妹、國舅佟國維之女孝懿仁皇后佟佳氏，及其妹佟貴妃。另外，孝誠仁皇后也有一妹入宮為妃，因為去世較早，沒有晉封更高級的位號。第一集團的貴族女性們大多早亡，且留下的成年子女很少，只有原配孝誠仁皇后生下皇太子允礽、溫僖貴妃生下皇十子允䄉。這兩個出身最好的兒子，都受到康熙帝的格外優待。嫡子允礽幼年就被冊立為太子，允䄉雖然資質不高，卻超越多名兄長，較早就被封以王爵。除了三大家族的姊妹外，康熙帝還有幾位出身於蒙古貴族或外八旗中高級官員家庭的妃嬪，由於她們均未生育子女，在此亦不贅述。

康熙後宮的第二集團是那些生育重要皇子，生前經過冊封，或是生前未及冊封，但實際享受相應待遇，死後進行了追封的妃。第二集團中最重要的是惠妃納喇氏、宜妃郭絡羅氏、德妃烏雅氏、榮妃馬佳氏這四位入宮較早、生育子女較多、壽命較長的妃子。四妃出身相近，都來自內務府中級官員家庭，其中惠妃、榮妃資歷最老，康熙初年即入侍宮廷；德妃、宜妃稍遜，分別在康熙十四年（一六七五年）和十六年入宮。「九王」中有五人是四妃所生，其中惠妃生皇長子允禔，宜妃生皇九子允禟，德妃生雍正帝胤禛和皇十四子允禵，榮妃生皇三子允祉。

有學者在研究中稱，雍正帝因為生母地位卑微，形成了自卑的性格，對他執政後的所作所為產生很大影響。事實上，雍正帝生母德妃雖然談不上家世顯赫，卻是康熙帝生育子女最多的資深寵妃。雍正帝在生母這一重要競爭權重上，只遜於太子允礽和皇十子允䄉，在「九王」中處於中等，在康熙帝的所有皇子中處於中上等，實在不到因出身低微而自卑的地步。

「九王」中的皇十三子允祥是敏妃章佳氏所生。敏妃亦出身內務府中級官員家庭，入宮時間比四妃晚一些，卻是康熙中期的寵妃。只是因為去世較早未及冊封，故在死後被追封為妃。

皇八子允禩是良妃衛氏所生，良妃與德妃同年入宮，但封嬪、封妃的時間都遠遠晚於德妃，可見受重視程度有所不及。康熙末年，因為康熙帝與允禩反目，他曾大罵良妃為「辛者庫賤婦」，羞辱其母子。按照八旗戶籍制度，旗人有內外之分。外八旗的學名叫作旗分佐領下人，分為上三旗和下五旗，上三旗由皇帝直轄，理論上地位更高一些；下五旗分屬諸王，地位較上三旗稍遜。但不管怎麼說，這些人有比較完整的人身獨立性，相當於漢人的編戶齊民。與上三旗旗分佐領下人相對的是上三旗包衣旗人，由內務府統一管理，這些人帶有很強的私屬性質，是皇帝的家內奴僕，有為主人服各類勞役的義務。所以在清宮選秀女時，外八旗女子入宮後可以直接成為后妃，而隸屬內務府包衣旗籍的女孩子大多只能從宮女做起，受皇帝寵幸後，再晉升為低級嬪御。至於內務府旗人內部，地位還有所分別，良妃出身的內務府管領下人（俗稱辛者庫人），在內務府中又是較低等的戶籍，地位不如德妃、宜妃等內務府佐領下人。不過，良妃父兄雖然戶籍等次較低，但本身仍是內務府的中級官員，其隸屬辛者庫戶籍一節，在康熙帝宮廷中也並非獨有，所謂「出身微賤」，只是相對而言。

總而言之，康熙時期的後宮，有明顯的階級固化傾向，這與時代背景有關，也與康熙皇帝個人的處事風格有關。貴妃以上是「天生而成」，出身普通或卑微的女性，哪怕個人資質再好、生育子女再多，也沒有希望獲得更高的地位，當然也沒辦法在皇位鬥爭中為兒子提供助力。因此，康熙帝的后妃人數雖多，宮廷秩序卻頗為井然。除了第一集團生育的太子和皇十子外，其他皇子想要在政治上爭得一席之地，都要靠自己的努力。

康熙皇帝的教子誤區

康熙一共有三十五個兒子，進入兄弟排行的（清朝官方稱為「序齒」）有二十四個。這二十四兄弟的年齡差距很大，最大的比最小的年長四十四歲。康熙中後期參與儲位爭奪的都是排序比較靠前的皇子，其中年紀最輕的皇十四子允禵，在康熙去世時也已經三十五歲了。

前面我們提到，康熙皇帝雖然后妃數量眾多，但宮廷秩序風平浪靜，幾乎沒有宮廷鬥爭的跡象。皇子們之間爆發激烈的奪嫡大戰，與各自生母關係不大。兄弟鬩牆，問題主要出在爹身上——康熙皇帝的皇子教育很有問題。

康熙教子的特點大致可以總結為兩句話：一是滿漢雜糅、首崇滿洲；二是重智育、體育，輕德育。

先來說說第一點。康熙是個漢文化水準很高的皇帝，經學、史學、詩文、書法，都達到了一定水準，放在同時代漢族士大夫堆裡也不顯得寒磣。另外，他為人厚道、勤政愛民，放在漢民族歷代帝王序列裡比較，無論個人道德還是為君施政，也都屬上乘。不過在骨子裡，康熙帝是一個非常「滿洲」的人，甚至不僅僅是「滿洲」，還加入了很多「蒙古」味道。畢竟清初宮廷裡有很濃厚的蒙古文化氛圍，康熙帝自幼也是由他的祖母、蒙古人孝莊文皇后撫養長大，所以康熙皇帝的性格裡，頗有游牧民族那種大而化之、不堪瑣屑的特點。

康熙帝在位的六十一年裡，在統一戰爭、疆域、民族、外交問題上都有很多突破，歷史貢獻較大。但在內政，特別是制度建設上，發展是比較小的，基本上延續了明末的狀態。直到他的兒子雍正皇帝上臺，才進行了比較精緻的制度改革，讓政府的運作看起來規範了一大截。這樣的區別與歷史發展的大勢、規律有關，也與康熙、雍正兩位皇帝的個人性格密切相關。康熙喜歡縱馬塞外、親臨戰陣，喜歡和蒙古各部首領大塊吃肉、大碗喝酒，也很能獲得這些人的認同感，促成他們的「歸化」。而雍正帝就喜歡坐在養心殿的小房子裡琢磨人心、規範秩序，連去承德避暑山莊轉一圈都沒有興趣，更不要說親自跑到大漠裡動刀動槍了。

因此，康熙皇帝在教育兒子時，雖然也非常重視他們的漢文化學習，為他們延請大儒，讓他們起早貪黑背經史、練書法，但更重要的是，康熙要求諸皇子堅決把住「首崇滿洲」的底線，希望他們不要過多地沾染「漢俗」。並稱：「設使皇太子入於漢習，皇太子不能盡為子之孝，朕亦不能盡為父之慈矣。至於見侍諸子內，或有一人日後入於漢習，朕定不寬宥。且太祖皇帝、太宗皇帝時成法具在，自難稍為姑息也。」[1]

1《康熙起居注》第二冊，第一六三八—一六三九頁。

「首崇滿洲」的表象是讓兒子們學滿語、練騎射，更深層次上則是讓他們像本家前輩——清初功勳諸王一樣，參與最高級別的朝政、軍事，各自擁有部屬、袍澤、文學侍從。這樣的做法，顯然是女真民族父子兄弟打天下，關外時期八旗共治、貴族軍事民主的遺風。在漢文化主導的君主專制體制下，讓一群地位相當的皇家子弟集體學習執政帶兵，公然和朝臣密切往來，這是何等危險的做法！上一次敢這樣做事的朱元璋，就害苦了自己的長孫朱允炆。

前面提到過，康熙皇帝在三藩之亂最危險的時候，一改滿洲舊制，冊立只有兩歲的嫡子為皇太子，是為了表明自己承當華夏正朔、遵守儒家傳統的姿態。但在立太子之後，他卻沒有施行與嫡長子繼承制相匹配的皇室子弟管理制度，而是延續關外傳統，讓一群讀書習武、心高膽大的庶子在政治、軍事上各顯其能。比如他曾讓皇長子在西征準噶爾的作戰中擔任副統帥，親征時讓多名皇子隨軍行動；自己出巡離京，不但讓皇太子監國，還讓諸皇子輪班在京處理政務；給年長皇子分封爵位、分配佐領和屬人，讓他們視朝廷職官為部曲、奴僕，有了培植個人勢力的野心；為皇子迎娶八旗巨族或實權派高官之女，導致他們的姻親關係盤根錯節；命皇子審理帶有強烈政治色彩的大案、主持重要的禮儀活動，乃至宿衛禁城，管理內務府、八旗事務，等等。當然，康熙帝任用皇子參與軍國大事，本有強幹弱枝，打壓下五旗諸王勢力的意圖，但沒想到，給他製造麻煩最多的，正是這些野心勃勃、羽翼豐滿的親生兒子。

早立嗣、立嫡長，是漢族王朝千百年來從血路中殺出的統治經驗，核心追求是政權交替的穩定、皇室內部的平衡。而追求穩定平衡，必然要放棄效率，即那些不被作為繼承人的皇子絕不能擁有權力與野心。哪怕天生聰明俊秀，也不能培養他們的政治軍事經驗，更不能給他們籠絡私人提供機會，最多引導其向文學藝術上發展愛好而已。歷代王朝的皇室子弟，往往呈現「黃鼠狼下耗子，一窩不如一窩」的歷史規律，很大程度上也是這一制度的副產品。康熙帝既想利用嫡長子繼承制的好處，又試圖用滿洲傳統彌補其不足，這樣矛盾的思路和做法，必然導致混亂局面的產生。

再來說說重智育、體育，輕德育的問題。康熙帝對太子和諸皇子的文化、體育學習抓得很緊，常常親自考試，獎優罰劣。皇子們四五歲開始讀書，每天先背經書，然後學習滿文，再習字、習射，夜以繼日，寒暑無間。即便成婚分家之後，也要勤學不輟，隨時接受父親抽查考核。例如皇八子允禩的書法不好，他分府後，康熙仍然讓他每天寫十篇大字，進呈御覽。在這樣的嚴格教育下，康熙帝的好幾位皇子都有過人資質，不但上馬伏虎、下筆成章，且對宗教、藝術、西方科學抱有相當程度的興趣和了解，這一點在很多西洋傳教士和朝鮮使臣的記錄中都能看到。

但另一方面，康熙皇帝又對諸皇子，特別是皇太子非常嬌慣，這可能跟他幼年失去母親的補償心態有關。康熙本人十分節儉樸素，宮室、器用、飲食都不講究，但皇太子生活奢侈腐敗，居所的布置比乃父寢宮還要華麗得多。對於太子這一明顯違背儲君之德的習慣，康熙不但不予以批評，反而主動助長，他曾任命太子奶媽的丈夫擔任內務府總管，便於太子隨時向內務府索要用度，這儼然是父母明知道孩子敗家，還把存摺、房產證往他手裡塞的做法。至於諸皇子，貪財好貨、凌逼弱小也是普遍做法，康熙帝對此睜一眼、閉一眼，基本不予限制，更不追究。雍正帝上臺之後曾經自揭己短地說：朕在做皇子的時候，雖然也有奪人利己的舉動，但是總不至於傷害人家的性命，而我的兄弟們殺人傷人，惡行累累，跟他們一比，我就算好的了。

另外，太子和諸皇子的性格大多驕橫暴躁，甚至動輒打罵王公大臣，特別是太子允礽，竟連親伯父裕親王福全和各位親兄弟、堂兄弟，也以「不可道之言詈之」。這樣的行事作風，既有滿洲家臣政治傳統的因素，又有康熙帝糟糕榜樣的影響。康熙帝曾當著一眾皇子的面責打皇子的老師、進士出身的滿人大臣徐元夢，雖口稱崇儒，卻無尊師重教之實，助長了諸皇子奴視群僚、妄自尊大的氣焰。

總而言之，康熙帝違背嫡長子繼承制的基本邏輯，鼓勵諸子參與政治、軍事活動，並為其培植私人勢力提供方便，已經犯了大忌。如果能導之以德、匡之以正，使其性情溫良謙恭一些，大約還能稍有緩和。但他也沒有做到這一點，反而對諸子百般溺愛，任其驕縱，為之灌輸強調君臣間的主奴關係。在這種情況下，「奪嫡」局面的出現，自然不可避免了。

奪嫡者群像

皇太子允礽

下面，我們來為康熙帝的這些不肖之子分人頭、分派系，做個文字畫像。

首先，我們來說說奪嫡的靶子——皇太子允礽。允礽生母是康熙帝的原配皇后赫舍里氏，康熙與赫舍里氏的結合是一樁改變康熙初年權力格局的政治聯姻，很多電視劇都對此津津樂道。赫舍里皇后祖上的發跡很有特色，她的家族是後金時代不多見的以文化而非軍功起家的滿洲人。她的曾祖輩是海西女真哈達部的部民，因為能熟練運用滿、蒙、漢語言，所以被稱為「巴克什」（博士），是努爾哈赤、皇太極時期的近侍文官和翻譯官，對後金政權的制度、文化建設有重要影響。然而滿洲入關前後，文治的地位遠沒有軍功來得重要，雖然赫舍里氏第二代掌門人索尼也曾以侍衛身分斬將殺敵，但該家族在朝中的地位仍然不能和滿洲傳統的部族首領，如四輔臣之一的蘇克薩哈家族，以及努爾哈赤集團的第一流軍功貴族，如遏必隆、鰲拜家族相比。索尼本人能在順治駕崩後獲得首席輔政大臣的殊榮，是因為他的家族總能對皇室內鬥中的勝利者保持忠誠：比如在皇太極系和多爾袞系的殊死爭奪中忠貞不貳，力保順治帝穩坐金鑾殿；又在順治帝與孝莊太后的母子糾葛中堅定地站在太后一邊，用一道近乎「鞭屍」式的遺詔，切斷順治帝一意力推的漢化進程。

即便如此，在康熙帝選皇后時，首輔孫女的門第還是大為人所詬病。鰲拜等反對者拿得出手的理由是，愛新覺羅氏的天子，應該迎娶像蒙古科爾沁親王那樣級別的國主之女，才差可匹配；索尼一家不過是「滿洲屬下人」，他的孫女出身太低，不配做皇后。當然，身分的問題可能只是個說辭，索尼的孫女成了皇后，四輔政與皇帝的親疏遠近就有了明顯的差別，這是其他三位大臣難以接受的。鰲拜和索尼的個人權力鬥爭，代表著八旗最核心軍功集團對相對邊緣勢力的不屑與打壓，而孝莊太后強立赫舍里氏為皇后，目的就是利用忠順而力量較弱的索尼，抑制驕悍而實力最強的鰲拜，這也是清朝君主在八旗內部透過扶弱抑強而推崇皇權的慣用辦法。

康熙初年處理鰲拜逆案的相關檔案中，曾經提到在康熙帝初定迎娶赫舍里氏為皇后時，輔政大臣有「我們朋友之女，恨不能封為皇后」之語。有學者認為，此處的「我們朋友之女」指的是遏必隆之女、康熙的第二任皇后鈕祜祿氏，進而認為鈕祜祿氏是與赫舍里氏競爭皇后失敗，才以妃子的身分同時入宮。事實並非如此。首先，鰲拜逆案的檔案原文為：「據遏必隆供：奉有太皇太后之旨，諭蘇克薩哈、遏必隆、鰲拜等，將噶布喇之女已封皇后。蘇克薩哈、鰲拜說：『噶布喇之女既封皇后，必動干戈。屬下滿洲人之女，豈可封為皇后。』我說：『封為皇后係太皇太后所定之事，我等何以管得。我們朋友之女，恨不能封為皇后。』蘇克薩哈、鰲拜二人不允，即行商量啟奏太皇太后……」由此可知，「我們朋友之女」是出自遏必隆之口，這顯然不是針對自己的女兒而言。另外，根據康熙朝內務府《奏銷檔》，康熙帝的第二任皇后生於順治十六年（一六五九年），康熙四年皇帝大婚時她還是六歲的孩子，作為皇后候選人的可能性很小。

赫舍里皇后和康熙皇帝雖然是政治聯姻，但少年夫妻，感情還是很不錯的。可惜紅顏薄命，康熙十三年（一六七四年），她在生育第二個孩子允礽時因為難產而死，年僅二十二歲。赫舍里氏的門第是靠皇后撐上去的，皇后死得太早，皇帝當然還要另立新后，如此一來，這個家族將喪失康熙朝最重要外戚席位的獨占權。所以，家族的第三代掌門人、皇后的叔父、康熙帝翦除鰲拜的急先鋒索額圖，利用三藩亂起，朝廷急於宣誓政權合法性的機會，力主冊立皇后留下的獨子允礽為皇太子，並在以後的日子裡拚命把允礽攏在手心，作為家族未來的依靠。而康熙皇帝也憐愛嫡子沒有親娘，樂意為他找個靠山，遂長期默認他與索額圖一門的超常規交往。

比如康熙四十一年（一七〇二年），康熙皇帝第四次南巡，隨駕的太子允礽途經德州時生了病，皇帝即刻下旨，命本來在京留守的索額圖趕到山東，侍奉太子。索額圖到德州後，一直縱馬到太子的行宮中門方才下馬。這時的允礽已經三十出頭，並非年幼稚子，而索額圖作為太子保護人的身分，仍然是公開而無所避諱的。

換言之，允礽自一落生，就與母家的外戚赫舍里氏形成了捆綁格局。可惜，索額圖只是一時的權臣，在講究功勳、門第的八旗內部成色不足。和索額圖走得太近，得不到滿洲核心軍功集團的支持，使太子在八旗勳貴內部的影響力天然不足。從最後的結果來看，以康熙第二任皇后鈕祜祿氏、第三任皇后佟佳氏家族成員為代表的八旗勳貴，成為反太子集團的主力成員。他們力挺生母出身較低、沒有外戚勢力的皇八子允禩入主東宮，重複著漢初功臣集團掃滅諸呂，迎立漢文帝的歷史故事。

除了在八旗勳貴中缺乏支持者外，允礽在新興的旗人文官階層和漢大臣中也不討好。赫舍里氏家族雖然是滿人第一批漢化者，以皇帝的祕書、翻譯起家，但到康熙年間，因為地位上升太快，轉型以外戚角色立朝，反而和旗人官僚階層以及漢大臣群體失去了緊密聯繫，造成了既沒夠著頂級勳貴集團，又和原生團隊脫節的高不成低不就局面。而頂替赫舍里家族，成為漢人士大夫之友的，就是著名詞人納蘭性德的父親——大學士明珠。

明珠姓葉赫納喇氏，也出自漢化程度較高的海西女真，且是高貴的「國主之裔」——愛新覺羅家族的死敵葉赫貝勒金台石是他的親祖父。明珠原本隸屬內務府包衣籍貫[1]，並長期擔任內務府大臣，是皇家近臣，與皇帝之間有自然而然的信任感。更重要的是他勤學多思，能夠「博覽古籍，暢曉朝典」，而且情商極高，待人「柔言甘語，百計款曲」，在清初的滿人權貴裡獨樹一幟。作為康熙中期政壇雙雄，明珠與索額圖二人常年爭鬥，勢同水火，當時的漢人官員多圍繞在明珠及其子性德、揆敘身邊，故與索額圖較為疏遠，連帶著和太子也缺乏親近感。康熙年間的漢臣雖然在重要國事的決策上缺乏公開的話語權，但作為皇帝的私人智囊和宮廷活動的記錄者，獻計獻策、鼓吹宣揚是他們的長項，太子缺少這一群體的支持，儲君的德行威望乏人樹立，也是很大的缺陷。

除了被赫舍里家族的天然劣勢限制外，允礽本人的性格也難以在父親、兄弟和錯綜複雜的宗室、朝臣關係中獲得平衡。允礽自幼受到高水準的教育，讀書、騎射，乃至臨時代父皇處理政務，表現都不壞，但他的性情並非沉潛隱忍、廣結善緣一路，而是繼承了清初滿人貴族的火暴脾氣，容易為事所激，與人形成強烈對抗的狀態。康熙一廢太子後，曾經下達長篇諭旨，歷數允礽的罪過，因為言辭過於激憤，其中內容在載入《實錄》時，被刪去不少。所幸第一歷史檔案館保存了當時聆聽上諭諸大臣的滿文回奏奏疏，可以從內容上復原康熙帝的諭旨原文。其中有這樣一個段落，康熙帝說：「胤礽曾毆打平王（平郡王納爾蘇）、海善貝勒、普奇公，亦曾踢踹四阿哥暈厥落階，再至諸大臣、官員及軍中之人，無不遭其凌虐。朕深悉此事，卻未就此問詢諸大臣、侍衛、部院衙門之官員，唯因倘若稍加論及，其人便更遭（允礽）毒打，眾人皆懼，而不敢奏與朕躬。」[2]

清初皇子多驕縱不法，打罵臣僚並不鮮見，乾隆初年，已經完全沒有即位可能的皇弟和親王

1 明珠一家於康熙六年（一六六七年）退出內務府包衣佐領，被抬入滿洲正黃旗。

2 雅爾江阿等滿文奏摺，康熙朝（無具時），中國第一歷史檔案館藏。

弘晝尚且公然毆打軍機大臣訥親，何況允礽身為儲君。但允礽所毆之人，囊括了自己的親弟弟，以及郡王、貝勒這樣的高爵宗室，與被毆者本人結成仇怨，在皇室和八旗內部樹敵過多，就在所難免了。太子被廢後，有意爭儲的皇子們雖然暗自較勁，表面上卻往往擺出禮賢下士、善待群僚的低姿態，其中當有以允礽為鑑的成分。

總而言之，太子冊立以後，地位雖然遠超諸皇子，但除了得到康熙帝的特殊寵愛之外，朝中只有索額圖一派對他絕對支持，而與其他重要勢力都較為疏遠。也正因為感到孤立，又習慣了居高臨下，難以像其他皇子那樣放下身段與王公近侍結交，太子對索額圖勢力的依賴就愈加強烈，形成惡性循環。

康熙二十三年（一六八四年），索額圖罷相，兩年後雖然復起，但只是擔任武職，參與外交、軍事活動，對日常政務的干預減少，在朝的影響力看似稍有削弱。不過，為了維護太子的地位，康熙皇帝隨後又任命索額圖的女婿伊桑阿擔任大學士、內閣首輔達十五年之久，索系實力仍相當可觀。

康熙帝與太子的互不信任始自康熙三十六年（一六九七年），用康熙帝的話說：「朕初次中路出師，留皇太子辦理朝事，舉朝皆稱皇太子之善。及朕出師寧夏後，皇太子聽信匪人之言，素行遂變。自此朕心眷愛稍衰，置數人於法。」[3]所謂「出師寧夏」，即第三次親征準噶爾事。這年（一六九七年）九月，皇帝下旨處死了太子孌倖的三個年輕侍從，罪名是他們「私在皇太子處行走，甚屬悖亂」，想必引起了太子的緊張。次年三月，康熙帝大封十五歲以上諸皇子，其中皇長子、三子受封郡王，四子、五子、七子、八子受封貝勒。按照清代制度，諸皇子封有爵位，即開府宮外，領有屬人，這讓他們一定程度上脫離了父皇的監督，也有了向皇太子發起挑戰的私人班底。隨著諸皇子勢力的不斷擴張，索額圖和太子的危機感越來越強，並開始公然表現出不滿，甚至有所動作。

索額圖其人雖然是索尼之子、太子的外叔祖，但其生母只是因罪被處死的婢妾，所以幼年備受父兄的嫌憎冷落，全憑個人才幹成為統領朝班的權臣。因為這個先天的不足，使得索額圖即便位極人臣，也沒有機會承襲父親的公爵，如果只是輔佐康熙帝做個太平宰相，哪怕權勢再盛，也會一代而終，既不能成為家族的代表，也不能使本支子孫世世代代保有高級貴族的身分。北京小西天索家墳地區曾發掘出索額圖七歲幼女之墓，墓室富麗堂皇，隨葬大量珍寶。根據墓誌顯示，索額圖對此女十分疼愛，著意培養，或許希望她有朝一日也能追隨堂姊孝誠仁皇后，成為康熙帝的嬪妃，甚至入主中宮，讓索額圖本人成為國丈「承恩公」，揚眉吐氣。可惜愛女早亡，美夢成空，索額圖要想得到公爵爵位，非有擁立新君之功不可。

3《聖祖仁皇帝實錄》卷之二百三十五，康熙四十七年十一月十六日。

是以在康熙帝對太子漸露不滿，開始培養其他皇子的問題上，索額圖比太子本人更加敏感、焦慮、怨恨。康熙三十九年（一七〇〇年），索額圖被自己家的奴僕告發，康熙帝匿而不宣，但私下裡應對索額圖本人進行了嚴厲的警告，索額圖無奈「以老乞休」，並獲得准允。至於告發的內容，據康熙帝後來透露，不外乎是說索額圖和一些對朝局不滿的親信一起，議論國是，多有怨恨皇帝之言。這些人的口氣很大，常以威勢脅迫滿漢官員，並聲稱如有不從，即能殺人。事實上，索額圖一眾口氣大、能量大，可以脅迫他人，根子本不在索額圖身上，而在索氏與太子的特殊關係。只要太子順利登基，索額圖就是被判個終身監禁也必有出頭之日，何況區區「乞休」？因此，康熙帝的警告不但沒能遏制索氏的「怨妄」，反而對其造成極大刺激——皇帝還不到五十歲，春秋正盛，太子年輕，能等得起，已經六十出頭的索額圖可等不起了！

康熙四十一年冬天，太子在德州患病，康熙帝畢竟心疼兒子，所以急召已經沒有任何職務的索額圖前來侍奉，自己帶著大部分隨行皇子、官員先行回京。太子與索額圖單獨相處了一個月時間，不但行為上肆無忌憚，毫不顧及君臣之禮，且其談話內容很可能涉及是否提前奪權的問題。只是事機不密，消息很快傳到康熙帝御前。半年後的康熙四十二年五月，索額圖突然被下旨拘禁。康熙帝斥責他的上諭中有「朕若不先發，爾必先之」一句，將二人的關係置於先發制人、後發制於人的極度緊張狀態。當然，礙於太子尚在其位，康熙帝並沒有把話挑明，到康熙四十七年（一七〇八年）太子被廢後，才說出「從前索額圖助伊潛謀大事，朕悉知其情」的駭人之語。

康熙四十二年七月，在塞外巡幸的康熙帝聽說索額圖雖然被關在宗人府監獄裡，但氣焰仍然很盛，不但有人為他通風報信打聽消息，他的一些家奴還試圖組織營救，萬一再牽扯太子參與在內，必然引起朝局的劇烈動盪。是以康熙帝緊急給在京的皇三子允祉、皇八子允禩發出手諭，讓他們連夜密審索額圖以及那些涉嫌為他傳遞消息之人，審訊情況不得讓任何人知曉。經允祉、允禩審明，索額圖並無反獄、作亂動向後，康熙帝稍稍放下心來。很快，索額圖祕密死在囚禁處所，對外表現得無聲無息。

因為在政治鬥爭中站隊正確而崛起的赫舍里氏家族，終於在自己最擅長的領域一敗塗地。太子允礽雖然在整個過程中獲得了康熙帝的刻意保護，而未被公開責難半分，但在朝中的威信卻不能不受到嚴重損害。特別是參與密審索額圖的八阿哥允禩，想必也從那些手書密諭中，感受到父皇對太子的猜嫌防備，繼而熱血沸騰，湧起取而代之之心。更重要的是，缺少了索額圖的支持，太子便沒有了主心骨，更加無力抵擋來自父親的疑忌與反對勢力的衝擊，他精神高度緊張，行事色厲內荏，對王公大臣、近侍隨從動輒打罵，屢屢做出不合身分的舉動，為後來的一廢再廢埋下伏筆。

❖　❖　❖

康熙四十七年，是康熙皇帝一生由強而衰的轉折點，標誌即是九月的廢太子事件。這一年年初，康熙皇帝不知是心靈感應，還是聽星家術士所言，認為當年要有重要的事情發生，並且把這個擔心告訴了太子。這年六月，打著「朱三太子」旗號的江蘇太倉反清首領念一和尚被處死，允礽安慰康熙帝，說所謂的大事，大約就應在這件事上，而康熙帝認為這件事恐怕還不算大。從康熙帝將此事對允礽說，以及允礽用「朱三太子」之事應對來看，想必這個預兆，是與儲君有關之事。可知在廢太子之前，父子二人除了實質上的猜忌、矛盾外，還有些冥冥之中的不祥預感，一些原本可以緩一緩、理性處理的衝突，被摻雜進許多更情緒化、宿命論的因素。

當年七月，康熙帝像往常一樣，帶著多名皇子巡幸塞外，除了年紀尚小的十五、十六、十七、十八幾個皇子外，年紀較長、在皇子中較有分量的就是太子允礽、皇長子允禔、皇十三子允祥三人。事實上，從康熙四十四年、四十五年起，皇帝出巡時，這三人都會組合在一起隨駕。三人中，允礽、允祥關係密切，而允禔則一直對太子之位虎視眈眈。用頗有軍旅經驗的皇長子允禔隨身宿衛，自有挾制太子之意，而以精明細緻，與太子關係最好的允祥隨駕，想必又有挾制允禔之意。

這次行圍途中，年僅七歲的十八阿哥允祄突然高熱不退，愛子心切的康熙皇帝憂心忡忡，不但從京師急召太醫前來，還將小皇子搬到寢帳範圍內，親自照顧。不過人間的悲傷喜樂並不相通，即便父子也是如此。康熙皇帝為了小兒子的病寢食不安，太子對這個幼弟卻無動於衷。其實，以現代人的想法來看，年齡相差近三十歲，日常接觸又很少的異母兄弟，感情淡些，也在情理之中。

但康熙皇帝是個對親人，比如祖母、嫡母、妻妾、兄弟、子女都有情盡情，無情也能盡禮的倫理完人。自己做得好，對別人，特別是對兒子的要求自然也很高。作為一個手足眾多的太子，不能與君父共情，甚至漠視弟弟的病痛、生死，這在本就心存芥蒂的康熙皇帝看來，是非常糟糕的表現——我今尚在，你都不願意對一個毫無威脅的稚子表現出些許的關懷，有朝一日我不在了，你對那些年長的，和你有矛盾有衝突的兄弟，又會是怎樣無情呢？於是在十八阿哥生病期間，康熙皇帝對太子提出了很嚴厲的批評。八月底九月初，十八阿哥的病情加劇，康熙帝的情緒越發糟糕，想必又對太子有所指責，不定還說了一些狠話，或是負氣疏遠。而太子的壓力也積累到了爆發的邊緣，甚至無法控制自己的行為，他找不到與父親的正常溝通管道，又急於瞭解父親的真實想法和活動軌跡。於是，著名的「帳殿夜警」事件發生了。

「帳殿夜警」一詞出自康熙朝漢人重臣、大學士李光地的《李文貞公年譜》。《年譜》在康熙四十七年十月條內記載：「時口外回鑾，於道，帳殿夜警，傳聞洶洶。」[4]後來，李光地所說的「帳殿夜警」一詞，被用來總結康熙帝一廢太子時的情形。

清代皇帝巡幸塞外，途中休息、住宿，不一定都能趕到行宮所在，需要建一些臨時的營地。其中短暫休息所建，稱為「停蹕頓營」，又叫作「尖營」，就是俗話說的「打尖」。而住宿過夜所

4《李文貞公年譜》卷下，康熙四十七年十月條。

建的，則稱為「駐蹕大營」，樣式較尖營要複雜得多。乾隆二十年（一七五五年）定制，大營內方外圓，內城包括皇帝所居黃幔城，御幄居中而建，外加黃網城，並設連帳一百七十五座、門三座，建八旗旗纛、宿衛營帳。外城設連帳二百五十四座、門四座，八旗按方位建纛。外城以東設內閣六部等衙門的辦公營帳。康熙年間的御營或許沒有乾隆時的繁複，但格局也大體不差。康熙帝在初四日的上諭中怒斥太子，「伊每夜逼近布城，裂縫向內竊視」，布城即指黃幔城。其時已值深秋，塞外夜寒，風疾草勁，兼有蟲鳴獸吼，太子夜間越過重重宿衛，將黃幔城扒開一個裂縫，向內窺視皇帝寢室的動靜。想像一下場景，確實有些驚悚可怖。

九月初三日晚上，康熙皇帝知道了太子窺視幔城的事，他的反應極為激烈。加上此前索額圖意欲謀反的舉動，康熙皇帝將太子的行為一下子就想到了最壞處，認為他要為索額圖報仇，將有謀君弒父之舉。康熙帝次日對大臣們說：「伊每晚逼近布城，裂縫向內竊視。朕昨晚知悉，本欲持槍刺伊，終未忍心。」為了找一個藉口盡快回京，將太子廢黜，康熙帝親筆寫了一封信送回宮中，要宮內假稱太后生病，請聖駕速歸。[5] 康熙帝對太后，也就是他的嫡母，一向非常尊重，此時竟然要以太后生病為藉口而不顧忌諱，可見對事情的預判已經到了何等嚴重的地步。他同時又發出諭旨給在京的皇子們，說現在發生了緊要之事，要求三阿哥允祉、七阿哥允祐、十阿哥允䄉馬上起身，趕到行宮來，「不可耽延片刻」，另由八阿哥允禩與四阿哥胤禛在京留守辦事。[6]

至於是什麼人在九月初三日向康熙帝報告了允礽裂帳窺視一事，當然以皇長子允禔的可能性最大。另外，按照後來雍正皇帝所說，允禔藉此機會，還順便「陷害」了與太子關係最好的允祥，以致康熙帝對允祥的觀感一落千丈。具體怎樣「陷害」，沒有史料記載，也難以說得清楚。

九月初四日，十八阿哥一命嗚呼，康熙皇帝的情緒也徹底崩潰了，他放棄了找藉口回京的做法，把以簡親王雅爾江阿為首的隨駕王公、大臣、侍衛、官員召集到黃幔城前，又把太子允礽捉拿前來，命其跪在地上，自己痛哭流涕，歷數太子的罪過。比如驕奢淫逸、淩虐群臣、矇蔽聖聰、漠視兄弟，乃至生而剋母等，幾十年的陳芝麻爛穀子傾囊而出，說到痛心處，這位半世英明的皇帝，甚至左右開弓，當眾連續抽自己的嘴巴，繼而撲倒在地，語不成聲。

那麼太子到底是否真要奪權篡位，乃至謀害父皇呢？從康熙帝事後一個月就急著為太子開脫遮掩，不到半年就復立的做法看，起碼沒有明顯的證據可證明太子在主觀上有弒逆的意圖。他或許是患了妄想症之類被古人稱為「瘋疾」的精神類疾病，在巨大的壓力下做出正常人眼中的怪異舉動，譬如裂帳窺視之類。幾天後，皇長子允禔讓喇嘛魘鎮太子的事情被揭發出來，允礽的發病之由自然就有了著落。

一廢太子後，朝局陷入空前的糾纏動盪，皇長子允禔、皇八子允禩的野心先後暴露，王公貴戚們爭先恐後的表態站隊，險些造成君臣、父子之間的決裂。這讓康熙皇帝倍感驚疑與失落。很

5 雅爾江阿等滿文奏摺，康熙朝（無具時），中國第一歷史檔案館藏。
6 允祉等奏滿文奏摺，康熙四十七年九月初五日，中國第一歷史檔案館藏。

快，他就對自己一時衝動、廢棄太子的舉動表現出了悔意，將太子的無禮舉動歸結為患病、被魘鎮等客觀原因，甚至提及孝莊太后和太子的生母，打出親情牌。

康熙四十七年（一七〇八年）十一月十五日，康熙帝召滿洲文武大臣入宮，提起自己近日夢到太皇太后，老人家因為廢太子的事沉悶不樂，而且遠遠坐著，不和自己說話；另外，還夢到了太子的生母、元后赫舍里氏，她也為太子的事在夢中向自己抱屈喊冤。康熙帝以此向群臣透露自己恢復允礽儲君的心意，為自己一廢太子打圓場。最終，憑著強大的皇權和崇高的威望，康熙帝壓服異議，乾綱獨斷，在一廢太子半年後，第二次立允礽為皇太子。在復立太子之前，他讓允礽向群臣保證，往後一定痛改前非，且絕不計較眾人集體保立允禩之事。

事實上，讓太子發誓不記仇報復，希望復立太子後群臣不恐慌焦慮，這完全是老皇帝自欺欺人的美好願望，不但太子和群臣無法做到，就是他自己也辦不到。一廢前那些壓抑在表面和平之下的矛盾尚且不能不把人逼得發狂，何況經過一通撕破臉的大鬧，想要盡棄前嫌，是絕無可能的。果然，復立太子後的兩三年裡，此前就反對太子、支持允禩的王公大臣們不肯罷休，仍然四處遊說，試圖再次掀翻東宮。相應的，太子對父親、兄弟的防備越來越深，和那些重要的八旗親貴越走越遠，自然而然也越來越依賴自己的小圈子——包括那些地位卑微、令貴族和士大夫看不起的侍從、太監、弄臣。這樣的做法，讓即便沒有前嫌的人也覺得他看起來缺乏儲君的德行與威望，幾乎是無可救藥了。

勉強支撐了三年多的時間，到康熙五十年（一七一一年），所謂的「托合齊結黨會飲」一案被反太子勢力揭舉出來，成為太子二次被廢的導火索。托合齊（史籍中亦作陶和氣）並非出身滿洲高級貴族，卻因為頗有才幹而官至步軍統領。步軍統領俗稱九門提督，負責京師治安，掌握九門兵權，是極為緊要的職位。康熙帝對托合齊非常信任，經常透過他的耳目瞭解京師內外情形和王公大臣隱私，其職事類似於明代的錦衣衛。托合齊位高權重，又喜歡呼朋喚友，他常常組織宴會，邀請各色人物到家裡飲酒看戲，所謂「會飲」，就是這個意思。

到康熙五十年，托合齊大人的不定期飯局突然被人舉報，舉報人是安郡王馬爾渾的弟弟、八阿哥允禩福晉的親舅舅、鎮國公景熙。舉報理由是托合齊宴會中有一位叫雅圖的常客，他雖然官居都統，卻是安王府的屬人，安郡王馬爾渾在康熙四十八年底去世，按照滿洲禮制，身為王府屬人，不論官做得多大，都應該為府主守孝服喪，如今安郡王喪期未滿，雅圖就屢次跑到托合齊家飲酒作樂，殊屬不敬，請皇上查實治罪。舉報的切入點小而巧妙，看似只涉及雅圖一個人，且是安王府的面子問題，卻觸發了山呼海嘯般的後果，直接將太子允礽第二次拉下馬。考慮到安王府與八阿哥允禩的特殊關係，這次舉報的針對性可見一斑。

因為雅圖這一個小小的線索，很快，托合齊的飯局朋友圈浮出水面，其成員之多、構成之複雜，讓康熙帝陡然提高警惕。首先，托合齊朋友圈裡有一眾身居要職的滿洲大臣，除他本人外，還有刑部尚書齊世武，兵部尚書耿額，都統鄂善、雅圖、楊岱、蘇滿、班第，副都統石文桂、丁皁保、綽奇等人；其次，有不少現任或前任宰輔的公子，如現任大學士溫達之子查爾欽、勒爾欽，原任大學士伊桑阿（索額圖之婿）之子伊都善、伊都立，原任大學士王熙之子王克昌，原任大學士宋德宜之子宋駿業；當然更讓康熙帝難堪的，是托合齊的座上常客中，還有自己最親近、最得用的太監總管梁九功，以及內廷太監于奕、李環等人。[7]

這些人中，齊世武、耿額、鄂善幾個，都是索額圖在世時的老牌黨羽，因為康熙帝處理「索案」時顧慮太子顏面，將打擊面控制在很小的範圍，所以並未株連到他們頭上。這些人大多不是滿洲世家貴族出身，而是透過夤緣索氏，或者皇帝的特別賞識，一步步坐到高位，這與托合齊本人的情況比較接近，所以相交過於他人。很快，齊世武等人就與托合齊攤牌，自稱是「為皇太子效力行走之人」，希望托合齊也能為太子辦事。[8]大約思量老皇帝年邁多病，自己擔任這個「特務頭子」的差事日久，實在得罪人多，不如早做打算，以為日後榮顯留出地步。是以太子復立不久，托合齊就儼然以太子黨新領袖自居，他頻繁邀請上述人等到家裡赴宴聚會，形成一個相對穩定的圈子。顯然，太子允礽試圖以這個圈子為核心，在後索額圖時代，發展起一批效忠自己的力量。

不過，仔細分析托合齊飯局的主要成員，其擔任高級軍政職務者並無顯赫出身，宰輔公子們又多年輕無權，雖然不乏托合齊和梁九功這樣特別關鍵的人物，但整體硬實力仍不能與允禩所代表的高級宗親、外戚、勳貴集團相抗衡。更兼事機不密，尚未形成氣候，就被鎮國公景熙揭發了出來。

太子透過索額圖舊部重新結黨，頻繁聚會，特別是由控御九門兵權和群臣隱私的托合齊牽頭組織，甚至連掌握皇帝全部生活軌跡的太監總管梁九功也參與其中，這樣的調查結果擺在康熙皇帝面前，其震撼與緊張完全可以想見——梁九功、托合齊的背叛，意味著皇帝和群臣的一舉一動可能完全被太子掌握，如果太子有所異動，後果不堪設想。

事情查清後，康熙帝仍不欲大肆聲張，另借一件受賄案，對托合齊會飲事件的主要參與者予以重處，其中托合齊、齊世武、耿額都定為絞監候。沒過多久，托合齊在獄中病死，向有寬大之名的康熙帝對這位背叛自己的寵臣餘恨難消，下旨將其挫骨揚灰；至於那位自十二三歲就入宮侍奉康熙帝的大總管梁九功，則被革職抄家，囚禁於暢春園西苑，在雍正帝即位後自縊身亡。

康熙五十一年（一七一二年）九月底，太子允礽再次被拘執廢黜，康熙帝在二廢太子的上諭中說：「但自釋放皇太子以來，數年之間，朕之心思用盡，容顏清減，眾皆緘默，曾無一人如此勸解者。朕今處置已畢，奏此勸解之言何用？前次廢置，朕實憤懣，此次毫不介意，談笑處之而已。」[9]對他來說，太子再次被廢，幾乎是一種解脫了。傳教士馬國賢在個人著作中寫道：

7 宗人府等奏滿文奏摺，無年月，中國第一歷史檔案館藏。
8 宗人府等奏滿文奏摺，無年月，中國第一歷史檔案館藏。
9《聖祖仁皇帝實錄》卷之二百五十一，康熙五十一年十月一日。

（康熙五十一年九月三十日）當我們到達暢春園時，驚恐地發現在那座有著宏偉宮殿的花園裡，八至十名官員以及兩位太監跪在地上，光著頭，雙手被捆在背後。離他們不遠的地方，皇帝的兒子們站成一排，光著頭，雙手被捆在胸前。過了片刻，康熙帝從一頂四周並不封閉的轎子裡走出，來到正在受罰的皇子們面前，立即發出如猛虎一般的怒吼。他對皇太子予以一通斥責後，決定將皇太子及其家人們一起軟禁在皇太子宮內。接著，在一份公開的宣言中，宣布廢黜這個不幸的皇子，理由是他有謀反的嫌疑……

太子允礽是個悲劇人物，是滿洲傳統和漢家宗法衝突與磨合過程中的犧牲品。他落地即喪母，既缺少母愛的照料與撫慰，與父親之間的芥蒂也無人能夠磨合調解。他夾在英明敏感的君父、虎視眈眈的兄弟、派系林立的朝貴、野心勃勃的外戚和取媚求榮的小人們之間，既高高在上，又孤立無援。他在位時，也曾經被描述成英武高才的準聖主，而一朝被廢，卻被親生父親形容成驕奢淫亂的瘋子和野心家，其中的宮闈祕辛、是非曲直，都失去了付諸史筆的可能。所幸，允礽的晚境並不算壞。嗣位的雍正皇帝雖然有「弒兄屠弟」的惡名，但對這位曾經把他踢昏過去的二哥卻很厚道，比如保證他的生活待遇直到善終，追贈他為親王，給他的子女授予高級爵位，等等。這樣的結局，在歷代廢帝、廢太子中已經很難得了。究其原因，一則出於綱常倫理的目的。允礽畢竟是當過三十多年太子的人，兄弟間久有君臣之別，如今成了翻不了天的死老虎，不如做個順水人情，顯得新君大度、孝友，恪守尊尊親親的禮制。二來只怕還有現實利益的考量。允礽和他背後的索額圖勢力雖然在康熙中後期受到多次打擊，但並沒有徹底退出歷史舞臺，特別是其中一位重要人物所代表的支系，只是在康熙末年暗暗潛伏下來，轉到雍正年間，反而變得極為活躍。這個重要人物又是誰呢？

皇十三子允祥

康熙諸皇子裡，與廢太子允礽關係親近的是皇三子允祉和皇十三子允祥，但程度有很大不同。康熙四十七年九月，太子允礽在熱河被廢，康熙帝馬上將留守北京的允祉召到行宮詢問廢太子的情況，為了免人議論，他特意下旨為允祉撇清嫌疑說：「三貝勒允祉平日與允礽甚相親睦，所以召允祉來者，因有所質問，並非欲拘執之也。伊雖與允礽相睦，未嘗慫恿為惡，且屢曾諫止允礽，允礽不聽。此等情節，朕無不悉知。」[10]此後諸子奪嫡，允礽立而又廢，康熙帝對允祉始終信任，從未把他視作太子一黨打入另冊。

至於允祥，和允祉的性質就大不同了。一廢太子時，允祥也在隨駕熱河的隊伍當中。九月初

10《聖祖仁皇帝實錄》卷之二百三十四，康熙四十七年九月七日。

四日，康熙在痛斥太子的滿文上諭中，同時惡狠狠地提到了對他核心黨羽的處置辦法，說：「現其（允礽）黨羽內，雜搜信息及畏威而附和者亦多，皆從寬不究，此外，索額圖之子格爾芬、阿爾吉善及二格、蘇爾特、哈什太，皆著立行正法，富爾敦，著交予其父馬齊，拴九條鐵索，於家中圈禁。十三阿哥，朕另有處置。」[11]將十三阿哥與索額圖的兩個兒子，以及被處死、被九條鐵索圈禁在家的太子黨羽並列在一起，可見允祥是太子黨的核心成員，甚至被懷疑參與謀劃了太子的某些「為惡」行為，只是因為皇子的特殊身分，或者證據不足之類的原因，需要「另外處置」。即便如此，允祥作為一廢太子關鍵人物的事實也暴露無遺了。

有學者在研究中將允祥歸為反太子一黨，甚至認為他是大阿哥允禔的助手，共同起到制約、打壓太子的作用。其推測邏輯是允祥後來成為雍正一朝的政治贏家，所以不可能與太子關係密切。而根據這道滿文上諭則可以確認，允祥在太子出事的第一時間就被列入了處理名單，大阿哥陷害太子之事被揭出，則是在半個多月以後，被關押治罪更要到當年的十月底。因此允祥絕不可能是大阿哥一黨，雍正帝後來所說的允祥與太子要好，而遭到大阿哥打擊，當屬實情。

二月河先生筆下的允祥是個光彩照人的重要人物，在小說裡，他的母親是高貴的蒙古公主，為雪家仇國恨嫁給康熙皇帝，又因為忘不掉與漢人落魄書生的刻骨愛情，在生下允祥後落髮出家。有了這段前由，允祥從小被兄弟們欺凌歧視，靠著四哥胤禛的保護才長大成人，他知兵善戰，是「死人堆裡爬出來的」俠王，後來受廢太子牽連被康熙皇帝圈禁十年，但始終對胤禛忠心耿耿，在關鍵時刻率兵擁戴其登上皇位。

歷史上允祥的形象與作為和小說中的差距很大。允祥生於康熙二十五年（一六八六年），比太子小十二歲，比四哥胤禛小八歲。生母章佳氏是內務府包衣出身的滿洲人，以宮女身分入宮後，至少獲得了嬪的位分[12]，是康熙帝中期的寵妃。她先後生育了一子二女，可惜在康熙三十八年英年早逝，被追封為敏妃。章佳氏去世後，康熙帝並未將她照例葬入安葬後宮嬪妃的「公墓」——妃園寢，而是臨時安放在自己帝陵的琉璃花門之內[13]，或欲令其附葬地宮，或有另設制度的打算，卻沒有見諸施行。雍正帝即位之初，曾發出一道奇怪的上諭說：「昔日皇考建設妃園寢，為妃母等殯所，唯敏妃母一位，皇考曾降諭旨暫安於陵寢琉璃花門之內寶城近處，俟入寶城。今欽遵皇考原旨，奉敏妃母安於寶城內。在寶城內安奉者，只有敏妃母一位，應追封為皇考皇貴妃。」有學者認為，敏妃生前的位分並不十分顯赫，不具有附葬帝陵的資格，想必已經在妃園寢內下葬多年，雍正帝是為了額外抬高允祥的身分，才假託康熙帝遺命，將其生母跨越兩級追贈皇貴妃，並從妃園寢移葬景陵。事實上，從現存的檔案來看，敏妃去世後確實安葬在景陵內部，之所以沒有

11 雅爾江阿等滿文奏摺，康熙朝（無具時），中國第一歷史檔案館藏。值得注意的是，「富爾敦，著交予其父馬齊，拴九條鐵索，於家中圈禁」一句，後來被康熙帝用硃筆刪去，其寓意為何，不得而知。

12 康熙二十八年，內務府為兩位新封的嬪一級後宮派出內管領，即皇八子允禩生母衛氏與皇十三子允祥生母章佳氏。內務府《口奏綠頭牌白頭本檔案》，康熙二十八年十二月初一日條。

13 《綠頭牌白本檔案》，康熙三十八年十一月十三日條，中國第一歷史檔案館藏內務府奏銷檔縮微膠卷。

進入地宮，很可能是康熙帝尚有顧慮，不方便一步到位。雍正帝的做法，並非特意違背父命來示好弟弟，而是真正的順水人情，滿足父親優待寵妃的遺願。

章佳氏去世時允祥只有十二歲，可以算是幼年失恃，但絕非二月河筆下的受盡欺淩。康熙帝愛其母而及其子，對允祥十分偏愛，加意培養。在一廢太子之前，康熙每次東巡、南巡、木蘭秋圍都把允祥帶在身邊，且常常只帶太子與允祥兩個兒子出行，這是諸皇子中絕無僅有的。此外，康熙帝還多次讓不到二十歲的允祥單獨祭祀盛京、泰山，對他的重視程度很高。允祥本人也聰明勤奮、文武雙全，年紀輕輕就在諸皇子中顯示出卓爾不群的能力。皇八子允禩的親信何焯曾在信中提道：十三殿下是皇帝所鍾愛者，日後必然前途無量。

青少年時代的允祥是乃父的重點培養對象，培養目的當然是為了讓他日後能夠親近、輔佐太子。允祥成婚時，康熙帝為他擇娶的是兵部尚書馬爾漢之女兆佳氏。馬爾漢因隨索額圖出使俄羅斯勘定邊界而獲高升，又與索額圖的女婿、大學士伊桑阿是兒女親家，無論婚宦，都稱得上一個貨真價實的「索黨」。允祥成婚時，索額圖已經失寵敗亡，皇帝與太子之間也產生了不小的隔閡，康熙此時為允祥選擇這樣的岳家，或許有希望他接手索額圖勢力範圍、調和父兄之間關係的意思。從允祥和太子十二歲的年齡差距，以及允祥本人生母早亡，沒有其他倚仗的背景條件來看，這樣的安排本來無懈可擊。然而天意弄人，允祥對太子的輔佐失敗透頂，反倒是日後輔佐四兄雍正皇帝頗為成功。

也正是因為雍正年間的成功，使得允祥在康熙年間的大量信息，特別是負面信息被銷毀。雍正帝即位以後最愛翻舊帳，自己的反對派但凡在康熙年間犯了一點錯誤，都被添油加醋抖摟出來，反覆唸叨。對於後代的研究者、觀察者來說，透過理性判斷抽離那些油啊、醋啊，事情的大致脈絡自然能有所呈現。然而允祥這樣信息被批量銷毀的情況，要比添油加醋麻煩得多了。當然，統治者再狡猾，總有百密一疏的時候，很多信息從正式、公開的記錄上抹去，在私密、零散的檔案中未必沒有蛛絲馬跡。比如本節開篇所說，允祥在一廢太子時，被列在太子黨核心黨羽的名單裡，雍正年間修纂的康熙《實錄》刪去了這一重要信息，卻見於聆聽上諭諸大臣的滿文回奏裡。另外，在當月十八日，內務府向皇帝詢問，要將皇太子處的包衣大（管領）、飯茶上人（即管理飲食的負責人），以及十三阿哥處的飯茶上人如何安置？得旨：將包衣大、飯茶上人均行退去，交給他們各自的佐領、管領當差行走。[14]換言之，一廢太子之後，允祥和允礽一樣，都被剝奪了部分侍從人員，甚至可能處於被限制自由的狀態。直到康熙四十八年太子復位，允祥才短暫現身於出巡隊伍中，然後又隨著太子的二次被廢沉寂下去，很少現身公開的官方文件。

曾經風光無限的十三皇子在康熙末年雖然還保持著自由身，縱未像二月河小說裡寫的那樣圈禁十年，生活過得卻也很不如意。康熙四十八年復立太子之際，皇帝大封諸子，除了已經囚禁的皇長子允禔外，十四阿哥以前的皇子人人有份兒，最不濟也獲得了貝子爵位，只有允祥一人向隅，仍舊是平頭阿哥。沒有爵位就談不上相應的俸祿、待遇，但允祥當時已經是有多位妻妾、子女的

14 內務府《奏銷檔》，康熙四十七年九月十八日條。中國第一歷史檔案館藏。

人了，雖然住在宮中，也要有不少開銷。即便如此，康熙帝也未對允祥的待遇做出長期打算，而是在內務府每年的催問之下，例行公事給出個「暫由宮中支給一年」的指示，直至康熙一朝結束。雍正帝即位後，封允祥為親王，曾想一口氣賞賜給他安家費二十三萬兩白銀，並聲稱其「家計空乏」，大概就是針對他在康熙末年這一窘迫尷尬的經濟狀況而言。

饒是如此冷待，還不能讓康熙皇帝消火。康熙四十九年六月，也就是皇太子復立期間，在允祉、允祥、允禵三位皇子的滿文請安奏摺上，康熙皇帝忽加批示：「胤祥非系甚勤習忠孝之人，爾等若將其放縱，必在一處踉蹌，不可不防。」[15]這一條評語話說得很重，表現了康熙帝對允祥很強烈的防備之心，且在幾位皇子中公開傳達，讓他們一同防備允祥，實在不留情面，幾乎給允祥的政治生涯判了死刑。允祥年輕時精於騎射，有單騎射虎的光彩戰績，估計身體素質不錯，卻在康熙末年患上「鶴膝風」頑疾，腿部生長毒瘡。雍正即位後，允祥也經年抱病，身體時好時壞，並在雍正八年（一七三〇年）聲勢正盛時英年早逝，想必和乃父的態度變化及多年的抑鬱心情有很大關係。

至於允祥到底在一廢太子期間做了什麼，由於缺乏直接材料，已經很難確證。從最終結果來看，不外乎兩種可能：第一，他按照康熙的意思，親近、輔佐太子，成為太子最信任的兄弟，但是發現太子有越軌之舉時，既不規勸，又不向皇帝檢舉，甚至為其謀劃，或者親身參與，導致事態惡化；第二，允祥是康熙皇帝的愛子，且當時只有二十二歲，康熙帝對太子芥蒂頗深，有所防備，但對他則不必過於拘泥，難免會說一些更直白、私密的話，允祥與太子交好，不排除有洩密的舉動，被證實之後，失愛於乃父。雍正帝即位以後，對允祥特加重用，大臣中有人頗持微詞。雍正帝替弟弟辯護說：「若言怡王，自幼強健聰慧，人才優良，父皇優加恩寵，此舉國皆知。怡王並非膽大妄為之人，從無非分之念。怡王對皇父盡以子道，對二阿哥盡以臣道，由於與二阿哥好，橫遭大阿哥妒忌陷害，因而受株連於二阿哥。」[16]從雍正年間的執政情況來看，允祥心思周密，執行力很強，這一點連雍正帝也很信服，更是高高在上的太子所不具備的。是以在一廢太子前，允祥雖然年輕，卻能成為太子的左膀右臂乃至核心智囊，康熙帝惱恨太子而歸咎於允祥，認為他沒有導兄為善，且表裡不一，辜負了自己刻意栽培的厚望。

那麼是否允祥恃寵而生自立之心，引起康熙帝防備呢？這種情況的可能性實在很小。一來允祥當時的年紀很輕，序齒靠後，沒有外戚倚仗，人際關係都依託於太子一系，擺脫太子圖謀自立的實力遠遠不足，稍有自知之明，即不會做此妄想，雍正帝所謂「怡王並非膽大妄為之人，從無非分之念」，即是此意；二來就性格與能力的類型看，允祥也更適合，且甘居於輔弼的位置，能與多疑雄猜的雍正帝全始全終八年之久，這是最基本的條件。

允祥與太子的關係究竟到了什麼程度，沒有足夠的材料證明，我們無法判斷。至於康熙末年，他又怎麼從鐵桿太子黨，變成了四兄胤禛的親密戰友，就更讓人難以揣摩了。雍正八年（一七三

15 胤祉等滿文奏摺，康熙四十九年六月初十日，中國第一歷史檔案館藏。
16 安雙成譯《宗扎布案滿文譯稿》，第十四頁，《歷史檔案》一九九七年第一期。

〇年）允祥去世後，雍正帝寫了大量懷念乃弟的上諭、祭文，其中多處提到，他與允祥自幼感情就很深，比如：「憶昔幼齡，趨侍庭闈，晨夕聚處。比長，遵奉皇考之命，授弟算學，日事討論。每歲塞外扈從，形影相依。賢弟克盡恭兄之道，朕兄深篤友弟之情，天倫至樂，宛如昨日事也。」不過，二人的年齡差距有八歲之多，成長、讀書都不在同一個週期，也沒有同宮居住的經歷。至於教授算學，也不能作為感情最好的充分條件。同樣是跟著胤禛學算學，被康熙帝養在宮中、待如親子的侄兒保泰就和八阿哥允禩關係最好，雍正年間成為重要的打擊對象。事實上，一廢太子以前的允祥是康熙帝的愛子、太子的親信，而胤禛的地位則相對邊緣，尤其與太子的關係不佳，甚至遭其荼毒，被踢昏後從臺階上跌落下去。是以二人早年的密切交往從何而來，是否真如雍正帝說得那樣親密篤厚且具有排他性，其實很難估量。不過，允祥年紀稍長後，二人一起隨父出巡的次數確乎不少，由此增進感情倒在情理之中。再或允祥早年雖是被刻意培養的太子親信，但與胤禛緣法相投，甚至在太子面前曾為四兄關說，緩和二人的矛盾，遂令胤禛感念，也未可知。

到一廢太子之後，二人頻繁交往的記錄確實多了起來。允祥去世後，雍正帝「檢點篋笥，得王詩三十二首，編為一帙」。這些詩都是康熙末年允祥「就正」「寄懷」四兄的詩句，胤禛「愛而藏之，不令棄置」，一直保存在身邊。另外胤禛是佛教信徒，曾將自己對佛學的研究刊刻成集，名《御選語錄》，內中即收有康熙五十六年（一七一七年）與十三弟允祥談禪論道的長篇大作，大意是勸導生活不如意的弟弟勘破眼前的困擾，去尋得精神和肉體的永恆。再如胤禛第五子弘晝回憶說，康熙五十八年自己生了重病，十三叔父為之奔走醫藥，使其得以保全性命，父皇對此十分感激，命自己稱叔父為父。可見在康熙末年，兩人的關係已經到了非常深入的地步，只是礙於康熙帝對皇子結黨的痛恨與防備，而將交往保持在低調，甚至祕密的狀態，不太為一般的王公大臣知曉。所以雍正帝即位後，對二人在康熙末年的密切關係常常根據需要或承認，或否認：想突出允祥地位時即承認，想強調自己孤立不黨時則否認，翻雲覆雨，無一定之說。

雍正皇帝即位以後，馬上封允祥為怡親王，並在其還無所建樹時，就密詔其爵位世襲罔替，成為清朝第一個沒有軍功的「鐵帽子王」。雍正初年，允祥與廉親王允禩、國舅隆科多、大學士馬齊一起總理事務，代表雍正帝掌握朝中的財政大權，並執掌禁衛。其信用之專、恩賞之厚，都遠遠超過同儕的皇子、諸王。此後數年，更是權勢日盛，死後配享太廟，甚至恢復本名，不必避「胤」字諱。

從備受冷落，到一人之下萬人之上，胤禛對前太子黨核心人物允祥如此厚愛、重用，而毫不以其康熙年間所犯的政治錯誤為芥蒂，是僅僅出於純粹的手足之情，還是別有利益考量，沒有足夠的史料支持，我們也難以判斷。但有一點值得注意的是，進入雍正年間以後，允祥與殘存的前太子黨成員之間並無避嫌的表現，仍然保持密切關係。比如他的嫡長子和嫡長女，都與太子黨成員的子女聯姻。其中嫡長子弘暾被雍正帝指婚，娶大學士馬齊的孫女富察氏為妻，而富察氏的父親富爾敦，就是一廢太子時被罰「拴九條鐵索，於家中圈禁」之人。他嫡長女的公爹伊都立是康熙年間首輔伊桑阿之子，即索額圖的外孫。伊都立是科舉出身的世家公子，在康熙末年受到連累，沉淪下僚，雍正即位以後則飛黃騰達，官至總督。他在雍正初年的許多重大政治問題上表現活躍，是最早公開參劾允禟、年羹堯的封疆大吏，能對皇帝的心意揣摩得如此精準，若非「朝中有人」，怕是難以做到。此外，允祥的兒子弘昌、弘晈，都與允礽的長子理親王弘晳交情甚好，兩家的密切關係一直持續到乾隆初年，甚至被乾隆帝視為「結黨」。

顯然，允祥在雍正年間仍然作為前太子黨在朝中的代表，這是雍正皇帝默許乃至支持的。雍正帝對諸兄弟、宗室諸王、八旗勳舊大加滌蕩、清算，卻對太子諸子、索氏後人寬厚相待，甚至加以重用，未嘗沒有允祥的情面在其中。

皇長子允禔

講完太子陣營中人，我們再來看看幾位謀奪太子之位的皇子。皇子中第一個衝出來和太子決一雌雄的是太子的大哥——皇長子允禔。既然規矩是立嫡立長，在允禔看來，老父總共就一個嫡子，嫡子有個閃失，理所當然就輪到他這個長子。何況他的母親惠妃在康熙帝的後宮中年紀長、位分尊，始終穩居第二集團前列。

允禔生於康熙十一年（一六七二年），比太子允礽大兩歲。按照大排行，他本來是康熙帝的第五個兒子，因為四個哥哥都早夭，就被列為皇長子。康熙十四年十二月，嫡子允礽被立為皇太子，幼年兄弟驟然有了君臣分際，允禔當時只有三歲多，也談不上失落與否，但隨著年紀增長，自然就能感覺出自己和太子在各方面待遇的巨大差別。按照儒家倫理，兄弟之間講究長幼之序，兄尊而弟卑。太子之於皇三子及以下的諸位皇子，既是兄，又是儲君，二尊合一，就算他凡事居高臨下，大家從道德、感情上也還容易接受。而太子之於允禔，於國是儲君，於家卻是弟弟，再拿起大來，可就不好相處了。偏偏太子的性格很高傲，允禔更是剛強，僅從這一點上講，二人的關係可想而知。

允禔的個人資質看起來還不錯，在清宮多年的法國傳教士白晉就說過：「（皇長子）是個美男子，才華橫溢，並具有其他種種美德。」更兼他是長子，容易獲得父親的器重，所以康熙帝很早就對他刻意培養，委以重任，尤其是在軍事方面。康熙二十九年（一六九〇年），清軍第一次徵準噶爾，年僅十八歲的允禔奉命隨伯父撫遠大將軍福全出戰，任副將軍，參與戰事指揮。康熙三十五年（一六九六年），允禔又隨康熙帝親征準部，領御營前鋒營，參贊軍機。前面我們提到，康熙帝對嫡長子繼承制這一華夏政權的重要政治制度領會不深，在已經立嫡的情況下繼續培養庶子參與重要的政治、軍事活動，這會導致庶子們野心膨脹、結交勢力，對政權的穩定交接十分不利。野心膨脹的現象在兩次參與重要軍事行動的允禔身上體現得淋漓盡致，但結交勢力，他卻沒有做到。這也體現出允禔其人雖然表面上有些才幹，比如掌握了較好的軍事技能，等等，但整體而言是個缺乏政治遠見和政治手腕的一勇之夫，有奪嫡的野心，沒有奪嫡的策略。

允禔首次出戰準噶爾，身分是副將軍，當時的三軍主帥是他的親伯父裕親王福全。允禔如果是個少年老成的謀略家，在學習指揮、勇敢臨敵的同時，就要藉此機會籠絡軍中將士之心，特別是伯父之心，以為日後留出地步。可惜，允禔此行，不但未見結交什麼可靠之人為生死袍澤，反而和秉性忠厚老實的伯父鬧了很大矛盾：康熙二十九年七月出兵，不到一個月，就和裕親王「不相和諧，妄生事端」，並且「私行陳奏」，就是背地裡向父皇告伯父的黑狀。幸而康熙帝行事公正，並不偏信兒子，得知情況後，不顧自己丟臉，將允禔強行撤回北京，事後又百般彌合，才避免伯侄二人的矛盾完全公開化。裕親王福全是康熙帝唯一的兄長，很受皇帝的敬愛，他喜歡皇八子允禩，就讓允禩在父親的心目中大大加分。年輕的允禔有機會與伯父成為工作搭檔，卻不能給講話如此有分量的人物留下謙虛好學的好印象，反而鬧得不可開交。可見他在籠絡人心，特別是籠絡關鍵人物之心的問題上，缺乏基本認識，身邊也沒有明理而有權威的人對他進行有效的幫助教導。

在很多文學作品和影視劇中，允禔都是在康熙時期的名臣、大學士明珠的鼎力支持下與太子、索額圖針鋒相對，爭奪儲位，明珠一般被描述為惠妃的親兄弟、允禔的親舅舅。畢竟具有這種至親長輩的身分，才能夠操控局面，且有拚了老命不要，為外甥謀奪儲位的合理性。事實上，明珠與允禔之母惠妃不但不是兄妹，甚至連親屬關係都沒有。按照清代《玉牒》記載，惠妃姓納喇氏，其父名索爾和，曾擔任司庫，最高的官職是郎中。明珠族中有一堂兄弟名索爾和，此人起家官即為郎中，後來承襲家裡的世管佐領和二等男爵，並且升任吏部侍郎，在順治十一年就病故了，從未當過司庫之類的雜佐官，年紀也對應不上。而《八旗滿洲氏族通譜》則記載內務府正黃旗包衣中有一人名索爾和，姓烏拉納喇氏，以郎中終其身，各種信息均與惠妃父親的記錄相當。可知惠妃是包衣出身的烏拉納喇氏，其父是內務府中下級官員，與明珠家族沒有什麼關係。

康熙中前期，政府中的實際掌權者是索額圖、明珠二人，索額圖身為國戚，而明珠足智多謀，二人權勢旗鼓相當。康熙早早立嫡，明珠有意見，當是實情。但豁出身家性命不要，為一個連血緣關係都沒有的皇長子公然謀廢太子，以明珠之老奸巨猾，是絕不會做的。此外，太子與允禔等人矛盾激化，當在康熙三十七年以後，此時距明珠罷相已經十年，他雖然仍在幕後充當康熙帝的親密政治顧問，但挑起朝局鉅變的可能性已經很小了。

康熙三十七年，康熙帝第一次大封皇子，其中封王的只有兩人：皇長子允禔封為直郡王、皇三子允祉封為誠郡王，其餘成年皇子則封為貝勒。一年後，允祉因為敏妃喪事受到處分，降為貝勒，只餘允禔一人仍居王爵。允禔的自信心再次爆棚了，雖然除了自己的屬人之外，他並沒有獲得朝中哪些重要勢力的格外支持，但他堅信，只要拿下太子，空出的儲位非他莫屬。

一廢太子前，康熙帝對允禔的心思已有察覺。他一方面深知這個大兒子心浮氣躁，不能立為太子；另一方面因為允禔與太子矛盾激烈，又是兄長，有重大軍事行動的實戰經驗，而不得不利用他對蠢蠢欲動的太子起到制衡、威懾作用。所以每次出巡，康熙帝總是同時帶著允礽、允禔兩個人，以備事起突然，可以讓他們針尖對麥芒，相互制約。一個以舐犢情深、勤於教子著稱的父親，年事漸高，防子之心卻到了這個地步，也實在令人唏噓。

康熙四十七年九月初四的熱河之夜，嫡子與長子終於兵戎相見。塞外深秋，太子驟然被廢，允禔帶兵護駕，老皇帝當著隨行王公百官之面痛哭流涕，歷數太子的不孝與失德，哭到傷心處竟然撲倒在地，左右開弓抽打自己的臉頰。即便在這樣失態悲憤的狀態下，康熙帝仍然不忘公開表示：「朕將朕躬安危託付與直王守護，但絕無廢胤礽而立直王為皇太子之意。直王為阿瑪之事忠心行走，然性情暴躁愚昧。直王，朕實無立為皇太子之意。」[17]這一番說法，真如當頭一盆冷水，把一腔火熱等著入主東宮的允禔澆了個透心涼。

這樣劇烈的形勢變化，特別是康熙帝對他既利用，又輕視，乃至一句話斷絕他東宮之路的做法，讓本來就性情暴躁的允禔徹底心態失衡，並把一腔怨氣都撒在失去自由的廢太子允礽身上。他一邊在康熙帝面前唸叨允礽的種種不是，說：允礽所行卑汙，大失人心，如果父皇顧念父子之情，不願意髒了自己的手，我願意替父皇殺掉他；一邊借看守允礽之便，苛刻虐待，將其身邊做事的所有匠人都撤去不用，又對他們加以苦刑，以致匠人們不堪受刑而逃走，甚至上吊自殺。他還派出身邊的太監、護衛四處打探消息，上躥下跳，十分強橫。此外，按照雍正帝即位後的說法，允禔在康熙帝面前構陷與允礽交好且同在熱河隨扈的十三皇子允祥，導致允祥在父皇心中的地位一落千丈。大概也是出於這個原因，《實錄》在收入九月初四日廢太子上諭時，只保留了康熙皇帝批評允禔暴躁愚魯，宣布不會立他為皇太子的內容，而把讚揚他對父皇一心一意、忠誠任事的表述刪去，將其塑造為一個徹底的反面人物。

允禔在諸兄弟中與允禩關係較好，或許因為允禩曾被交給允禔的生母惠妃撫養過一段時間，且是康熙諸子中少見的外表柔善、謙遜之人，肯於在允禔面前做小伏低，能夠和剛猛傲慢的長兄和睦。允禔在得知自己儲位無望後，直接向康熙帝舉薦允禩為皇太子，並稱一個叫張明德的看相人曾經說過，允禩以後必然大貴。允禩雖然夙有奪嫡之心，但慣以寬厚穩重示人，並沒有引起父皇的格外警覺，一廢太子時，他本人在京留守，亦無甚嫌疑可言。哪裡料到一向結好的長兄如此莽撞，竟然在這樣敏感的時刻，直綽綽保舉自己為太子，且說出背地裡請相士看相的事，令康熙皇帝一下意識到諸皇子潛蓄陰謀、結黨奪嫡的嚴重性，將本來印象不錯的允禩一齊痛罵，斥為「黨羽」。

對這個看相人張明德，康熙帝馬上下旨，讓人仔細查訪，哪想到一下就牽連出一件不得了的大案。說來宗室裡許多人都憎恨太子允礽，甚至有謀殺他的打算。張明德是當時北京城中頗有名氣的異能之士，據說不但會看相、算命，還認識十幾個神出鬼沒的武林高手。這些江湖上的朋友各有奇能，若是打將起來，能抵殺幾百人，飛將起來，深溝高壘不在話下。那位曾經被太子毆打

17 雅爾江阿等滿文奏摺，康熙朝（無具時），中國第一歷史檔案館藏。

過的鎮國公普奇請張明德給自己看相，憤憤說起當今太子驕奢暴戾，大失人心，不如聯合反對者把他幹掉。張明德是慣靠危言聳聽說大話騙錢的人，聽了這些話，便記在心上。

在宗室王公圈子裡廝混了一段時間後，張明德經普奇等人介紹，開始結識那些不安於位的皇子們。他先去八貝勒府為允禩看相，奉承允禩有大貴之相，並說起自己有糾合高手刺殺皇太子的本領。允禩本有奪嫡之念，不能不為所動，但畢竟事關重大，就與關係最好的九阿哥允禟和十四阿哥允禵商議。允禟等人認為時機未到，不能輕舉妄動，遂將張明德逐出八貝勒府。在允禩這裡沒有討到好處的張明德很快引起大阿哥允禔的重視，顯然，他對太子的恨意比允禩要大，膽子也要大得多。允禔透過順承郡王布穆巴將張明德接入府中，叫他相約一干江湖朋友，在康熙四十七年十月十五日聚集北京，刺殺太子。孰料太子九月被廢，所謂的刺殺活動當然不能再按原計畫施行。鑑於張明德在北京的活動範圍很大，結交人員複雜，允禔生怕自己參與其間的事被別人舉發，所以乾脆向父皇提到允禩看相一事，想著無論允禩能否立為新太子，都先把自己開脫出來。[18]哪知康熙帝對此事極為重視，非要一查到底不可，是以允禔的所作所為很快暴露出來，並讓老父感到他是個隨時可能鋌而走險的亡命徒，必須嚴加禁錮，以備不虞。

總而言之，一廢太子之後，本來在諸皇子中處於有利地位的允禔，把自己的愚昧粗狂表現得淋漓盡致。這不能不讓人想起滿洲政權尚在關外時的那些場景：皇太極去世後，合法性最強的皇子豪格與實力最強的皇弟多爾袞爭奪大位，多爾袞假意推託謙讓，母弟多鐸卻看著著急，當眾斷喝：你不當我當！允禵這一手「我當不了讓老八當」，和多鐸真有異曲同工之粗豪，關外遺風畢見。

一廢太子後，允禵這一番喊打喊殺、上躥下跳，以及允禩奪嫡野心的暴露，對康熙帝的觸動是很劇烈的。這讓被允礽氣得頭昏腦脹的老皇帝猛然驚醒，意識到：太子不安於接班人的位置，是對自己的威脅；而廢太子後，諸皇子群雄逐鹿、謀奪接班人的位置，恐怕是對自己更大的威脅。另外，冷靜下來的康熙帝開始嘗試設身處地想到太子的難處：面對這些虎狼之子，自己尚且芒刺在背，何況是年輕的夾在父皇和兄弟們之間的允礽呢？他的壓抑與失態是否因被人逼迫、陷害，乃至詛咒？

正在這時候，與廢太子允礽交好的皇三子允祉又送來一顆重磅炸彈，即允禔命令蒙古喇嘛巴漢格隆一干人等在王府作法，魘鎮詛咒廢太子允礽。在康熙帝派人查證的過程中，不但「挖出鎮魘物件十餘處」，還牽連出一串咒魘事件，其中一個叫布彥圖的當事者，因為要舉發此事，竟被殺人滅口，其性質之惡劣可見一斑。允祉的舉報給急欲穩定廢太子後朝局人心的康熙皇帝找了臺階，他馬上認定巫術詛咒屬實，太子是因為被詛咒才神志恍惚、行為錯亂，並非本性敗壞不可救藥，這就為復立太子找到了理由。

巴漢格隆詛咒太子案發後，康熙帝下旨將允禔革去王爵，在家拘禁。但一開始的看管並不十

18《康熙朝滿文硃批奏摺全譯》，步軍統領托合齊奏報大阿哥圖謀不軌折，無年月，第一六五三頁。

分嚴格，且允禔府中藏有大量武器，府前又有集市，往來人員混雜，多有為其傳遞消息之人。被拘禁的允禔也患上了太子在木蘭圍場那樣的「瘋疾」，暴躁癲狂，猶如走投無路的困獸。雍正帝即位以後，還曾回憶過這段往事，說「從前大阿哥畏人殺之，每夜各門加鎖」，可見其精神處在何種驚恐焦灼的狀態。然而困獸之鬥，尤其駭人，當時京城傳言紛紛，有說允禔恨極了九門提督托合齊，要派人殺他，又有允禔的親信揚言：「若我阿哥以二寸紙寫文給托合齊，他豈敢不深夜打開城門？」[19]康熙四十八年四月，考慮到允禔性情暴戾，膽大包天，一旦皇帝出巡在外，說不定會挾持內宮太監，假傳太后懿旨或是皇帝密旨，跑出府來，鬧個天翻地覆，其餘皇子都是他的弟弟，未必能夠阻攔控制得了，是以康熙帝不敢對他再抱有任何改過自新的幻想，下令加派禁軍，嚴密看守，並告誡諸皇子，永遠不許將其放出。至此，曾經風光無限的皇長子允禔成為九王中最早失去人身自由的一個。

皇八子允禩

如果說允禔、允礽是在奪嫡鬥爭中第一批失去機會的皇子，那麼皇八子允禩大概可以算是第二批，這和他們在此前的受重視程度大致成正相關。允禔和允礽是一廢太子之前最受重視的皇子，離權力核心最近，行事最顯眼、張揚，受到的打擊也最早、最大，一個終身監禁，一個棄置無爵十幾年。相對這兩人而言，允禩在一廢太子以前的活躍程度要弱一些，或者說是公開的活躍程度弱一些，他在私下裡是非常活躍的。

允禩生於康熙二十年（一六八一年），比太子小七歲，比四兄胤禛小三歲。他的生母衛氏出身較低，是內務府管領下人的女兒。衛氏在康熙十四年透過內務府選秀入宮，和她同一天入宮的還有雍正皇帝的生母烏雅氏，以及十二皇子允祹的生母萬琉哈氏。烏雅氏生育三子三女，康熙十八年封為嬪，二十年就晉位為妃。與烏雅氏相比，衛氏只生育了允禩一個兒子，康熙二十八年與資歷淺得多的允祥生母章佳氏一起受封為嬪，康熙五十年去世前才晉封為妃。

允禩幼年撫育於惠妃宮中，稍大後又短期養在康熙帝第三任皇后佟佳氏身邊，並非由生母撫養長大。然而，或許由於母親名位的緣故，允禩很早就懂得收斂性情，表現出溫和平易、與人為善的一面，乃至身為皇子，還有懼內之名，這和太子、允禵等人的張揚、乖戾、生活驕奢形成對比，很能得到長輩的喜歡，同輩、晚輩的擁戴。比如他的養母惠妃，雖然別有親子允禔，但顯然對允禩的關愛更甚。允禔被囚禁時，惠妃「亦奏稱其不孝，請置之於法」，無論是真心還是忍痛，畢竟做出了支持康熙帝決策的表態。到康熙五十三年，康熙帝因為「斃鷹事件」痛責允禩，父子之間幾乎恩斷義絕，而此時的惠妃，或為保護養子起見，與皇帝發生激烈爭執，以致外省督撫都

19《康熙朝滿文硃批奏摺全譯》，康熙帝諭旨一紙，無年月，第一六五三頁；步軍統領托合齊奏請取締報恩寺集市等事折，無年月，第一六五四頁。

有所耳聞。[20]康熙帝唯一的哥哥裕親王福全也賞識這個侄兒的為人，向康熙帝稱讚其「心性好，不務矜誇」。

此外，康熙帝第二、第三任皇后家族的重要成員都是允禩的支持者。阿靈阿是康熙年間的重臣，除了承襲父親遏必隆的一等公爵外，還擔任領侍衛內大臣、議政大臣、都統、理藩院尚書，是八旗勳貴集團和外戚集團在朝中的核心人物。阿靈阿的兩個姊妹分別是康熙皇帝的皇后、貴妃，妻子是德妃的親妹妹，女兒又嫁給十七阿哥允禮，所以對諸皇子而言，他不但是十阿哥的舅父，還是四阿哥、十四阿哥的姨父，十七阿哥的岳父。不過在一廢太子後，他沒有選擇任何一個與自己親緣關係較近的皇子擁戴為儲君，反而選擇了毫無關係的八阿哥允禩。再如佟氏家族的長房長子鄂倫岱性情強橫，對自己的父親佟國綱都敢忤逆頂撞，卻也肯買允禩的帳。

至於親兄弟中如九阿哥允禟、十四阿哥允禵等人，也都是允禩的鐵桿支持者，不但心甘情願為他送錢、送物，還在他受到康熙帝切責時表示願意與之同死，足見其受擁戴程度之高。

年輕的允禩之所以能在眾多兄弟中引人注目，並不在於他的文韜武略有多麼出眾，而在於性格好、情商高，對重要的人際關係都能用心維護，往往一番話說下來，就讓人有推心置腹之感。在太子地位穩固、諸兄弟相安無事的階段，他這樣的氣質和為人，當然也會給康熙皇帝留下不錯的印象。康熙三十七年，十七歲的允禩被封為貝勒，是受封皇子中年齡最小的一位。在一廢太子的緊要關頭，康熙帝又臨時命令允禩署理內務府總管，主持宮廷事務，對他的能力，特別是忠誠度，給予了很大信任。

然而就在這個時候，魯莽的皇長子允禔突然向父親提出，如果自己不能做皇太子，那麼允禩是最合適的人選，而且之前有個相士張明德就說過，允禩有大貴之相。這樣的說法，讓康熙帝「為之驚異」，他可能從沒有想過，這個不嫡不長、以賢德著稱的八兒子，竟然在背地裡有這樣的野心和能量，不但窺伺東宮，還能讓比自己年長八九歲、性格暴烈的長兄甘居其下。如此心機，足以讓已經極度缺乏安全感的康熙帝又一次不寒而慄：這些不肖之子，到底還有多少陰私勾當把朕矇在鼓裡呢？氣急之下，他下令將允禩鎖拿處置，不料九阿哥允禟、十四阿哥允禵公然出列為之辯護。康熙帝再度失態，拔劍要殺允禵，一時間父子兄弟亂作一團，壓抑多年的矛盾徹底公開化了。康熙帝無可奈何地向群臣感慨：如果這樣下去，等朕死後，諸皇子一定會把朕的屍體扔在乾清宮不管，各自束甲相爭去了。

因為廢太子和隨之而來的一系列變故，康熙四十七年入冬後，老皇帝生了病，而且病得不輕，他開始考慮再次立儲的問題，一則壓制蠢蠢欲動的諸子，二來以備自己身體的不測。從當時康熙帝的口風來看，他已經將允礽的悖逆之舉，歸結為允禔的魘鎮謀害，撇清了允礽的主觀故意性，還把對允礽有所威脅的允禔、允禩雙雙革爵關押起來，為復立允礽掃清障礙。不過此時的康熙帝

20 郭瑮滿文奏摺，原本未寫時間，中國第一歷史檔案館著錄為康熙五十三年正月。

已經意識到，由皇帝一人決斷，立嫡長子為太子的做法，純粹出於華夏王朝的政治傳統，與滿洲舊制難以兼容，以致諸子爭鋒，朝局動盪，不但立了三十多年的太子喪失人心、坐不住位子，就連自己也英名不保、老臉丟盡。這一回，計畫著吸取前次教訓的康熙帝，居然要把立儲形式退回到滿洲的部落軍事民主制階段，而且民主範圍更大——令滿漢大臣齊集公所，從諸皇子中保舉一人為皇太子。

康熙四十七年十一月十四日，康熙帝下旨，令滿漢大臣等會同詳議，推舉除大阿哥之外的一名皇子為皇太子。「眾議誰屬，朕即從之。若議時互相瞻顧，別有探聽，俱屬不可。」為了確保所立者是允礽，康熙還特意做了一些安排，比如要求對嫡長子即位抱有執念的漢大臣多參加討論，另外不許怨恨太子的大學士馬齊在其中干預。值得一提的是，馬齊和太子允礽的關係本來不錯，他曾參與索額圖主持的中俄議界之事，又在康熙帝三征準噶爾時留京輔佐太子。之前講過，「帳殿夜警」事發後，其子富爾敦被作為太子死黨抓了起來，交予馬齊本人拴上九條鐵索圈禁家中。估計為了自保或是救子，馬齊在此後與太子反目，開始轉向允禩、允禟等人。康熙帝後來當眾斥罵馬齊祖輩賣主求榮，透過陷害本旗貝勒投靠上三旗，即是對其家族「老毛病」的羞辱。

群臣接旨後，先是惶恐一番，說：如此大事，非人臣所當言，我們豈能推舉太子？還是請皇上乾綱獨斷為是。皇帝不聽，堅持讓群臣保舉。結果，一張寫著「八阿哥」三字的紙條交到了跑進跑出傳旨的太監總管梁九功、李玉手上。康熙帝看後很不滿意，又命梁、李二人告訴開會的群臣：立皇太子乃是大事，八阿哥年輕不更事，生母出身低微，本人又剛剛獲罪，你們仔細考慮好了再奏！大臣們彷彿故意與皇帝抬槓，又說：皇子們都是天資聰明之人，但是臣等居於外廷，如何能夠深悉？知子莫若父，既然皇上您不滿意我們推薦的人，那還是您怎麼說，我們就怎麼聽吧！康熙帝不肯罷休，又命眾人各自推薦皇子人選，每人單寫在一張紙上，再署上自己的名字進呈。然而皇帝顯然高估了個人意志對群臣的影響，無論他怎樣暗示，甚至改變選舉形式，民主集會的結果都沒有變化——滿漢大臣眾議咸同，願意保舉還被關押著的皇八子允禩為皇太子！

這樣的結果，對在位近五十年，自以為對朝廷局面如臂使指的康熙皇帝會產生怎樣的打擊，讀者自可想見。自己培植、任用的滿朝文武，居然為了一個年輕、沒有功績、母家卑微的允禩而揣著明白裝糊塗，不惜悖逆自己的聖意，這是多麼令人恐懼而且不可思議的事啊！只是當時的康熙帝正在病中，根本無力，甚至也不敢對滿漢群臣進行大範圍追究。眼看暗示沒有用處，選舉更行不通，康熙帝只有打出孝莊太后和允礽生母赫舍里氏這兩張親情牌，亮明自己仍舊屬意允礽的態度。事情發展到這個地步，皇權終歸是皇權，一旦公開攤牌，群臣唯有俯首聽命，此前「眾議誰屬，朕即從之」的客氣話，也只好硬吞下去。

轉過年來，到康熙四十八年正月下旬，康熙皇帝的身體狀況有所轉好，想起去年冬天的事情，未免氣不打一處來。憤懣之下，康熙帝不遺餘力地要找出造成這一結果的「元凶」，以證明群臣保舉允禩，並非出於公心，而是「元凶」們串聯作弊，群臣望風附和的結果。於是他下旨質問當日參加保舉的大臣：朕讓你們保舉太子，你們一窩蜂地保舉允禩，這一定是你們平時謀劃結黨所致，你們現在自己交代，當日最先提出保舉允禩的是誰？群臣中為首的領侍衛內大臣巴渾德回奏說：當時臣等分文武兩班序坐，大家都說要保允禩，所以就入奏了，並沒有首先發言提議之人。康熙帝不屑一顧表示：哪有什麼「所舉皆同」之事，一定有人倡議組織，你們快快從實交代！皇帝窮究不捨，挨個問去，眾大臣一時你推我，我推他，滿人推漢人，官大的推官小的，只求先把自己摘出去。

康熙帝很懷疑是大學士馬齊從中搗鬼，為此屢加逼問，漢大學士張玉書沒有辦法，只好說：「當天滿漢群臣奉旨齊集，滿大學士馬齊和溫達比臣來得早。臣問他們今天召集群臣是要議論什麼事？馬齊說是皇上下旨，命大家從諸皇子中推舉一人為太子。臣又問那推舉誰呢？馬齊說大家都想推舉允禩。後來果然很多人都說要推舉允禩，所以臣等也就一起保奏允禩了。」在現場的馬齊見康熙帝震怒，趕緊辯白，說：「張玉書記錯了，他當時問臣保舉的是誰，臣回答的是『尚未定，只是聽說眾人中有要保舉八阿哥的』。張玉書和臣是同僚，他既然問，臣也不能不回答，但絕對沒有讓他保舉允禩的意思。」幾個人各執一詞為自己辯護，情緒十分激動。按朝鮮人的說法，康熙和馬齊一對奔六十歲的君相，如同小孩打架一般，康熙帝當眾「毆曳馬齊」，馬齊毫不示弱，竟在皇帝面前「拂袖而去」。直氣得康熙帝當天晚飯都難以下嚥，第二天早飯也吃得很少。

現場開會的人鬧成一團不說，連沒來開會的，也牽扯進來。康熙帝的母舅加岳父佟國維當時已經退休，並不參與日常的政務活動，但他對重新推舉太子一事也高度關注。當康熙帝透露出自己復立允礽為太子的意思時，這位支持允禩的國之大佬即表示反對，他上奏說：「皇上辦事精明，天下人無不知曉，斷無錯誤之處。此事於聖躬關係甚大，若日後皇上易於措處，祈速賜睿斷，或日後難於措處，亦祈速賜睿斷，總之將原定主意熟慮施行為善。」其意直指康熙帝視儲君之廢立為兒戲，出爾反爾，若將大臣們並不擁戴的允礽復立，將要如何收場？佟國維這份帶有警告性的奏疏，在群臣中引起很大反響，被允禩的支持者們稱讚為「如此方謂之國舅大臣，不懼死亡，敢行陳奏」，他本人也被視為擁立允禩的大後臺。康熙帝一向對佟國維非常尊敬，甚至有些遷就，但受到這樣尖銳的指摘，不免氣得手腳冰涼，大罵佟國維：「朕若誅爾，似類沽名。朕今斷不誅爾，其坦懷勿懼，但不可卸責於朕躬。觀爾迷妄之狀，其亦被人鎮魘歟？」

很快，佟國維、馬齊，特別是馬齊，成了康熙帝最大的出氣筒。其中佟國維被訓斥罷職，不許再參與政事；馬齊被革職拘禁，他的兩個弟弟李榮保、馬武，前者枷責，後者革職，其餘族人凡是有爵位或官職的，一律革退，處理相當嚴重。

事實上，在這次「民主推薦」活動前後，除佟國維、馬齊兩鉅公外，還有許多王公大臣積極為允禩出頭，包括皇九子允禟、皇十子允䄉、皇十四子允禵，以及康熙帝第二任皇后的親兄弟、一等公、領侍衛內大臣阿靈阿，第三任皇后的堂兄、一等公、領侍衛內大臣鄂倫岱，明珠之子、翰林院掌院學士、侍郎揆敘，漢大臣戶部尚書王鴻緒，等等。雍正帝即位後回憶說，這些人當年的串通辦法，是由揆敘與廷臣暗通消息，每人在手心寫一個「八」字，開會時互相告知，以張聲勢。

凡此種種，讓飽有政治經驗的康熙皇帝很快從極端憤怒驚懼中找回了足夠的理性：這些允禩的鐵桿支持者，都是自己的近親、重臣，是政權班底的核心成員，如果處理太重，必將引起舉朝恐慌，那樣的話，別說允礽難以復立，自己的統治根基，也要被嚴重動搖了。經過反覆考量，康熙帝採取了和稀泥的做法。對允禩，一邊強調他有罪，母家微賤，不能立為皇太子；一邊免除了他邀請張明德看相，結黨謀奪儲位的罪過，恢復貝勒爵位。對允礽，則先讓他向群臣保證，以後痛改前非，絕不記仇，而後宣布他身體痊癒，可以復立為太子。

復立後的允礽威望愈弱，不安全感愈強，在一片風聲鶴唳中勉強支撐幾年，到康熙五十一年十月，終於再度被廢。太子再廢，允禩信心十足，以為儲君之位非己莫屬。他甚至跑到康熙帝跟前試探說，現在這個時候，兒臣不知如何自處，寧願稱病不起。按照當時的情形，俯從眾意，立允禩為太子，算是個人己兩便的法子，也熄滅了其他皇子爭儲的野望。不過，一世好強的康熙大帝，絕不甘心被他的八兒子和大臣們一起裹挾就範，他寧願儲位虛懸，讓眾皇子群雄並起，也不肯讓這個外飾寬仁、內藏險詐的「活王莽」允禩稱心如意。

允禩滿心熱衷，康熙帝態度強硬，父子倆的關係很快就鬧僵了，甚至連允禩的生母衛氏也牽扯進去。康熙五十年，衛氏生了重病，這個既愛子又有很強自尊心的女性，因為丈夫多年來總拿自己出身低微來羞辱兒子，每每感到自責難堪。二廢太子以後，眼看丈夫與自己的獨生子幾乎鬧到決裂，兒子前途未卜、吉凶叵測，衛氏的痛苦越發難以排遣。是以生病之後，她拒絕延醫服藥，希望早日解脫，而免於繼續成為允禩前途的拖累。在各自偏見已經徹底形成的情況下，衛氏的這一做法，不但不能促成父子雙方和解，反而更加劇了他們之間的對立。在父親看來，母親完全站在兒子的立場上，用死來情感綁架自己；在兒子看來，是父親的輕蔑與絕情逼死了母親，也將兒子徹底打入不孝不忠的道德深淵。於是，康熙帝為了證明自己並非絕情，在衛氏臨死前晉封她為良妃，給予名分上的補償；允禩為了證明自己至孝，則在母親死後大悲大慟、大辦喪事，「已及百日，尚令人扶掖而行」。

到康熙五十三年，康熙與允禩的關係徹底決裂了，標誌性事件有兩個。第一件是「斃鷹事件」。康熙五十三年十一月，康熙帝巡行塞外，走到密雲縣遙亭行宮時，剛剛從遵化祭奠完母親良妃的允禩派了一名太監、一名親隨給父皇請安。按照慣例，允禩祭母，是奉旨而行，祭祀完畢，應該親自趕到出巡路上的某一站候駕、復旨。但他彷彿不想見到自己的父親，兀自去了昌平的湯泉行宮，說要在那裡等候聖駕回京時再見。更糟糕的是，他派人給父皇送去的禮物——兩隻獵鷹，送到御前時，已經奄奄一息了。康熙帝自兩廢太子後，一直體弱多病，常常感嘆殘年不久，如今收到兒子這樣的禮物，不能不以為是詛咒。他登時暴怒，自稱到了心悸欲死的程度，並當即將允禩派來請安的太監、親隨抓起來，在眾目睽睽之下刑訊，讓他們招出誰是自己主子一黨。折騰了一通之後，康熙皇帝寫信給在京的年長皇子們，大罵允禩：不過是我辛者庫低賤的女人所生，從小就陰險主意大，他先如何悖逆謀害太子，然後再糾結黨羽保舉他為儲君。現在我與他父子的恩義已絕，恐怕日後必有行同豬狗的阿哥，要為了擁戴他而逼我遜位。我現在寫信把這些事情都告訴你們，你們應該知道自己要如何行事。允禩恨我刺骨，他的黨羽也是如此。允礽悖逆，屢失人心，允禩則屢屢邀結人心，可見他的陰險，是允礽的百倍。[21]

第二是「雅齊布事件」，時間與「斃鷹事件」相近。雅齊布是允禩乳母的丈夫，清宮皇子與乳母關係最親暱，乳母之夫自然也是皇子身邊最得力信用之人。用康熙帝的話說，允禩最初與太子允礽結怨，就是因為這個雅齊布。當時雅齊布與御史雍泰有私人矛盾，所以向允禩告刁狀，允禩年輕護短，打了雍泰一頓，太子和索額圖將此事告知康熙帝，於是，雅齊布因教唆皇子為非而被趕出京城，發配到下嫁蒙古的八公主府上效力。後來雅齊布夫婦偷偷返回北京，在允禩的庇護下躲了起來。康熙帝得知消息後，大為震怒，認為允禩已經毫不把自己放在眼裡，才敢公然抗旨，隱匿欽犯。他派人將雅齊布夫婦處死，又專門寫下上諭交給諸皇子，說八阿哥「黨羽甚惡，陰險已極，即朕亦畏之」。斷定以允禩的為人，日後一定會為了雅齊布向自己報仇。[22]

至此，康熙皇帝把話說絕，允禩入主東宮的路被徹底堵死了，除非他敢於發動政變，否則再也沒有繼承皇位的可能。那麼康熙帝怎麼就這樣厭惡允禩，不肯給這個群臣擁戴的八王爺留一丁點兒機會呢？除了允禩本人出身低、野心大、爭權奪位過於露骨之外，從更深一個層次來看，當時的清王朝，仍然處在從貴族政治走向君主專制的進程當中，允禩如果坐上皇位，不利於這一進程的繼續推進。事實上，從皇太極到順治、康熙，清王朝的幾代最高統治者一直致力於擺脫父子兄弟打天下、坐江山的貴族共治局面，他們想盡辦法，用外戚勳貴分宗室手足的權，用旗人中下層的文化精英、精幹奴僕分外戚勳貴的權，乃至用漢人分旗人的權。總之是要扶弱抑強，實現將各方勢力統統置於君權控制之下的最終目標。康熙帝八歲登基，歷盡數十年艱辛，自以為對朝局的掌控已經爐火純青，如果讓他在國本大事上仍然屈就於臣僚，特別是老牌八旗貴族勢力，豈非將幾代帝王化家為國、化主為君的努力付之一炬？

再從被推舉者允禩的角度來看：對於一個普通人，乃至官員、貴族而言，人緣好當然是一件好事；但對於君主來說，總是追求人人稱頌，特別是貴族高官的普遍稱頌，恐怕就不是一位稱職的君主了。畢竟，想要獲得哪個群體的稱頌，就需要放棄一些原則，對其進行利益輸送：想要貴族高官說好，那輸送的無非就是政權和民眾的利益。對允禩的這個致命弱點，康熙皇帝看得很透。他曾怒斥力保允禩的九阿哥允禟、十四阿哥允禵是梁山泊義氣，預感到允禩如果謀得大位，接下來不過是一場宗室、權貴的分贓大會而已。

此外，從個人能力，哪怕是謀權奪位的能力來講，允禩也確有不及之處。他很像《三國演義》

21 康熙帝滿文硃諭，康熙五十三年十一月二十六日，中國第一歷史檔案館藏。

22 允祉等滿文奏摺，康熙五十三年十一月，中國第一歷史檔案館藏。

裡的劉玄德、《水滸傳》中的宋公明，靠仁、義的「人設」收攏人心，而非作為政治家的硬實力——哪怕在自己的團隊中，他也從來沒有獲得，甚至試圖獲得居中調遣、統一籌劃的地位。在奪位期間，支持允禩的皇子、大臣們，比他更像一個主角，經常各行各的主意，表現異常活躍，還經常犯一些愚蠢、任性的低級錯誤激怒皇帝，累及允禩本人。另外，允禩的感情較為脆弱，順遂時失於浮躁冒進，逆境一來卻沒有什麼防守反擊的好辦法，與雍正帝動心忍性、穩紮穩打、做一事成一事的風格形成鮮明對比。《三國演義》裡的劉備起家草莽，缺乏與群雄競爭的政治資本，所以要在亂世中獨樹「仁義」的人設，所謂「每與操反，事乃可成」，允禩以同樣的策略挑戰太子允礽，也獲得了劉備那樣的階段性成功。但逐鹿中原、興復漢室，光靠「人和」終究是不夠的，允禩最終敗在善用權謀詐術的雍正帝手裡，倒也很符合歷史規律。

一個值得注意的問題是，允禩雖然在康熙五十三年就被批倒批臭，卻並沒有像皇長子允禔，以及廢太子那樣被囚禁起來，甚至連爵位也沒有被剝奪，照舊享受貝勒待遇，過得比皇十三子允祥寬裕體面得多。這大概是出於兩點原因：第一，允禩雖然不可能被立為太子，但畢竟有大量皇子王公、滿漢重臣是其擁躉，對他採取過於激烈的手段，實屬傷眾之舉，說不定還會激起變故，晚年的康熙萬事求穩，不願意再折騰了。第二點也是更重要的，即在康熙帝看來，允禩雖然黨羽眾多，卻不是個無法控制的人，而且自矜名譽，給予他自由也無甚妨礙，不像大阿哥允禔，暴戾好殺，若不嚴加看管，不定哪天就敢鬧個天翻地覆。

雍正即位伊始，允禩被任命為排名第一的總理事務王大臣，其支持者絕大多數仍擔任要職，但在隨後的兩三年中，他們幾乎沒有對新君的統治造成任何實質性威脅，就被分化瓦解、定點清除了。從結果來看，與其說允禩是「八王黨」的元首，主動的皇位競爭者，倒不如說他是因為看起來溫和、容易挾制，成為被滿漢大貴族、大官僚選中的利益代言人，半推半就被裹挾著進行了一次不成功的皇位之爭。

至於雍正帝與八弟允禩的關係，其前後頗多變化，我們放在講述胤禛的小節再談。這裡需要說的是，在允禩集團中，令胤禛最忌憚的絕非允禩本人，而是皇九子允禟。他計謀多端、善於經營，是允禩集團中搖羽毛扇的重要人物。此外，允禟處事之堅忍有為，也確乎比允禩更強一些。在雍正帝即位，允禩動遭羞辱、酗酒自棄的情況下，允禟仍然做出一些反擊動作，令新君頗多顧忌。當然，皮之不存，毛將焉附，終歸也是無濟於事的。

皇九子允禟與皇十子允䄉

八王黨中的皇子成員，除了允禩本人外，還有皇長子允禔、皇九子允禟、皇十子允䄉，以及皇十四子允禵。允禔的情況我們已經交代過了，允禵在康熙末年晉級為直接競爭儲位的重量級選手，需要單獨拿出來講講。至於允禟、允䄉，則不足以自立，放在本節一起來講。

允禟生於康熙二十二年，比八哥允禩小兩歲，比雍正皇帝小五歲。他與皇五子允祺是同母兄弟，生母郭絡羅氏出身內務府中級官員家庭，康熙十六年入宮未幾即封為宜嬪，康熙二十年晉封宜妃，是康熙中前期最受寵愛的妃嬪，在宮中頗有地位，甚至有些跋扈。雍正皇帝即位之初說，「宜妃母妃見朕時，氣度竟與皇太后相似」，足見其強勢作風。

允禟雖然有個寵妃生母，另外騎射功夫不錯，還對西洋學問頗有研究，卻並非康熙皇帝十分看重、著力培養的皇子，康熙四十八年封爵時只封為貝子，與年紀較輕的十二阿哥、十四阿哥同列。允禟對此很不滿意，常發些「你們看，我頭上的翎子有什麼好」「不過革此微末貝子爾」之類的牢騷。康熙帝不喜允禟，除了他後來極力保舉允禩之外，大概還和他外貌不佳、機謀多智，又善於以財貨收買人心的特點有關。

第一，康熙帝對人的外貌非常看重，他比較喜愛的皇子，大都有不錯的儀表，如允禔、允礽，都被傳教士稱讚相貌英俊，而從現存畫像上來看，早年很受寵愛的允祥，則與乃父的氣質眉目最為接近。允禟的長相，被雍正帝稱為「痴肥臃腫」，又說當年兄弟們在一起，都要拿他取笑。雍正帝對允禟恨之入骨，所以用了這樣侮辱性的詞彙，但結合允禟存世的畫像來看，他的外貌也確乎算是粗壯一路，不及其他兄弟俊美優雅，留給父皇的天然觀感不佳。

第二，八王黨雖然以允禩為首，又有允禵後來居上，但說到心思機巧、反偵查能力強，卻無人能與允禟相比。譬如一廢太子後，他就攛掇性子直率的允禵當眾頂撞老父，為允禩作保；二廢太子後，更是不顧康熙帝嚴誡諸皇子結黨的禁令，透過各種管道，在允禩、允禟等人之間來回傳遞消息。雍正即位以後，對八王黨進行持續打擊，在他連番的羞辱、貶斥之下，允禩、允禟坐以待斃，乃至終日醉於酒鄉。而被遠遠打發到西寧軍中居住的允禟則不肯就範，不但對負責監視他的年羹堯百般拉攏，與山陝客商做買賣，還在居所的後牆上鑿窗開門，偷偷與西洋傳教士往來計議、轉移財產。他甚至在傳教士的幫助下，創造了拉丁文轉寫的滿文，讓親信藏在衣襪裡帶回北京，交給在京的兒子作為新的聯絡辦法，被雍正帝稱為「敵國奸細之行」。

前文提到，康熙皇帝其人雖然有較高的漢文化水準，但骨子裡仍然是個帶有鮮明滿洲，甚至蒙古色彩的北方民族君主。對於剛強、忠誠的人，即便有些魯莽、暴躁，他也頗為喜愛。允祥、允禩之所以先受重視，後來被一棍子打倒，很大程度上是在老父面前暴露了自己心機深沉、表裡不一的一面，讓他覺得琢磨不透，甚至難以駕馭。允禟的智術厲害，連精明自用的雍正皇帝都非常忌憚，更不要說整體風格更為粗枝大葉的康熙皇帝。

第三，允禟善於利用權勢謀取財富，不但本人家資鉅富，連他的親信太監何玉柱，資產也有數十萬之多。允禟斂財的方式花樣百出，比如違反禁令派家奴去東北地區刨挖人蔘，在災年囤積居奇高價出售糧食，向各地的督撫大員進行大額的索賄，乃至直接操縱官員選任：管理全國稅關的戶部貴州司官缺，向來是由他安排的。他的三女兒被康熙皇帝指婚給權臣明珠的孫子永福為妻，因為明珠家資鉅富，允禟甚至與家奴合夥敲詐女婿永福及其弟永壽白銀數十萬兩。清初的皇子王公權勢顯赫，行多不法，但像允禟這樣無所不用其極，乃至謀財不避親的，也著實不多見。

允禟愛財，卻不是個守財奴，反而頗以「仗義疏財」示人，且施捨的對象不分高低貴賤。八王黨中，允禩是有心做太子、當皇帝的人，自然要保持道德上的純潔性，要以謙抑、清廉的形象示人，不能有過多貪財好貨的舉動，另外，允禩本身也不善經營，府邸開支常常入不敷出。所以無論是他自己開銷，還是維持偌大政治集團的交往、發展，沒有金錢開路，是萬萬不行的。因此，為八王黨賺取活動經費的重任，就落到允禟、允禵身上，其中又以允禟為最。八王黨內部，比如允禩日常與王公官員交際的錢，允禵出兵伊始打點部屬的錢，成千上萬，都出自允禟之手。此外，上到康熙身邊的太監頭目，下到民間走投無路的流浪漢，以及做清客的江南文人，做買賣的行商坐賈，周旋於宮廷民間的西洋傳教士，都是他送錢送物的對象。他的管家秦道然說他是「好將貨財給人，借與人全不計較」。雍正帝則斥之為：「賄買惡棍，到處稱譽。」哪怕到了雍正初年，允禟被隔絕在西寧一隅的小鎮西大通，也一直沒斷了在甘肅、青海等地做買賣，他此行攜帶鉅額金銀，且出手十分大方，採買物品不計價格，聽賣家索要。使得遠近大小商人無不知道西大通來了九王爺，豪爽賢德，遂趨之若鶩，小城西大通一時間竟成了個商業中心。

允禟這樣的行事做派，很有些晁保正、宋押司的風範，卻不大像個高級貴族，乃至皇子。那些極力誇獎他的人，也大多不是權豪勢要，畢竟社會地位較高的群體，還是以政治追求為主，全以利結，不講究點道德美感，並非根本之計。因此，雖然也有些人在康熙末年稱讚允禟「氣象大氣」「有帝王體」「相貌大有福氣，將來必定作皇太子」，但他終歸還不能算作儲位的有力競爭者，而只能作為八王黨的財神爺。

允禟和八哥允禩的感情很好，在一廢太子時就支持允禩奪嫡，甚至自掏腰包付允禩請術士看相的賞錢。康熙五十三年（一七一四年），允禩與康熙皇帝決裂，備受打擊，允禟仍對他不離不棄，直到康熙五十七年允禵出兵青海，態度才發生了一些變化，開始為允禵爭取儲君之位。比如允禵出發前，允禟就送去一萬兩白銀，此後又多次送銀到青海前線，總計有數萬兩之多。康熙六十年允禵從西北返回前，他還不計工本，將允禵的花園修葺一新；允禵再赴青海時，他又受其託付，代為觀察康熙皇帝的身體狀況而後傳遞消息。因為這一層交情，允禟揚揚得意，對人說：「十四爺若得立為皇太子，必然聽我幾分說話。」然而康熙帝病重逝世過於突然，允禟還沒來得及給允禵送出信去，雍親王胤禛就已經捷足先登，坐上了皇位。允禟震驚之餘，也只能徒呼無奈，感嘆「不料事情竟至如此，我輩生不如死了」。

相比九阿哥允禟的足智多謀，十阿哥允䄉的個人能力就弱得多了，不過他天生自帶一種優勢，是其他皇子無法相比的。允䄉生於康熙二十二年（一六八三年），比九哥允禟小兩個月。他的生母鈕祜祿氏出身滿洲閥閱之家，是輔政大臣遏必隆之女、康熙帝繼后孝昭仁皇后的親妹妹。她於康熙十七年入宮，三年後即憑藉出身優勢獲封貴妃，康熙三十三年英年早逝，謚號「溫僖」。

所以在康熙的眾多皇子中，從生母地位上看，允禩僅次於嫡子允礽，居於第二；而從外戚門第、勢力上看，恐怕還要比允礽更高一些。僅憑這一點，特別看重后妃門第的康熙帝就對允禩格外優待。

康熙三十七年第一次冊封皇子，允禩未滿十五，沒有受封。到康熙四十八年第二次冊封時，則一舉被封為敦郡王，爵位與七阿哥允祐相當，超過八阿哥、九阿哥兩兄長的貝勒、貝子。當然，允禩的出身高貴、優越感強，也更大程度上襯托了他的能力低下，但凡他文韜武略可以造就，就會成為儲位的有力競爭者和大批權貴的擁戴對象，而非只作為八王黨的二線角色。

允禩的親舅父阿靈阿，以及表弟阿爾松阿，都在八王黨中占據核心位置。特別是阿靈阿，兩次廢太子後，都積極策動群臣擁立允禩為皇太子，與佟皇后的堂兄鄂倫岱並稱「黨首」。皇十七子允禮因為娶了阿靈阿的女兒為妻，也受到允禩等人的拉攏，從二廢太子後就常被贈送禮物，彼此往來不斷，允禩、允禟等聚會、交談，對他也不大避諱。雍正帝即位伊始，也將允禮看作天然的允禩一黨，準備打發他給康熙帝守靈。虧得當時的頭號新貴怡親王允祥出面作保，大約說他年紀尚輕，在其中也起不了什麼重要作用，建議皇帝還是廣結善緣為主，不要把打擊面搞得太大。雍正帝見納其言，這才免去了允禮的禍事。允禮逃過一劫後，對雍正帝感激涕零，且急於自效，多次充當其打擊兄弟的先鋒，遂得轉禍為榮，成為雍正朝中後期宗室中的實權人物。

皇十四子允禵

在皇八子允禩一節中講到，以允禩為首的八王集團，規模龐大、成員檔次很高，幾乎囊括了在朝各個利益集團中的核心人物。但在這個集團中，允禩並沒有絕對的權威和不可替代性。特別是康熙五十三年，發生了令康熙皇帝憤懣異常的「斃鷹事件」和雅齊布匿藏京師事件，允禩與老父的關係徹底鬧僵了，如果集團成員們還死抱著允禩不放，就有造成君臣決裂的可能，這樣的結果，無論哪一方都難以承受。在這種情況下，八王集團的主要成員，包括允禩自己在內，都做好了在本集團內另選一位代言人的打算。對他們來說，這是個經濟實惠、可操作性強的辦法，畢竟八王集團皇子眾多，有內部調整的餘地。

這個被新推出來的代言人就是十四阿哥允禵（本名胤禎，後避雍正皇帝諱被改名為允禵），是雍正皇帝一母同胞的親弟弟。他們的生母德妃烏雅氏，出身內務府中級官員家庭，在康熙十四年與允禩的生母良妃一起入宮，受到康熙皇帝的寵愛，先後生育了三子三女，與允祉生母榮妃並列康熙皇帝生育子女最多的後宮妃嬪。允禵生於康熙二十七年（一六八八年），比同母兄長胤禛小十歲，比八哥允禩小七歲，是康熙帝參與儲位爭奪的諸皇子中年紀最小的一位。

允禵年輕時是個直性子，高傲而率真，雍正皇帝多次批評他「狂妄」「糊塗」，但也承認他「至奸詐陰險之處，則與阿其那、允禟相去甚遠」。對一個年輕人來說，這樣的性格，其實往往會討得父母純粹的喜愛，康熙帝早期對他的態度，想必不出於此。允禵與八哥允禩的關係很好，曾經在關鍵時刻站出來，給陷入大麻煩的允禩保駕護航。比如康熙四十七年一廢太子後，康熙帝當著諸皇子的面怒責允禩妄蓄異志，謀奪儲位，還要將他鎖拿問罪。這時候九阿哥允禟就攛掇身邊只有二十歲的允禵，說咱們此時不表態更待何時？可是說話的允禟自己並沒有站出來，倒是允禵挺身而出，頂撞正值暴怒的老父說：「八阿哥無此心，臣等欲保之！」氣得康熙帝拔劍而出，差點將他當場手刃。被轟出宮去之後，允禵還不罷休，準備相約眾皇子一起為允禩保奏。他還讓人準備了一副枷鎖，跟在被鎖起來的允禩身後，以示共患難之意；甚至隨身攜帶毒藥，直到允禩被釋放之日，才當眾取出扔掉。所作所為，倒還真有幾分梁山泊義氣。不過，老皇帝一時生氣，心裡卻沒有真正對這個年少莽撞的兒子產生反感，此後，反而更加看重了。在康熙皇帝看來，年輕的十四阿哥仍然是個樸實、重感情的孩子，沒有丟了滿洲舊俗。是以隨著允禩一黨不斷被打壓，允禵本人不但沒有受到牽連，反而有地位上升的趨勢，成為八王黨中的新興力量。

康熙五十四年（一七一五年）四月，清廷得到消息，準噶爾部首領策妄阿拉布坦派出騎兵，偷襲了已經被清軍控制的哈密地區，被兒子們折騰得苦不堪言的康熙皇帝頓時來了精氣神——打仗是他的長項，這可比處理家庭矛盾有成就感多了。可惜，這顯然是老皇帝的一廂情願，家庭矛盾發展到這個階段，兒子們的勾心鬥角已經到了無孔不入的程度，一看有仗打，大家就都想著去帶兵，這可是展示才幹、獲得聖心的最好機會。首先有所動作的是被關在咸安宮的廢太子允礽，他利用自己妻子生病的機會，透過太醫賀孟頫帶出一封明礬水寫的密信，想讓朝中大臣舉薦他為大將軍。當然，允礽的書信後來落入皇帝手中，他的大將軍夢破滅了。但從允礽的汲汲以求也可以看出，這個職位對皇子們有重要意義。

不過，這一仗康熙皇帝並沒有派皇子出戰，他以吏部尚書富寧安為主將，很快就把策妄阿拉布坦的軍隊趕出哈密地區，並於當年九月拿下吐魯番，兵鋒直指烏魯木齊。眼見正面作戰不是清軍的對手，策妄阿拉布坦派出一支六千人的偏師，由名將策零敦多布指揮，從伊犁奔襲西藏，擊潰藏軍以及蒙古和碩特部的軍隊，於康熙五十六年初抵達拉薩，殺掉了和碩特部領袖拉藏汗，滅亡了和碩特汗國，進而向東覬覦青海。康熙皇帝得知拉薩淪陷的消息後，有兩條路線可選，一是從西北進兵，占領烏魯木齊，威脅準噶爾在伊犁的大本營，迫使策零敦多布從西藏回師，以收圍魏救趙之功；一是直接從青海出兵，攻入藏地，在青藏高原與策零敦多布正面作戰。權衡之下，清廷選擇了第二種作戰方案。康熙五十七年三月，侍衛色愣、西安將軍額倫特先後率八旗、綠營兵共七千人進藏，然而由於指揮權不統一、後方糧餉接濟不利，以及自然環境過於惡劣等問題，清軍在烏蘇河與準部對峙月餘後，陷入彈盡糧絕、傷病無數的困境，最終突圍未果，幾乎全軍覆沒。其中西安將軍額倫特戰死，侍衛色愣被俘身亡。

這場大敗，給本來對進藏戰爭報有樂觀期待的康熙皇帝以極大震動。雖然朝中多數大臣以及青海的和碩特各部台吉都認為藏地遠且險，不宜用兵，但康熙皇帝堅持強調，如果任由準噶爾部長期占據西藏，控制達賴喇嘛，就會對整個蒙藏，乃至四川、雲南地區造成影響，對清朝西北、西南邊疆安全形成嚴重威脅。所以他力排眾議，堅持要出動大軍與準部再戰，奪回西藏的控制權。

吸取了前次進藏孤軍深入、輕敵冒進的教訓，康熙帝這次在西南、西北的大片地區，進行了系統全面的軍事部署，其中入藏大軍分南北兩路進發，北路是主力，出青海；南路是偏師，出四川、雲南。除此之外，康熙帝又從內外蒙古調動軍隊，充實駐紮在阿爾泰和巴爾庫爾的清軍大營，與進藏大軍配合，隨時準備襲擊烏魯木齊，令準噶爾部首尾不能相顧。如此之多的軍隊，包含京營八旗、駐防八旗、川陝綠營、內外蒙古、和碩特蒙古、西南各民族部落兵等諸多成分，如果沒有統一的調度指揮、完備的後勤補給，就無法形成合力，很容易各行其是，亂作一團。而這樣高規格的戰爭總指揮，按照清朝的傳統，必須由高級宗室擔任。

這樣一個光榮而艱鉅的任務，最終落在了年僅三十歲，此前從無實戰經驗的允禵身上。康熙五十七年十月，皇十四子允禵以貝子身分被任命為撫遠大將軍，前往西寧的清軍大營，指揮這一次的入藏戰爭。康熙皇帝下詔，令蒙藏各部配合允禵作戰，詔書中寫道：「大將軍王是我皇子，確係良將，帶領大軍。朕深知其有帶兵才能，故令掌生殺重任。爾等或軍務，或鉅細事項，均應謹遵大將軍王指示。」賦予了允禵很高的地位和很大的權限。

這次經過周密籌備的入藏戰爭，與前次結果大不相同。康熙五十九年，允禵將指揮部移到玉樹木魯烏蘇渡口，居中坐鎮，另由四川總督年羹堯在甘肅、四川等地籌集調動糧餉軍需。清軍以正藍旗滿洲都統延信為平逆將軍，率兩萬餘眾，從青海進兵；以護軍統領噶爾弼為定西將軍，率兵七千餘人，從川西進兵。八月，噶爾弼率川軍先行攻入拉薩，並迅速切斷拉薩到青海的補給通道，在青海遭遇策零敦多布主力的延信由此軍心大振，也在同年九月開闢絕域，與川軍會師拉薩，策零敦多布則率殘部逃回伊犁。為了凝聚蒙藏各部民心，清軍此次入藏，除了驅逐準噶爾勢力之外，最重要的政治策略是擁立親近清政府的達賴喇嘛作為西藏政教領袖。康熙五十九年底，隨延信大軍抵達拉薩的六世達賴格桑嘉措入主布達拉宮，完成坐床儀式，標誌著由允禵擔任總指揮的第二次入藏戰爭以勝利告終。

康熙六十年十一月，允禵凱旋，請示下一步作戰方略，譬如是否繼續西進，直取伊犁。康熙皇帝派皇三子誠親王允祉、皇四子雍親王胤禛率大臣郊迎，給予他很高的禮遇。第二年四月，允禵受命重返西北軍前，此時距康熙皇帝離世只有半年光景了。

至於為什麼要派十四阿哥出任大將軍，除了認為他「確係良將」「有帶兵才能」之外，還有沒有其他深意？特別是康熙六十年建功立業、凱旋還朝後，為什麼要讓他再赴軍前？各方面出於不同的立場，說法當然不同。比如在八王黨和一些中立人士，乃至不少朝鮮使臣和西洋傳教士看來，讓十四阿哥擔任大將軍，是鍛鍊他的能力、培養他的威望，以備儲君之意，只要允禵一戰成功，皇位非他莫屬。所以允禵出征之際，一大批說得上話、說不上話的王公親貴、八旗大臣、閒雜人等，紛紛將子弟送到軍中做事，圖個軍功榮身、從龍在前。至於二次前往西北，則是想讓他穩妥善後，乃至藉機蕩平準部，成一曠世大功。支持允禵爭位的九阿哥允禟就很怕康熙把他留在北京，說：「皇父明是不讓十四阿哥成功，恐怕成功之後，難於安頓他。」說明他們把允禵重返西北看作進一步鞏固威望、謀取儲位的好機會，沒有考慮老皇帝挨不到允禵功成班師的情況。

至於他的對手，比如後來的雍正皇帝，給出的解釋則完全相反。雍正帝後來提到這件事時說：「（皇考）令允禵出征西寧，置之遠地，無知之人反謂試用允禵，將定儲位，允禵遂妄生覬覦。蓋亦思皇考年高體弱，置繼統之子於數千里之遠，有是理乎？」「因西陲用兵，聖祖皇考之意，欲以皇子虛名坐鎮。知允禵在京毫無用處，況秉性愚悍，素不安靜，實藉此驅遠之意也。」是說康熙帝之所以任命十四阿哥為大將軍，是為了把他支遠一點兒，免得他在北京跟允禩等人結黨沆瀣；先帝他老人家在年事已高、體弱多病的情況下，將允禵再次派往西北，分明是給自己騰地方，如果存心想立允禵，怎麼會不讓他留在身邊、順理成章地繼承大位呢？

對於允禵的兩次出征，我們首先還是要從戰爭本身的需要來加以分析。康熙皇帝發動第二次入藏戰爭，是基於第一次入藏戰爭的慘敗結局，且是力排眾議之舉，其調動資源之多，將領配備級別之高，作戰的困難、風險之大，並不下於康熙中期的兩次親征準噶爾。這樣大規模的重要軍事行動，在三軍統帥——大將軍的人選問題上，一定會慎之又慎，盡量擇其善而能服眾者。作為一個對政權具有高度責任心，對軍事鬥爭具有豐富經驗的君主，康熙皇帝總不至於把這樣重要的職位當作朝廷政治鬥爭的垃圾站，安置自己厭棄的或是難以控制的皇子。從這個角度來看，雍正帝說任命允禵為大將軍，首要目的是將其「置之遠地」，未免太過狹隘。

康熙五十六年前後，清廷有資格充任大將軍的高級宗室數量很少，諸皇子內允禔、允礽已遭囚禁，允禩、允祥都被認為並非忠誠之人，不可能領有重兵。其餘年長皇子中五阿哥、七阿哥、九阿哥、十阿哥、十二阿哥幾位，或平庸無才幹，或身體欠佳不能耐勞，或一向不為父皇喜愛，均不具備帶兵的資質。四阿哥胤禛不以騎射、軍事見長，即位後從未前往木蘭圍獵即是明證。剩下的允祉、允禵兩皇子雖然都是騎射高手，但年齡差達到十一歲，就身體條件而言，三十歲的允禵顯然比人到中年的三哥看起來更能適應青藏高原的惡劣環境。更重要的是，允禵在入藏問題上與康熙帝的看法十分一致，沒有群臣中普遍存在的畏敵情緒。到西寧後，他多次求戰，並把自己的大營從西寧前移至位於玉樹地區的木魯烏蘇渡口，靠前指揮。這樣的忠勇表現，自然能夠讓康熙帝滿意。

總而言之，在這場入藏戰爭中，允禵雖然沒有親臨戰陣，但他在協調各路將領、團結蒙藏部眾、扶植達賴喇嘛、撫卹前次入藏陣亡將士等方面，都能貫徹康熙皇帝的指示精神，表現得合乎主帥身分，為最終的勝利做出了相當的貢獻。雍正即位以後，屢次指責允禵作為大將軍營私利己、苦累兵丁、侵擾地方、耗費帑銀，種種劣行，簡直一無是處。但這一切的指責，無論出於何種視角，對於打勝仗這件事本身而言，都是枝節問題，都不能抹殺這場艱苦卓絕的入藏戰爭是以全面勝利而告終的基本事實，也自然不能抹殺允禵作為主帥的正面作用。

至於入藏戰爭勝利後，允禵再度被派回西北前線一事，如果也從戰爭的現實需要考慮，其實是不難理解的。青藏局面穩定後，康熙帝已經做好西進烏魯木齊，乃至直搗伊犁的準備。康熙六十一年二月，駐紮阿爾泰的靖逆將軍富寧安奏稱：「臣接準部諮，今歲大兵移駐烏魯木齊地方，糧餉馬畜能否備辦？來年大兵進剿，馬畜口糧能否接濟？其阿爾泰遣往官兵一萬二千名以及隨役，自十月起支給糧米，若不敷用，應作何增運之處？令臣與總督年羹堯、巡撫綽奇會同定議具奏。」[23]可見西藏平定之後，還有一場更大規模的戰爭正在康熙皇帝和前線將領的謀劃之中，允禵的皇子身分，以及他在入藏戰爭中的成功表現，使他成為下一場戰爭主帥的當然人選，回京請示進兵方略後，自然要重回前線。

至於康熙皇帝的身體狀況，自一廢太子之後，一直時好時壞。他雖然每每為兒子們的不省心而氣衰心悸，自嘆來日無多，但這樣病懨懨十來年，想必也已經麻木適應了。單從這野心勃勃的戰爭布局來看，起碼到康熙六十一年上半年，他還沒有明顯感受到死亡的威脅，以至於八月初還率領諸皇子巡幸塞外，九月下旬才回鑾北京。

當然，我們說允禵兩赴西北是擇其善者，是戰爭形勢的需要，而非被「置之遠地」，這並不意味著出任大將軍、獲得戰爭勝利，就能與入主東宮、繼承大位畫等號。允禵做接班人的最大硬傷，是他的年紀太小，在眾兄弟裡排序過於靠後，順帶著爵位也不夠顯赫。前面在允禔一節中提到過，按照當時人們根深柢固的觀念，兄弟之間講究長幼之序，兄尊而弟卑。新君之於諸王，如果是君、兄合一，發號施令就顯得順理成章；相反，如果大家都是庶出，卻以弟君兄，關係就難處得多，一個兩個，或是素來和睦還則罷了，允禵在諸皇子中排行十四，前面健在的兄長還有十一位，且多已反目成仇、爭鬥半世。如果由允禵這樣年紀小的皇子繼承皇位，恐怕很難理順與兄長們的關係。康熙帝在批評國舅佟國維謀立允禩為皇太子時說：「此事關係甚重，今眾人之心既如此憂慮不安，朕躬及皇太子、三阿哥、四阿哥、五阿哥、七阿哥父子六人，亦必至於志意不舒，而幼者弗獲安適也，諸小阿哥又無足論矣。」[24]謀立八阿哥，則較八阿哥年長之皇子心緒不安，而幼者無足論。行八者尚有此說，何況十四。

另外，允禵因為年紀小，獲封爵位也較低，直至康熙皇帝去世，一直都是貝子，前面尚有親王三位、郡王兩位、貝勒一位。二廢太子後，康熙帝曾斥責允禩：「爾不過一貝勒，何得奏此越分之語，以此試朕乎？伊以貝勒，存此越分之想，探試朕躬，妄行陳奏，豈非大奸大邪乎？」[25]可見在康熙皇帝的觀念裡，立儲宜擇高爵。如果他已經在內心認定允禵為繼承人，即應在他立下戰功後越過諸兄晉封王爵，以為預備，但事情顯然還沒有發展到這個地步。

至於允禵一直從屬於八王集團，且始終服膺敬愛八哥允禩，恐怕也是他的競爭劣勢——雖然

23《聖祖仁皇帝實錄》卷之二百九十七，康熙六十一年五月九日。
24《聖祖仁皇帝實錄》卷之二百三十六，康熙四十八年二月二十八日。
25《聖祖仁皇帝實錄》卷之二百六十一，康熙五十三年十一月二十八日。

立他為嗣不會遭到朝中最強大政治集團的反對，但他本人也難以擺脫這個集團的影響。在這一點上，他和允禩的缺陷是一樣的。只是他的性格更加純粹直率，和父皇之間的芥蒂遠沒有允禩那樣深。

支持「十四皇子繼統說」的學者往往羅列允禵在西北時受到的生活關愛，作為他被默定為儲君的證據。比如康熙帝曾將允禵的兒子帶進宮中教養，親自操持他子女的婚事；屢次在書信中談及自己和其母德妃的身體狀況，口氣家常而溫馨；賞賜他銀兩、生活用品、飲食，等等。事實上，排除諸王奪嫡、父子反目的特殊背景，康熙帝對子女、孫輩的慈愛之心、舐犢之情一直很強烈，給許多皇子們的書信裡都有溫情脈脈的表達，操辦孫子孫女的婚事也不是一次兩次，並非僅針對允禵一人。此外，允禵奉命西征，離家萬里，生活條件遠不及京師，且具有很大風險，做父親的對他本人及其生母、子女多加關照，即便優於他人，也屬情理之中。為人父母，哪個不是格外惦念不在身邊的子女呢？如果將這些生活優待和情感交流一定說成是默定儲君的表現，則未免過於牽強了。

那麼允禵到底是不是康熙皇帝心目中的繼任者？畢竟時至康熙六十一年，對皇位有覬覦之心、有競爭實力的皇子多已紛紛落馬，允禵聖眷正盛，又立有大功，作為儲位的候選人之一，還是具有資格的。至於最後能否勝出，則要在和其他候選人的對比中加以考量。

皇三子允祉

在前面一節介紹過，允禩雖然有大功在身，但他競爭儲位的一個重大缺陷是排行靠後、爵位偏低。換句話說，那排行靠前、爵位最尊的皇子，這方面優勢就很明顯了。康熙帝在位期間，有三位皇子爵尊親王，即皇三子誠親王允祉、皇四子雍親王胤禛、皇五子恆親王允祺，三人的生母地位相當，年紀也非常相近，差距都在一歲左右。就個人能力而言，三人中的恆親王允祺明顯弱勢，倒不是他本身有什麼問題，只是他自幼長在祖母孝惠皇太后宮中，這位太后是個樸實但沒什麼文化的蒙古老太太，所以帶出來的孫子也憨厚而缺乏才幹，特別是漢文化水準較低，只能自動退出與兄弟們的爭儲較量。

除去允祺之外，剩下的允祉、胤禛兩位，都頗有過人之處。在反映康熙末年皇位之爭的學術研究、文學作品、影視作品中，允祉往往被描述成與世無爭的書生形象，著墨無多。事實上，他在康熙末年的地位著實不宜小覷，對儲位也具有相當的競爭力。

允祉出生於康熙十六年（一六七七年），比太子允礽小三歲，比雍正皇帝大一歲。生母馬佳氏出身內務府中級官員家庭，是康熙皇帝最早的妃嬪之一，康熙十六年封為榮嬪，康熙二十年晉封榮妃，一直在宮中保持著較高的地位。馬佳氏共生育了六個子女，活到成年的只有小兒子允祉和他的姊姊固倫榮憲公主。允祉幼時被送到大臣家撫養，長到五六歲才回宮，這樣的經歷給後來的雍正皇帝落下口實，說他是「自幼即為皇考之所厭賤，養育於外」。將皇子放在宮外哺育，是清初宮廷生活的常態，康熙皇帝當皇子時就是如此，談不上「厭賤」二字。

康熙皇帝看重年長皇子，對允祉也比較重視，讓他隨從出征，祭奠孔廟，並經常參加各類巡幸、圍獵活動。允祉的資質很高，不但長於文學、書法，還對西方科學很感興趣，系統學習過《幾何原理》，被傳教士白晉稱為「有非常適合從事科學研究的才能」。此外，允祉的騎射水準也在諸皇子中名列前茅，《張誠日記》記載了允祉在多倫會盟時優異的騎射表現，稱他是諸皇子中射箭命中率最高的選手。康熙皇帝很欣賞這個兒子的才華，在康熙三十七年第一次大封皇子時，將允祉封為誠郡王，與長兄允禔並駕齊驅，而高於四阿哥胤禛以下的弟弟們。

不過，允祉的才能更多體現於本身的學識與武藝，涉及人際關係上，則不擅長。首先，允祉有表達方面的缺陷。雍正帝說他「六歲尚不能言，每見皇考輒驚怖啼哭」，又在他針對允禩等人之事緊急要求面奏時拒而不見，理由是「王口鈍，著繕文具奏」。其間或有誇大羞辱之意，但也看得出，允祉從小就存在這一問題，到老也沒能解決。大約也因為表達上的障礙，使得允祉的社交面比其他人要窄一些，也沒能練就察言觀色、八面玲瓏的本事，一輩子很多次在人情世故上栽跟頭。

康熙三十八年，剛當上一年郡王的允祉就觸了個不大不小的霉頭。這一年的七月二十五日，十三阿哥允祥的生母章佳氏病故。我們在前面提到，章佳氏是康熙中期的寵妃，她的早亡讓康熙皇帝很是遺憾，除了馬上追贈她「敏妃」的封號外，還准許允祥為生母素服三年，並將其棺槨安放在自己的陵寢內，或有令其附葬帝陵的打算。然而允祉作為已經封王的年長皇子，對這位年輕的庶母表現出了明顯的輕慢，敏妃死後未及百日，他就自己在家裡剃了頭，違背服喪要求。康熙帝為此勃然大怒，斥責允祉「殊屬無禮」，將他交給宗人府議罪；他的王府屬官也因為「不行規諫」，被下旨鎖拿問罪。最終，允祉的爵位從郡王被降為貝勒，王府長史、護衛等三人都被革職。對允祉來說，這個處分還是很重的，除了參與爭儲被奪爵圈禁外，康熙年間皇子因過降爵，也只有他這一例。

在服喪問題上降爵丟臉還不算是最嚴重的後果，一件更麻煩的事，是允祉就此與敏妃的親生兒子、十三阿哥允祥結了仇。前面提到，允祉、允祥兩個都與太子允礽關係不錯，但在太子身邊所起的作用卻很不一樣。允祉與太子在感情上「甚相親睦」，但太子卻不大聽他的話，自己的一些機密事情也不邀他參與。這或許是因為他早已分府在外，和太子接觸有限的緣故，也或許是二人年齡相近，終歸稍存戒心。這一點連康熙皇帝也很瞭解，所以一廢太子後，只是將允祉叫到熱河問問情況就作罷了。倒是年紀小了十來歲的允祥成了太子黨的核心成員，事後受到的牽連非常嚴重。用雍正帝的話說，允祥之所以被處理得很重，是因為與太子好，受到大阿哥的嫉妒陷害。大阿哥在皇子中年歲居長，屢次擔當重任，竟然要去嫉妒以致打擊一個小自己十幾歲的弟弟，可見允祥在太子身邊的地位確實非同尋常。而允祉、允祥兩個對頭在太子左右的相處模式，也顯得十分微妙。

一廢太子之後，允祉、允祥兩個人走的路很不一樣。前面曾提到，允祥被父皇打擊之後，看起來非常沉淪，很少公開露面，但私下裡漸漸與四哥胤禛走在一起，並在雍正皇帝登基後陡然大用，一飛沖天。允祉在一廢太子後則呈現出明顯的上升狀態。他先在八王黨氣焰最盛時，揭露了大阿哥指使喇嘛巴漢格隆魘鎮太子一事，給康熙帝提供了太子冤枉，可以復立的藉口；隨後又與胤禛等一起為生病的父皇檢視藥方，左右侍奉，從而獲得表揚。另外，在這段時間內，允祉的同母姊和碩榮憲公主表現突出，她從下嫁的蒙古巴林部回京，在老父身邊「親膳問安、晨昏不輟」，陪伴四十餘日，令康熙皇帝很是感動，特旨晉封她為固倫公主，享受皇后之女才能獲得的爵位。太子復立後，康熙帝第二次大封諸子，允祉被優封誠親王，此後也再沒和太子黨扯上關係。到二廢太子以後，由於排行第一、第二的皇子都被圈禁，允祉成為在朝皇子中年齡最長、地位最高的一個，其姊榮憲公主在諸皇女中也具有這樣的身分。

成為實際上「皇長子」的允祉受重視程度很高，比如康熙帝開始頻繁光臨他的王府花園，和兒孫們一起遊玩、宴會。據《實錄》記載，從康熙五十一年到六十一年這十年間，皇帝臨幸誠親王花園共十八次，比排名第二的雍親王胤禛多出七次。另外，允祉的嫡長子弘晟被封為世子，兩個出嫁的女兒都被封為郡主，其中，第二個女兒本是庶出，但封爵卻是嫡出的標準。在這一時期內，允祉還承擔了不少國家重大文化項目的組織工作。早在康熙四十年，侍奉允祉讀書的大學者陳夢雷就開始編纂超大規模的類書《古今圖書集成》，允祉在提供藏書、組織人力、籌集經費等方面給予了很多支持，擔任著類似「監修」這樣的角色。康熙五十二年，允祉又奉命在宮中開館，率領翰林院庶吉士何國宗等人修輯天文、音樂、數學類叢書，他組織當時最優秀的天文學家、數學家參與這項活動，其間還曾派人赴廣東、雲南、四川、陝西、河南、江南、浙江七省測量北極高度及日影。到康熙五十三年，修成《律曆淵源》一百卷，包括《曆象考成》四十二卷、《律呂正義》五卷、《數理精蘊》五十三卷，在科技史上具有很高價值。

允祉受到的賞識有目共睹，在儲位遲遲不定的情況下，一些投機人士就不免要打他的主意。康熙五十五年底，直隸巡撫趙弘燮奏報，說有一個叫孟光祖的人，自稱是誠親王差遣，到各省遊歷辦事，讓督撫們預備接待。說是預備接待，其實就是要錢要禮物的意思。因為涉及皇子派人結交外官，康熙皇帝的神經又緊繃起來，馬上把這件事交給刑部審訊。才知道此人行蹤已經遍布大江南北，涉及山西、陝西、四川、湖廣、江西等多個省分。事後查明，孟光祖不過是鑲藍旗下的一個普通旗人，跟允祉從來沒有打過交道，他逃旗而出，自稱是誠親王所差，沿途詐騙錢財。所到之處，有些督撫相信了他的話，送了他不少銀子、綢緞、馬匹，或者即便半信半疑，也抱著寧可信其有、不可信其無的想法，花錢買個安心。還有幾個督撫雖然心知他更有可能是假冒的，沒送什麼值錢東西，但也不願意舉報揭穿，畢竟張揚出去，允祉臉上沒有光彩，萬一是真的，那就更結了死仇。所以孟光祖騙了一大圈，就只碰上趙弘燮這麼一個膽大的，把他告到皇帝面前。康熙五十七年，孟光祖被處以斬刑，送他禮物的江西巡撫佟國勷革職，四川巡撫年羹堯作為清軍入藏作戰的後勤負責人被從寬處理，革職留任。

有讀者可能會想，孟光祖是否本來就是允祉屬下之人，被派往各地聯絡督撫，為允祉謀求人望，被揭穿之後，康熙皇帝不願意連累兒子的名譽，才將板子全打在孟光祖身上，說他是冒充王差的詐騙犯。事實上，孟光祖這樣的騙子在那個交通、通訊很不便利的時代並不是個例，比如雍正四年十二月，湖廣總督傅敏上奏，說據本地一個基層武官報告，有一王姓人士，帶著隨從和幾十匹騾子到了湖南境內衡山縣，自稱王大人，說是奉怡親王之命查勘河道，要求當地接待。但是他隨身沒有攜帶任何公文，而且既然是查勘河道，也沒有從陸路行進的道理。傅敏發現情況不對後，急忙向鄰省發出協查通報，才知道事情的原委。原來，怡親王允祥和大學士朱軾帶人在直隸境內搞水利營田，這是當時全國都知道的重大政務活動。直隸總督蔡珽命令直隸境內各河道文武官員，凡是怡親王所到之處，要派官兵接待跟隨，擔任嚮導。但蔡珽的命令被下屬保定營的官員理解錯了，以為要將這道命令通傳全國河道官員知曉，所以挨營傳遞下去，已經傳了六七個省分。而這個王姓騙子不知從哪裡得到了這個消息，就冒充親王差遣四處詐騙，且自稱「王大人」，故意與當時官方文書中對允祥、朱軾二人的合稱「王、大人」相混淆，所以一直騙到湖南地界才被揭發出來。雍正皇帝在湖廣總督的奏摺上加以硃批，寫道：「大笑話奇事！孟光祖之事不料復見於今日！著實嚴密稽查，務究明其來歷根源可也。」[26]

雍正皇帝對孟光祖事件的來龍去脈是比較清楚的，如此類比，顯見孟光祖與這個王某一樣，確實是個稍知官場運作規律，又很會鑽空子的詐騙犯，而非允祉派去聯絡地方官的屬人。不過，這些水準高、膽子大的騙子選中哪棵「大樹」作為冒充對象，本身就很說明問題。雍正朝的騙子選中怡親王允祥，是因為他主持水利事務，且大權在握，是外省督撫不敢輕易上奏議論的人。而康熙末年的騙子選中允祉，也自然因為他在諸皇子中地位特殊，是各地官員急於結交巴結的人。比如對四川巡撫年羹堯送給孟光祖禮物一事，他的門主雍親王胤禛就非常氣惱，斥責年羹堯：「汝與孟光祖饋遺授受，不但眾所共知，而且出自於汝家人之親口以告我者，尚敢朦朧皇上，得以漏網？即此一事，即汝現在所以負皇上，而將來之所以必負我者也！」把一個上當受騙的事情上升到現在「負皇上」，將來「負我」的高度，足見胤禛對年羹堯結好允祉的表現是何等忌諱。

總而言之，無論年齡、爵位、個人資質，還是父子關係，二廢太子後，允祉都是儲位的有力競爭者。據《永憲錄》記載，當時不少人認為誠親王「依次當立，欲趨其門」。條件如此有利，允祉自己和身邊的人對太子之位也不會沒有期冀。雍正八年五月，允祉被他的四弟胤禛做了政治清算，革爵圈禁，其中有一條罪名是：「當二阿哥廢黜之後，允祉居然以儲君自命，見廷臣更正東宮儀仗，輒忿然謾罵。」這件事情發生在康熙五十七年。當時康熙皇帝生了一場病，大學士、

26 雍正四年十二月二十五日，署理湖廣總督傅敏奏，《雍正朝漢文硃批奏摺彙編》第八冊，第七二七、七二八頁。

九卿等人以為找到了機會，再次奏請立儲。康熙皇帝並沒有明確回應立儲的事，卻提出：允礽當太子時的各項服用、儀仗，都是索額圖所定，規格太高，很多都與朕所用相當，以致太子忘乎所以，生出覬覦之心。現在你們既然又提到立太子，那就先討論一下，把太子的禮制標準往低裡改改。從允祉後來的罪名看，他對大臣們的討論結果很不滿意，甚至忿然謾罵，如果這個罪名不是憑空捏造的話，確實能反映允祉當時的一些心態。

還有一件更詭譎的事，主角是允祉身邊最重要的文學侍從陳夢雷。陳夢雷因為三藩之亂期間的「從逆」經歷，一生都很不得志。康熙皇帝憐惜他的才華，讓他在皇三子允祉身邊課讀，兩人共事二十餘年，費盡心血編纂《古今圖書集成》，感情非常深厚。陳夢雷當然希望允祉能入主東宮，登上帝位，以使自己在晚年一展抱負。為了實現這一目的，陳夢雷找到一個叫周昌言的術士，為允祉拜斗祈福，保佑他沐帝歡心，繼承大位，並把那些開過光的食物送給允祉本人食用。另外，陳夢雷和福建同鄉、大學士李光地有仇，他讓周昌言幫忙施法，魘鎮李光地，想著如果靈驗，就用同樣的方法去魘鎮已經被囚禁的大阿哥允禔和廢太子允礽，以及對允祉有妨礙的其他皇子。畢竟允祉爭儲的優勢在於按照嫡長子繼承制「依次當立」，如果允禔、允礽被放出，他的優勢就自動喪失了。不過，因為魘鎮李光地的法術並未奏效，詛咒皇子們的計畫也就作罷。

更奇特的是，陳夢雷曾假託天意，自己製作了一個「天降大位」神牌，上面畫了一個人像，旁邊寫著「天命在茲，慎密勿洩，敕陳夢雷供奉」字樣。按常理來說，陳夢雷是允祉的親信，他所供奉的「天降大位」之人，當然非允祉莫屬。哪知這位因為朋友坑害而坎坷了一輩子的大學者，至此突然留了個心眼兒，他並沒有把允祉的名字寫在神牌上，而是「虛空供奉」——萬一新皇帝不是允祉，也可以搪塞得過。及至康熙皇帝駕崩之日，四阿哥胤禛靈前即位，陳夢雷大約做官的心過切，一時竟鬼迷心竅，託人輾轉告訴胤禛，說自己持有「天降大位」神牌，願意獻給新君，並做新朝輔佐之臣。

雍正皇帝何等精明之人，哪裡是這幾句漫無邊際的話就能糊弄過去的？他馬上把陳夢雷及其二子抓起來審問，並下旨說他「招搖無忌，不法甚多……若在誠親王處，將來必致有累」，待審明之後，即發配黑龍江船廠。至於陳夢雷所編的《古今圖書集成》，雍正帝倒是頗為欣賞，認為「洵為典籍之大觀」。當然，這種好事再不能留於允祉和陳夢雷名下，雍正帝在上諭中，將《古今圖書集成》的編纂功勞全歸於康熙帝的「指示訓誨、欽定條例」，並將尚未完結的後續工作轉交給自己的寵臣蔣廷錫，使其代陳氏而竣全功。雍正八年，允祉獲罪，陳夢雷這件難堪的舊事被徹底揭發出來，成為允祉的主要罪證。畢竟此事前後雖然由陳夢雷操持，允祉亦當持默許態度，不會毫不知情。[27]

允祉的弱項是在兄弟、宗室和滿人貴族中缺乏依靠，他的福晉雖然出身顯赫的董鄂氏家族，

27 雍正元年四月二十五日，刑部尚書宗室佛格等奏，《雍正朝漢文硃批奏摺彙編》第一冊，第二九二—二九七頁。

是雅克薩戰役主將、公爵朋春之女，卻與九阿哥允禟的福晉是堂姊妹，所以董鄂氏家族的主要代表，如都統七十等人，大多傾向於九阿哥所在八王黨勢力，而沒有押寶在允祉身上。再者，允祉雖然和太子允礽關係親近，卻並沒有像允禩接盤八王黨主力那樣，獲得太子黨剩餘力量的支持。前文提到，廢太子的舊部在雍正年間與怡親王允祥靠得很緊，不但沒有被清洗，地位反而有所提高，而這種關係的建立，很可能在康熙末年就已經形成了。因為之前生母敏妃的事情，允祥是絕不會願意允祉即位的，他竭力支持排行僅次於允祉的胤禛，未嘗沒有這樣的考慮。而帶著太子黨的殘餘勢力與四阿哥胤禛合股，讓原本與太子關係親近的允祉無所依靠，允祉、允祥的交惡，繼敏妃喪禮剃頭事件之後，又深了一層。

相對而言，允祉因為屢次主持重大文化工程，個人漢文化素養很高，在兄弟中的排序又符合漢族王朝「無嫡立長」傳統，所以從策略上講，他本可以更多爭取漢大臣的支持。但一則漢大臣的實力不強，二來和滿人貴族在立儲問題上有派系爭鬥一樣，漢大臣的心裡也各有盤算。其中對允祉入主東宮最難以接受的當然是陳夢雷的死敵、大學士李光地。康熙五十六年，也就是康熙皇帝與八阿哥允禩決裂三年後，李光地仍然堅持「目下諸王，八王最賢」，對風頭正盛的允祉不屑一顧。此時的李光地是朝中為數不多的老臣，門生故吏遍布內外，康熙皇帝年老戀舊，李光地是少數幾個能和他說上私房話的人。因此李光地的反對態度，也可算是允祉前程的一個不利因素。

皇四子胤禛

在康熙末年的儲位競爭中，胤禛的優勢和允祉有相近之處，都是年齡長、爵位高。當然，胤禛終歸是四阿哥，序齒上較允祉略遜一籌。但與允祉在宗室貴胄中真正的「光榮孤立」不同，胤禛一直在不動聲色地打造自己的政治班底，只是選人在精不在多，保密工作又做得很好，不像允禩、允禟那樣大張旗鼓，沸沸揚揚。

眾所周知，胤禛政治班底的精英，除了自己的王府屬下年羹堯外，還有十三阿哥允祥，以及在關鍵時刻起到關鍵作用的步軍統領隆科多。但這樣的因緣聚合，卻頗讓人摸不著頭腦。前面已經提到，允祥本是太子允礽身邊的重要人物，一廢太子後由於失寵以及身體原因，沉寂十餘年，可神不知鬼不覺，竟成了胤禛最可倚信的「賢弟」，這已經很令人費解了。至於隆科多，原本出身外戚名門「佟半朝」家族，父親佟國維、堂兄鄂倫岱，都是允禩黨的最核心人物，一廢太子後，他本人也被康熙皇帝指名道姓斥為與大阿哥相善、欲立八阿哥之人，孰料最後反戈一擊，成為擁立四阿哥胤禛的功臣，就更讓人琢磨不透。

這樣的困惑當作何解？恐怕還要先從胤禛早年的政治傾向與人際關係說起。隨著越來越多的史料，特別是一些零散的滿文檔案被挖掘出來，大量信息顯示，一廢太子前，胤禛的生活軌跡與社會關係和允禩集團高度相關；如果再大膽一點兒，甚至可以說，決定自立門戶爭奪儲位之前的胤禛，就是允禩集團的外圍成員。

胤禛生於康熙十七年（一六七八年）十月，是德妃烏雅氏的第一個兒子，與十四阿哥允禵、皇九女溫憲公主同母。德妃出身內務府中級官員家庭，門第和惠、宜、榮諸妃大致相當，但她的親妹妹嫁給了康熙帝第二任皇后鈕祜祿氏的親弟弟阿靈阿為妻，算是結了一門很高級的親戚。另外，康熙皇帝看重與蒙古各部落的關係，親生女兒大多外嫁蒙古王公，只有兩人嫁給京中的世家子弟，其中就有德妃所生的皇九女。她在康熙三十九年授封和碩溫憲公主，與佟國維之孫舜安顏成婚，兩年後去世。康熙四十八年，舜安顏因為黨附八阿哥允禩被削去爵位，雍正二年去世。可見胤禛無論生母、妹妹，都與康熙帝兩位繼后的家族有著緊密的親緣關係，而這兩個家族，又是允禩一黨的兩大支柱。

至於胤禛與允禩、允禟的關係，學者楊珍早就心存困惑，不解他們早期的接觸為何如此頻繁。楊珍所舉的例子包括：胤禛、允禩、允禟三人府邸相連，暢春園附近的別墅也連在一起，而與允祉等其他皇子的花園有一定距離。京邸是皇帝所賜，別墅是本人擇地而建，二者都鄰近，當是交往密切、走動頻繁的表現。一廢太子時，允禟曾勸胤禛為廢太子代奏，胤禛納而行之。康熙四十七年九月，康熙帝將允禩鎖拿，允禟、允禵曾邀約四兄胤禛一起為其保奏。康熙五十年，允禩生母良妃去世後，允禟也曾叫著胤禛輪班給守喪的允禩送飯，參加他們大操大辦的喪禮。

除了楊珍女史提到的幾點，還有一些史料，也體現出胤禛與八王集團，特別是與允禩本人超乎尋常的關係。首先，胤禛生母烏雅氏與允禩生母衛氏、十二阿哥允祹生母萬琉哈氏是同一天進宮的內務府秀女。[28]在中國人傳統的觀念裡，這樣的關係是非同一般的，古人所謂同年、同窗、同寅，以及我們現代人特別看重的同級生、同年兵，都附帶著比其他關係更深厚的私人感情。十五六歲的小姑娘遠離父母親人，進宮受人差遣使役，如果沒有幾個知心、可靠的小姊妹互相慰藉支持，怎麼能在等級森嚴、錯綜複雜，又幾乎沒有退出機制的宮廷裡生存、發展下去呢？與同年進宮的姊妹培養感情，建立同盟關係，是她們最直接的選擇。

烏雅氏與衛氏的關係是很好的，這種關係也被自然而然地傳遞到了下一代。允禩和十四阿哥允禵結為死黨有目共睹，而胤禛此後雖然與允禩鬧翻，對良妃及其族人卻頗為優待。雍正帝即位伊始，就將良妃的親兄弟噶達琿及其全族「抬旗」，即放出內務府辛者庫戶籍，改編為外八旗的正藍旗下世管佐領，佐領一職由良妃家族世襲。雍正皇帝即位後，給予三位母妃這樣的待遇。一位是允祥的母親敏妃，她已經享受了追封皇貴妃、附葬景陵的至高榮譽，合族抬旗不過順水推舟。另外兩位就是太后烏雅氏的「同級生」良妃與定妃。其時太后尚在世，想必這一層關係還是起了不小作用的。

雍正四年允禩獲罪後，正藍旗都統尹德上奏，詢問其舅族要如何處理。雍正帝又藉此大發牢

28 內務府《奏銷檔案》，康熙十四年十二月初五日條、康熙十四年十二月初六日條，中國第一歷史檔案館藏。

騷，痛罵允禩。尹德後來引用了這段上諭，原文有：「噶達琿原係包衣佐領之世僕，朕施恩將其抬出包衣佐領，入於旗分，用為包衣諳班，此等恩澤伊等如何不知？太后額涅、妃額涅係同日進宮，妃額涅亦朕之額涅矣，其（良妃）心亦大。」[29]雍正帝收到奏摺後，特意將「太后和良妃同一天進宮，良妃母也是我的母親」這層意思刪去，不欲令人知之，但德妃、良妃兩支的特殊關係已經大露端倪。良妃去世後，胤禛受邀輪班為守喪的允禩送飯，大約也出於這樣的邏輯：母親一輩子的好姊妹、老朋友去世了，作為兒子，難道不應該有過於他人的表示嗎？

除了生母關係密切外，胤禛與允禩青少年時期還同居一宮，很可能還經同一位養母撫養過，即康熙帝的第三任皇后，時為皇貴妃的佟佳氏。雍正帝即位後，為了抬高自己的身分，並拉近與隆科多等佟氏子弟的關係，大肆宣傳自己由佟皇后撫養長大，又在官方文書中將隆科多寫為「舅舅隆科多」，儼然親舅一般。當然，雍正帝所言也不算錯，他確實由佟皇后撫養過，但佟皇后所養，卻並非他一人。康熙二十八年，冊立佟佳氏為皇后的詔書中寫：「（皇貴妃）鞠育眾子，備極恩勤」；佟氏病故後的諭旨寫：「（大行皇后）撫育諸子，悉均慈愛」。到雍正即位，佟皇后撫育「諸子」的功勞就不見了，徑直改為「慈撫朕躬，恩勤備至」，「慈撫朕躬，恩勤篤摯」。從現存的檔案來看，康熙二十六年佟皇后所在的景仁宮位下有阿哥四人，康熙二十八年有五人，而直到康熙三十一年，也就是佟皇后去世三年之後，景仁宮仍然居住著大、小兩位阿哥，其中大阿哥即胤禛，小阿哥即允禩。[30]此時的胤禛已經十四歲了，允禩也有十一歲，都是讀書懂事的年紀，多年同居一宮，自然較他人更為親近。前文提到，允禩幼年也曾被皇長子允禔的生母惠妃撫養，事實上，康熙的多位皇子都是先在惠妃的延禧宮中居住，年紀稍長後，改居佟皇后所在的景仁宮。這或許是因為惠妃年紀較長，宜乎照看幼兒；而佟皇后具有準嫡母身分，對學齡以上皇子教養更為有益。

胤禛與允禩早年同居一宮，感情不錯，這是康熙皇帝很清楚的，所以後來封爵分府，也將他們安排成了近鄰。雍正帝即位後，潛邸雍親王府升格成雍和宮，需要改造擴建，結果一擴就把允禩的府邸擴了進來，至此，允禩才另搬到台基廠的新邸，結束了和四兄做鄰居的歷史。府邸、別墅毗鄰，平日裡接談待客，就難以瞞過對方的耳目，雍正帝即位後，對允禩等人在康熙年間的社交情況瞭如指掌，即與此有莫大關係，再對他們實施打擊，真是知己知彼，百發百中。

胤禛、允禩兩兄弟格外親厚的關係，在表面上至少維持到「斃鷹事件」以後，有兩個例子可以直接說明。雍正四年正月，準備和允禩等人算總帳的雍正皇帝抖出他的一件大事，說：「是年二阿哥有事時，聖祖皇帝命朕同允禩在京辦理事務，凡有啟奏，皆蒙御批。事竣之後，朕將所有御批奏摺交與允禩收貯。後向允禩問及，允禩云：前在遙亭時，皇考怒我，恐有不測，比時寄信回家，將一應筆札燒毀。此御批奏摺藏在佛櫃內，遂一併焚之矣。此允禩親向朕言者。」[31]所謂「二

29 尹德滿文奏摺，雍正四年十月十七日，中國第一歷史檔案館藏。
30 內務府《口奏綠頭牌白頭本檔案》，康熙三十一年三月初九日條，中國第一歷史檔案館藏。
31《雍正朝起居注冊》第一冊，雍正四年正月初三日。

阿哥有事」，即指康熙四十七年一廢太子之事，其時胤禛、允禩二人奉命在京留守，要隨時與返京途中的父皇聯絡，彙報京內、宮中動向。其時允禩的受重視程度尚在兄長胤禛之上，且受命署理內務府總管，相關御批交其保存，應是出於此種原因。「前在遙亭時」，即康熙五十三年底的遙亭「斃鷹事件」，此後允禩徹底失寵。換言之，到康熙五十三年以後，允禩還肯將祕藏御批地點，以及燒毀筆札、御批之類毀滅證據的做法告訴胤禛，可見他對胤禛的信任度之高。

第二件發生於兩年後的康熙五十五年九月，據康熙《實錄》記載，當時允禩染了傷寒症，病得不輕。康熙帝正在塞外巡幸，就命與允禩關係親近的十四阿哥允禵和太醫一起商酌調治。而對於隨駕在身邊的胤禛，康熙帝則告訴他應該派人去探病為是。又過了幾天，胤禛奏陳，自己派去的人報告說八阿哥病得很重，表示想先趕回京去看看。康熙帝先是答應了胤禛的請求，卻轉而發去上諭說：「四阿哥隨駕在外，惟伊一人。乃置扈駕之事，奏請先回，看視允禩。觀此關切之意，亦似黨庇允禩。允禩醫藥之事，即著四阿哥料理。」責備的口氣頗為嚴厲，並懷疑他是允禩一黨。

這件事情給胤禛的壓力著實不小，精明如彼，當然馬上轉變態度。九月底，聖駕即將進京，而允禩養病的地方在他自己的京郊別墅，也就是聖駕返回暢春園的必經之路上。按照當時的慣例，皇帝所居、所過的地方，如果有得了大病的人，都要轉移到其他地方，以免忌諱。於是康熙皇帝詢問在京眾皇子，允禩的病狀如何，是否應該把他送回城裡府邸。這下，之前被批評為了照顧允禩而置聖駕於不顧的胤禛趕緊率先表態，請求將允禩送回城裡，其餘皇子也隨聲附和。唯有皇九子允禟非常憤怒，激切阻攔，說八阿哥現在病得這樣重，如果隨意挪動，萬一有個三長兩短，誰來承當？並且要單獨上奏爭辯。康熙皇帝此時對允禩已經頗為絕情，就向諸皇子說：聽說八阿哥病得很重，如果你們認為應該把他挪回京裡，出了事，可不要推到朕身上。胤禛等人趕緊一面應承，一面就將允禩移回城內。

這件事情裡胤禛的形象頗不體面，且與此後允禩的罪名前後矛盾。允禩的四十款大罪中，有一款是「康熙五十五年秋，阿其那偶患傷寒，正值聖祖仁皇帝自熱河回鑾，冀以病症幸邀寬宥，故託大病，懇求魏珠謊奏，將所停俸米賞給」。如果允禩是三分病七分裝矇蔽父皇，那胤禛在派人確認之後，還急著回京探望，豈不是他的同謀？那麼這幾條影響雍正皇帝形象的史料，為什麼還存在於康熙《實錄》內而未被刪削，也沒有把表述方式變得更有利於雍正帝呢？或許是纂修者更看重這件事裡康熙帝對待允禩的決絕態度，而忽視了胤禛與允禩等人的涇渭之分。

其實雍正帝即位後，自己也公開透露過與允禩一黨的特殊關係。比如他強調自己做皇子期間從來無意大位時，就提道：「他人容或不知，深知朕者，無過允禩也。」[32]再如康熙朝後期有一旗人名叫馬爾齊哈，他官職不高，但通曉醫術，還能「指天文而妄談禍福」，所以常年行走於皇子朝貴之間，是京中的紅人。雍正即位以後，對他大加重用，半年之內，即由御史超擢刑部侍郎。

32《雍正朝起居注冊》第1冊，雍正二年四月初七日。

馬爾齊哈在奏摺中跟皇帝高談闊論，儼然老熟人的樣子。然而僅僅過了半年，雍正二年五月，雍正帝就在多道諭旨中稱他是廉親王、蘇努之黨，並說：「七十、馬爾齊哈、常明甚屬貪緣惡亂之人，伊等俱係廉親王黨羽……從前朕在藩王時，馬爾齊哈曾欲誘入伊黨，朕堅拒之。」[33]胤禛堂堂皇子，與允禩從小住在一起，竟說自己要被一個地位不高的中間人誘入允禩一黨，不但可笑，還頗為欲蓋彌彰。是以這句話僅存於《起居注》內，而被《實錄》刪去。

這裡需要再補充一點：康熙末年諸王奪嫡的氛圍下，請醫問藥，是皇子們結交串通、拉人入夥的重要方式。對於這一點，胤禛運用得尤為熟練。譬如經馬爾齊哈介紹，他知道了同樣通曉醫理的漢軍旗內閣學士蔡珽，很想延攬入彀。蔡珽起初以結交皇子有干禁令而拒絕見面，幾經反覆後，到康熙六十一年，才透過年羹堯之子年熙牽線，到熱河獅子園與胤禛相見。再如胤禛、允祥的祕密往來，一個重要事件是康熙五十八年胤禛之子弘晝得了重病，允祥贈以良藥，治好了弘晝的病。雍正帝在位時，他們兄弟二人也常常互相推薦醫生、僧道、方劑，當是康熙末年交往方式的延續。

❖　❖　❖

胤禛是個才智、悟性很高的人，除了騎射本領較弱外，他的學識、文章、書法都出類拔萃，還有相當不錯的政治見解、執行能力，以及審美旨趣和佛學造詣。因此他自視甚高，對別人的態度往往敏感，評價往往刻薄，年輕時城府不深，喜怒無常，性格的負面因素就難免要表露出來。因此，與一起在景仁宮長大、人緣兒最好的八弟允禩相比，早年的胤禛實在不算討人喜歡。

康熙三十七年，康熙帝給十五歲以上的皇子封爵，其中皇長子、皇三子被封為郡王，四阿哥、五阿哥、七阿哥、八阿哥四位皇子被封為貝勒。當時大臣們建議康熙帝仿照明朝的做法，將皇子都封為親王。但康熙皇帝沒有認可，說：太祖、太宗以來，皇子就並非一概封王，而是要視其賢者封之。當時像代善、多爾袞、多鐸這樣有才能有功勞的人才封為王，其他皇子或者封為貝勒、貝子、公爵，或者乾脆不封。朕現在分封諸子，也要視其賢否而封，不能因為是自己兒子就有所偏私。大臣們以為他是謙虛客氣，又說現在是承平之世，情況跟國初有所不同，皇子們「俱各賢明」，希望皇上還是一體封為親王為好。康熙皇帝只好明說：「朕於阿哥等留心視之已久，四阿哥為人輕率，七阿哥賦性魯鈍，朕意已決，爾等勿得再請，異日視伊等奮勉再為加封，未始不可。」[34]可見在這一時期，胤禛在康熙心目中是個有明顯缺陷的人，在兄弟中的地位比允禔、允祉差了一截，位置相對邊緣。

而對於允禩，康熙帝顯然更重視一些。康熙四十二年，太子黨的頭號人物索額圖被拘禁，康

33《雍正朝起居注冊》第一冊，雍正二年五月二十日。
34 臺北故宮博物院藏《康熙起居注冊》，康熙三十七年三月初二事。

熙皇帝在巡行途中手書密旨，派人連夜交給三阿哥允祉和八阿哥允禩，命他們二人祕密審理索額圖，並抓捕其同黨。這一年允禩只有二十二歲，能夠接受這樣重大的政治任務，足見康熙帝對他的信任。康熙四十七年一廢太子時，康熙帝命允禩、胤禛二人留京辦事，其中允禩署理內務府總管，名字也罕見地被列在了兄長胤禛之前。[35]

前面曾提到，除了康熙皇帝之外，無論宮中嬪妃，還是宗室、外戚、勳臣中的重要人物，大多矚目允禩這個生母地位偏低，又沒有同胞兄弟姊妹可倚仗的年輕皇子。年紀更小的允禟、允䄉、允禵和叔伯家的幾位堂兄弟，更是奉之為首腦，連大阿哥允禔這樣狂傲自大的人，意識到自己沒有奪嫡機會之後，也願意推舉他為太子。與之相比，雖然胤禛的年齡更長、母親名位更高、與幾大家族的親緣關係更密切，也常年和允禩等人在一個社交圈子裡活動，卻不能成為其中最受關注的人物。在一個群體裡，身為兄長，倒居於次要地位，要捧著弟弟行事，允禔之於太子尚且不服氣，又何況胤禛之於允禩呢？

雖然處境彆扭、志不能伸，但心性高傲的胤禛卻不得不和允禩等人抱團取暖——因為他不但缺乏父皇的寵愛，和太子允礽的關係更是糟糕，如果再不跟勢力最大的「在野」兄弟們搞好關係，處境未免太艱難了。雍正帝即位以後，並不諱言他和太子的矛盾，比如雍正二年（一七二四年）八月，他向全體宗室發布上諭，特意表白自己在康熙年間從無黨援，亦無仇隙，其中提道：「前猶有人疑朕與二阿哥不睦。夫二阿哥乃皇太子，國之儲君也，二阿哥得罪之先，朕但盡弟臣之道，凡事敬謹。二阿哥所以反求隙者，因朕受皇考隆恩篤愛，意恐有妨於彼，遂至苦毒備加。然朕猶然照常致敬，盡己之道，行乎順而已矣。」[36]當年十月又在斥責阿靈阿、揆敘的上諭中說：「二阿哥昔在東宮，即朕亦謹守弟臣之禮，但於其乖謬之處決不順從，跡似強抗耳。阿靈阿等乘此之際，故為與朕和好之景，與眾觀之，而其一切行為皆似出朕所指使者。無知小人不明大義，竟疑朕與二阿哥為難，謂阿靈阿、揆敘皆附和於朕。」[37]

前一條所謂的「苦毒備加」，在一廢太子後，簡親王雅爾江阿等人複述的康熙皇帝滿文上諭裡得到了印證。上諭中提到允礽凶惡暴躁，凌虐百官，毆打過平郡王納爾蘇、貝勒海善、公爵普奇，甚至還曾經將四阿哥胤禛踢踹昏迷，以至於從臺階上跌落了下去。康熙《實錄》為尊者諱，將踢昏四阿哥這一重要信息刪去，但這樣的爆炸性新聞，在當時人的記憶中一定印象深刻，所以雍正即位以後，亦不能完全否認，只好籠統言之，說自己曾遭到允礽「苦毒備加」，並將原因歸結為「朕受皇考隆恩篤愛，意恐有妨於彼」。顯然，這樣的歸因並不符合當時的實際情況，所以兩個月後再提到此事時，雍正帝的說法就變了，把「被苦毒」的原因改成自己不順從允礽的乖謬行徑，甚至「跡似強抗」。至於太子有什麼樣的乖謬行為，他又有怎樣的強抗表現，我們現在也

35 允祉等滿文奏摺，康熙四十七年九月初五日，中國第一歷史檔案館藏。
36《雍正朝起居注冊》第一冊，雍正二年八月二十二日。
37《雍正朝起居注冊》第一冊，雍正二年十月二十八日。

很難猜測了。

一廢太子前，允礽與多數兄弟的關係都不好，但坐實了大打出手的，只有四阿哥胤禛。稍有自尊的成年人捱了別人的打，尚且憤恨不能釋懷，何況貴為皇子、心氣高傲的胤禛。再者，今日的太子，就是未來的皇帝，這一腳踢下去，兩人就撕破了臉，結下了仇，對處在「弟臣」位置的胤禛來說，以後的生活哪還有什麼安全感可言。僅憑這一點，當時的反太子勢力，就一定會引這位四貝勒為同道。所以按他自己的說法，像阿靈阿、揆敘這些允禩黨的頭面人物，都公然和他交好，那些背地裡給太子使絆子的行為，彷彿都是他指使的一樣。他想撇開這些人而獨立不倚，不但形勢不允許，也根本沒人相信。只可惜，太子一朝被廢，無論胤禛的親弟弟允禵，親姨父阿靈阿，養母、親妹婿所在的佟氏一族，還是揆敘這些有影響力的朝廷重臣，竭力保舉的新太子都是八阿哥允禩。胤禛白挨一腳、枉擔虛名，卻仍要以兄輔弟、寄人籬下，也真是令人氣短。

康熙四十七年九月初四，巡行途中的康熙帝和太子允礽徹底鬧崩了，太子被拘，一心謀奪儲位的大阿哥允禔上躥下跳、喊打喊殺，很快也被父皇懷疑、嫌棄了。與他相比，同樣已經和太子矛盾公開化的胤禛表現得非常沉穩，成為一廢太子的最大贏家。先是九月十六日，允礽被押解到京，胤禛奉命與允禔一起看守。當時，康熙皇帝對太子的恨意已經有所平息，更憂心東宮虛位後群雄並起的局面。胤禛及時揣摩到父皇微妙的思想變化，果斷抛開與太子的舊怨，開始在康熙帝面前為允礽說好話，特別是頂住了允禔的壓力，替允礽代奏了他絕無弒逆之心的話，給康熙寬恕允礽，繼而復其太子之位找了最重要的臺階。再者，隨著允禩請張明德看相事情的暴露，康熙帝對他謀為太子的野心感到警覺，準備將其鎖拿問罪。作為允禩鐵桿的允禟、允䄉二人當眾為之辯解，頂撞父皇，事後又備下毒藥，聲稱與其同死。與允禩等人關係密切的胤禛當時也被邀請參加這次「兄弟同死」的行為藝術，但他沒有湊這個熱鬧，而是和允祉、允祺兩個年長兄弟一起，為生病的康熙帝商酌醫藥，以盡孝道。

如此一番以德報怨、忠孝不黨的表現，當然讓康熙皇帝感到滿意。胤禛也藉此機會提出：皇父曾經批評臣「喜怒不定」，臣感到非常羞愧，現在臣年過三十，性情也定下來了，懇求皇父將這個考語免予記載。康熙皇帝隨即批准，肯定其為人處事方面的進步。第二年，太子復立，胤禛也一雪首次封爵時的恥辱，和允祉、允祺一起被封為親王，在爵位上穩居諸皇子中的第一梯隊，並把這個優勢一直保持到康熙帝駕崩。

有了皇父的賞識和親王爵位，胤禛當然更不情願傍著允禩等人行事，是以二廢太子前後，他的表現仍然穩健，以參悟佛法為辭，沒有摻和到允禩、允禟，以及阿靈阿、鄂倫岱等人的奪嫡活動中去。康熙五十一年，胤禛兩次邀請在京的高僧大德在王府集雲堂舉行禪七法會，並在二世章嘉活佛的指點下參悟重關，頗有進益。及至太子再度被廢，胤禛忽地踏破重關，悟透因果，被章嘉活佛稱為「得大自在矣」。二廢太子後，群雄逐鹿的局面再度展開，以胤禛此時的心境、能力、條件，讓他對儲位不動心是不可能的。康熙五十二年，他收到那位著名的「謀士」——門人戴鐸——的一封長信，鼓勵他借太子二廢之際力爭儲位，特別是要對康熙帝左右近信加意籠絡，對本門之人舉薦提拔，盡快培植個人勢力，「否則稍微懈怠，倘高才捷足者先主子而得之……至勢難中立之秋，悔無及矣！」對於戴鐸的熱心，此時的胤禛表現得還比較矜持，說：你的話雖然是金石之言，但我萬萬沒有這個心，當皇帝是個苦差事，躲還躲不及，況且榮辱利害也不在此，你這樣的想法說法，以後不要再有了，慎之慎之。

戴鐸是個功名心極熱的人，一意攛掇胤禛奪嫡。康熙五十四年，戴鐸升任福建道員，胤禛託他帶禮物送給閩浙總督滿保，已有結交外吏之舉。戴鐸隨後寫信給胤禛，說自己在武夷山見到一名行蹤怪異、言語奇特的道士，準備和他聊聊；又說自己功名甚淡，在福建水土不服，準備告病回京。胤禛這次的回信，口風與兩年前就很不一樣了。對戴鐸辭官一事，他大不以為然，批評戴鐸沒有志氣，「將來位至督撫方可揚眉吐氣，若在人宇下，豈能如意乎？」說的是戴鐸，何嘗不是自況。至於異能道士一事，則批覆：「所遇道人所說之話，你可細細寫來，做閒中往來遊戲。功名甚淡，非其時。古人云：爐中若無真種子，縱遇神仙也枉然。」皇子們求神問卜養術士，在康熙末年的語境裡，無不是為了奪嫡之事，這一點無論胤禛還是戴鐸，都是心照不宣，所謂「閒中往來遊戲」，故作清高而已。至於功名甚淡，更非真淡，釵於奩內待時飛罷了。

果然，戴鐸再次回信，說自己把胤禛的生辰八字交給道士，道士說「乃是一個萬字」，自己聞之不勝欣悅，準備回京當面細說。另外，由於福建到北京很遠，寄送的書信涉及關鍵言語，恐怕途中有變，不宜保密，所以特地做了一個裝書的匣子，內有雙層夾板，把信札放在底層，上面放書，就算落到外人手裡，信札也便於隱蔽。胤禛在回信中大讚戴鐸的謹慎，更抑制不住地對道士的話表示了強烈興趣，讓戴鐸「不妨細細寫來」。可見到康熙五十四年、五十五年前後，胤禛謀求儲位的意圖已經非常明顯了，且不再避諱自己的親信。

雖然已經有了自立之心，但不知道胤禛用了什麼辦法，能讓允禩、允禟等照舊當他是自己人，以至於借良妃喪禮大肆招搖這樣的事，也要拉著他一起，許多私密的言論對他也不避諱。從雍正帝即位後的表現來看，他確實有一種極強的迷惑對手的能力，能夠一邊對著本人甜言蜜語，一邊殺心暗起周密布置，等到對方發現自己處境危險時，事情已經沒有轉圜餘地了。處於絕對強勢的君主地位尚且如此，何況如履薄冰的皇子時代。檔案顯示，康熙五十年前後，年長皇子們隨駕巡幸塞外，或是留京辦事，都是分班而行，其中胤禛、允禟分在一班，出入同行，往來較他人更為頻繁。可惜沒有留下足夠的史料，透露他們的交流模式。

康熙五十五年底，允禩得了重病。為了繼續維持與允禩集團的老關係，胤禛先是著急趕回北京探望，卻因此見疑於康熙帝，認為他是允禩一黨。胤禛趕緊匡救彌縫，率先建議將病危的允禩挪回城裡，為聖駕避道，由此又遭到允禟的激烈反對，責備他巴結父皇而不顧兄弟死活。這件事，大概是胤禛與允禩一夥漸行漸遠的標誌性事件。當然，漸行漸遠並非不相往來，康熙五十七年十四阿哥出任大將軍王以前，他還多次邀請這位親弟弟到圓明園宴飲聚會。康熙末年的奪嫡形勢錯綜複雜，勝負成敗不過一線之間，竭力隱藏自己的野心，而與各方做好表面功夫，應是胤禛最終得以成功的最大法寶。

康熙五十六年以後，隨著青藏戰爭形勢的發展，作為大將軍候選人的允禵行情看漲，成為朝野矚望的奪嫡熱門。對此，遠在福建的戴鐸比他的主子胤禛還要焦慮熱衷，在信中公然申請調到臺灣任職，為主子「屯聚訓練，亦可為將來之退計」，儼然連基本的政治正確也顧不上，做好一擊不中就去當亂臣賊子的打算。還是胤禛知深淺、穩得住，曉得戴鐸如此心熱，不說幾句狠話壓服住，怕是要壞大事，遂痛斥道：「你這樣人，我以國士待你，你比罵我還利害，你若如此存心，不有非災，必遭天譴。」不出胤禛所料，康熙五十七年，戴鐸果然自作主張，替他去拉福建籍大學士李光地的票。其時李光地奉旨帶病進京，有傳聞是為立儲之事，戴鐸趕忙去探聽，聽李光地說「目下諸王，八王最賢」之後，就沉不住氣了，對李光地大讚胤禛如何好處，並說「大人如肯相為，將來富貴共之」。除了巴結李光地外，戴鐸還打聽到三阿哥允祉從福建請了異能之士楊道升，十四阿哥對李光地門生陳萬策「待以高座，呼以先生」等事，一一報告胤禛知道。對這些小道消息，胤禛大不以為意，批曰：「楊道升在三府已有數年，此乃人人盡知」；「陳萬策之傍，我輩豈有把臭屁當香聞之理！」自信刻薄之態，一時透紙而出。

要論識人、用人，無論當皇帝前後，胤禛確實很有一套。對於允禩在爭位過程中團結一切可以團結的力量——香的臭的都往屋裡拉的做派，他非常不屑。像戴鐸這樣膽大妄為、自詡諸葛亮的攪屎棍子，放在允禩身邊，很可能被奉為上賓，最終受其連累。而胤禛則能較早識破他大言欺人的馬謖成色，對他提出的那些三流權謀很是鄙夷，雖然也難以抑止地流露求仙問卜的私意，但大多數批覆都冠冕堂皇，少著痕跡。雍正帝即位後，戴鐸這位「國士」不但沒如願當上督撫，甚至被加以種種罪名，問成死罪。

胤禛雖然看不上允禩這樣漫天撒網，逮著一個算一個的籠絡人心之法，但他也並非全然不籠絡人。對於確實有力量、有才幹的關鍵人物，他是一定要不動聲色，極力拉攏的。比如原屬太子一黨的允祥，不知怎麼就成了他的核心支持者。此外，正如前面多次提到的，康熙五十三年底「斃鷹事件」後，康熙帝和允禩徹底決裂了，允禩集團中的一些成員也意識到，在不謀逆的前提下，八阿哥本人入主東宮的路已經堵死了，另擇明主以求日後富貴，恐怕是更現實的選擇。因此西北之役，很多人將寶押在十四阿哥允禵身上，連允禩、允禟也給予他相當的支持。但也有人並不這麼認為，比如那位著名的九門提督隆科多。

隆科多是佟國維第三子、佟皇后的親兄弟，也是康熙皇帝的表弟兼內弟，和皇家親緣最近。隆科多自幼在宮中長大，成年後擔任侍衛、鑾儀衛使等親近差使，對宮中的情況非常熟悉。一廢太子時，隆科多和其父兄一樣，也被斥為允禩一黨，但受到的衝擊不大，反而在康熙五十年被任命為步軍統領，一直到康熙帝駕崩，始終擔任此職。步軍統領俗稱九門提督，在清代是個極為重要的職務，兼具北京衛戍司令和公安局局長的職責，並且負責為皇帝蒐集京師範圍內的重要情報。在風雲詭譎的康熙末年，勝任這一職務的人，務必機敏、精細、有決斷，而最重要的，是要對皇帝絕對忠誠。隆科多的前任托合齊，也曾是著名的能臣、寵臣，卻因為二廢太子前的聚飲案，落得個身死名裂、挫骨揚灰的下場。隆科多吸取他的教訓，上任以後盡量和允禩一黨的舊關係保持距離，讓康熙帝很是滿意，對他的信任程度與日俱增。康熙皇帝晚年戀舊，中樞重臣多老邁衰朽之人，隆科多身兼親貴、年富力強，又頗具軍政才幹，成為康熙末年朝中最有權勢的大臣之一。但奇怪的是，康熙五十八年，隆科多的父親佟國維病故，康熙帝將岳父大人的一等公爵位擱置起來，一直不讓隆科多承襲。這或許是康熙帝效法唐太宗貶抑英國公李勣，為新君施恩留有餘地的舉措。

從雍正即位以後，立即任命隆科多為一等公、總理事務大臣、吏部尚書，尊封隆科多之妹小佟貴妃為皇貴妃，又極力渲染自己作為佟皇后唯一養子的舉動來看，他對隆科多的拉攏是不遺餘力且有所準備的。而隆科多選擇胤禛，也確實是一個不錯的投資，畢竟支持允禩或允禵的王公大臣很多，和隆科多地位相當的亦復不少，如果他們坐了皇位，隆科多本人得到的酬答，是遠到不了現在這樣豐厚的，很可能尚不及他的堂兄鄂倫岱。

另外，和允禩不同，胤禛在自己的小陣營裡恩威並施，擁有極強的指揮協調能力。按道理，胤禛奪位的主要支持者如允祥、隆科多、年羹堯等人，原本不屬於他的陣營，且都頗有才幹而個性強勢，想把他們統一「領導」起來，使其在波譎雲詭的政治環境裡不懷首鼠兩端之心，特別是能在關鍵時刻為己所用，難度相當之大。

拿年羹堯來說，他本是肅王府支派貝勒延壽的屬人，且是明珠孫婿，與允禩一黨的主要成員來往頻繁。年羹堯少年得志，二十出頭中進士，三十歲就做了封疆大吏，在撥入雍親王府屬之前，已經成為康熙帝的寵臣和各派勢力都看好的政治新星。康熙五十七年清廷出兵青藏後，年羹堯以大軍後勤負責人的身分成為大將軍王允禵的主要助手，若想另擇明主，投靠允禵，簡直有水到渠成之便捷。憑藉這些得天獨厚的條件，年羹堯並不會像戴鐸等人那樣，完全依賴名分上的門主雍親王，有時甚至會表現出一些應付的態度，不甚恭敬。胤禛對此極為敏感，大動肝火，寫信痛斥年羹堯，要求他務必擺正位置、端正心態，且命他將成年子侄送回北京，以作挾制之用。胤禛即位伊始，年羹堯遙為呼應，在遏制允禵，確保西北軍權順利交接的問題上發揮了重要作用。雖然二人的感情基礎並不牢固，性格行事也不合拍，以致沒過幾年就反目成仇，但能夠在奪嫡的最關鍵時刻配合得如此天衣無縫，其溝通之靈便、行事之默契、個體的執行力之強，即是允禩、允禵及其同道諸王勳貴們無法企及的（關於年羹堯與雍正帝之間的恩怨情仇，可以參見拙作《年羹堯之死》）。允禩集團成員如鄂倫岱等，雖然對允禩的忠誠指數明顯高於年羹堯之於胤禛，但協調互動的水準實在落後太多，常常一哄而上，成事不足，敗事有餘。

總而言之，到康熙末年，儲位虛懸，皇子中最有競爭力的只剩下皇三子允祉、皇四子胤禛和皇十四子允禵。其中允禵立有大功，支持者最眾，朝野呼聲最高，但年紀輕、爵位低，又身在萬里之外，對京中的突發事件鞭長莫及。允祉年紀長、爵位高，依序當立，但書生氣重，政治手腕不足。胤禛排行不及允祉，但年紀、爵位都在第一序列，表面雖作「富貴閒人」之狀，卻在暗暗積蓄力量。至於最終鹿死誰手，還要有一番驚心動魄的較量。

康熙帝去世的那一天

奪嫡諸王的情況各自交代完畢後，兩個最棘手的問題擺在我們面前：康熙到底將誰確立為繼承人？康熙到底是用什麼形式確定繼承人的？

對於這兩個問題，各方說法不一，我們先來看看反方。雍正帝即位後，火速清理反對派核心成員，三四年之內，八阿哥、九阿哥、十阿哥、十四阿哥諸皇子都失去人身自由。雍正四年，八阿哥允禩、九阿哥允禟於數日之內先後死於囚禁之所，他們身邊的太監、侍從等均被發配廣西煙瘴之地。在發配路上，這些人向沿途百姓傳播宮廷祕聞，從失敗者的角度講述雍正帝如何先弒父奪位，再屠戮兄弟。

湖南大山裡一位單純到有點可笑的小知識分子曾靜就是透過這一管道，聽說了當今天子的「十大罪狀」。當然，他本身就有比較強烈的反清復明思想，不承認清朝政權的合法性，這下又抓住了一個大把柄，彷彿看到推翻清朝政權的曙光。於是曾靜派弟子張熙千里迢迢前往西安，勸說抗金英雄岳飛的二十一世孫，當時的統兵漢將、川陝總督岳鍾琪舉兵反清。雍正帝為此親自撰寫了著名的《大義覺迷錄》，開啟了皇帝親自做政治學、民族學、思想史、法理學等跨學科研究，皇帝親自撰寫對話錄式學術專著，先皇著作在親兒子即位後成為禁書等多個歷史先河。

關於康熙之死，曾靜聽到的版本是這樣的：聖祖皇帝要傳位給允禵，病重時，下令將允禵從甘肅召回，但聖旨被隆科多隱匿；聖祖駕崩時，隆科多矯詔立當今的雍正皇帝為帝。曾靜案爆發後，湖南、廣西等地督撫又再次尋訪，發現流言的版本還有很多，比如：「聖祖原本要傳位十四阿哥，今上皇帝將十改為于，就變成傳位四阿哥了。」「聖祖皇帝在暢春園病重，今上皇帝給聖祖進了一碗（毒）蔘湯，聖祖皇帝就駕崩了。」「今上即位，將允禵召回囚禁，太后盛怒，撞柱而死。」事實上，這些言論自雍正即位後，就沒有斷過，只是此前多在京畿地區傳播，隨著落敗諸皇子的太監、侍從被發配，才流傳到大江南北，甚至僻遠山鄉的。直到現在，送毒蔘湯、改十為于，都是清宮小說、影視劇喜聞樂見的重要素材，想必讀者、觀眾都久有耳聞了。

對於反對派這樣的說法，雍正皇帝本人當然不予承認，一概斥之為誹謗詆毀。從當時的宮廷生活、諭旨寫法來看，毒蔘湯、改十為于，可操作性不強，但很適合民間傳播，所以影響深遠。那麼在「聖祖升遐之日」，究竟發生了什麼事呢？因為當事人的範圍極小，又涉及宮闈最高機密，所以外人獲取信息的管道除了皇帝自己的說法，就是小道消息，幾乎不可能有客觀明白的第三方記述。小道消息中飽含失敗者的怨憤和民眾口口相傳的戲劇化色彩，難免失真。那麼皇帝的說法呢？如果皇帝自己的說法純粹以官方公告的形式出現，一以貫之、鐵板一塊，當然也沒什麼看頭。但幸好，雍正皇帝是個好辯的話嘮，他不能接受任何對自己即位合法性的質疑，也不願意使用強行封口這樣簡單粗暴的手段一禁了之。於是，在和反對者的論戰中，他一次又一次提到那一天的情形，又因為時間間隔較長，針對的人、事側重點有所不同，而難免言多語失，前後對不上茬。這正是後世研究者在原始史料被銷毀、篡改的情況下，發現漏洞的最好機會。

雍正帝第一次系統講述康熙去世當天的事情是在雍正六年十一月，當時曾靜案發，岳鍾琪把所謂的「十大罪狀」——謀父、逼母、弒兄、屠弟、貪財、好殺、酗酒、淫色、誅忠、任佞，一股腦奏報上來，雍正皇帝怒不可遏，寫下長篇大論的諭旨，針對「十大罪狀」逐一反駁，這篇諭旨後來被收入《大義覺迷錄》中。其中「謀父」一條，當然是針對康熙駕崩時的情勢而言，是以雍正帝辯白說：

康熙六十一年十一月冬至之前，朕奉皇考之命代祀南郊。時皇考聖躬不豫，靜攝於暢春園。朕請侍奉左右，皇考以南郊大典，應於齋所虔誠齋戒，朕遵旨於齋所致齋。至十三日，皇考召朕於齋所，朕未至暢春園之先，皇考命誠親王允祉、淳親王允祐、阿其那、塞思黑、允䄉、公允祹、怡親王允祥、原任理藩院尚書隆科多至御榻前，諭曰：「皇四子人品貴重，深肖朕躬，必能克承大統，著繼朕即皇帝位。」是時，惟恆親王允祺以冬至命往孝東陵行禮，未在京師。莊親王允祿、果親王允禮、貝勒允禑、貝子允禕，俱在寢宮外祗候。及朕馳至問安，皇考告以症候日增之故，朕含淚勸慰。其夜戌時，龍馭上賓。朕哀慟號呼，實不欲生。隆科多乃述皇考遺詔，朕聞之驚慟，昏仆於地。誠郡王等向朕叩首，勸朕節哀，朕始強起辦理大事。此當日之情形，朕之諸兄弟及宮人、內侍，與內廷行走之大小臣工所共知共見者。夫以朕兄弟之中如阿其那、塞思黑等久蓄邪謀、希冀儲位，當茲授受之際，伊等若非親承皇考付朕鴻基之遺詔，安肯貼無一語，俯首臣伏於朕之前乎？

除了這篇「謀父辯」外，清朝官修的逐日記錄一朝大事的康熙、雍正兩朝《實錄》，也不可避免地涉及對「聖祖升遐之日」的敘述問題。我們先來看康熙《實錄》的記載：

甲午（十三日）丑刻，上疾大漸，命趣召皇四子胤禛於齋所，諭令速至。南郊祀典著派公吳爾占恭代。寅刻，召皇三子誠親王允祉、皇七子淳郡王允祐、皇八子貝勒允禩、皇九子貝子允禟、皇十子敦郡王允䄉、皇十二子貝子允祹、皇十三子胤祥、理藩院尚書隆科多至御榻前。諭曰：「皇四子胤禛人品貴重，深肖朕躬，必能克承大統，著繼朕登基，即皇帝位。」皇四子胤禛聞召馳至。巳刻，趨進寢宮。上告以病勢日臻之故。是日，皇四子胤禛三次進見問安。戌刻，上崩於寢宮。

雍正帝即位以後，因循舊制，開始編纂康熙朝《實錄》，到雍正十年二月告成。與清代歷朝《實錄》相比，康熙《實錄》紀事簡、篇幅小、編纂時間長，對原始檔案、文件的刪改幅度大，學者們普遍認為，這是雍正皇帝刻意為之的結果。當然，其中一個最重要目的，無外乎掩蓋康熙中後期皇子奪嫡中的部分事實，維護他的個人形象。「聖祖升遐之日」的記述，是關鍵中的關鍵，一定經過雍正帝本人反覆修改確認，才能作為定稿流傳。因為其定稿時間在雍正八年五月以後[1]，就一定會參照雍正六年十一月諭旨的說法，不能有明顯的矛盾。所以我們看到，這段文字和雍正六年十一月諭旨上的說法大體是吻合的，只有三處小差異。

第一，增加了時間點的記述：康熙帝病危，急召胤禛赴園的時間是丑刻，即夜裡凌晨一點到三點；七位皇子和隆科多聽口傳遺命的時間是寅刻，即凌晨三點到五點；胤禛到寢宮的時間是巳刻，即上午九點至十一點；康熙帝駕崩的時間是戌刻，即晚上七點到九點。第二，可能是出於行文從簡的緣故，刪去了關於四位年輕皇子在宮外等候，以及康熙帝駕崩後諸事的記載。第三，增加了胤禛到寢宮後，曾經三次面見康熙帝問安的記載。

我們再來看雍正《實錄》對於這一天的記載。雍正《實錄》告成於乾隆六年十二月，距離康熙帝去世已經相隔近二十年，親歷者大多已經故去，說法當然也以因循曾靜案諭旨和康熙《實錄》

1　雍正八年五月初四日，怡親王允祥去世。十五日，雍正帝下旨：「凡告廟典禮所關有書王名之處，仍用原名，以志朕思念弗釋之意。」康熙《實錄》提到其人，有作胤祥之處（胤字缺一撇），亦有作允祥之處，或可以雍正八年五月為界，分別《實錄》不同內容的定稿時間。《實錄》所記康熙駕崩之日，諸皇子名上「胤」字俱作「允」，唯十三阿哥作「胤祥」，可知定稿當在雍正八年五月十五日以後。

為主。但與以上兩文本不同的是，雍正《實錄》增加了康熙帝去世後，雍正帝對在場人員的任務分配情況。雍正《實錄》記載：

甲午（十三日），聖祖仁皇帝賓天。先是，十月癸酉，聖祖自暢春園幸南苑行圍，遂駐蹕南苑。至是月戊子，聖躬不豫，因回駐暢春園。庚寅，以冬至居期，將大祀於南郊，命上恭代行禮。諭曰：「郊祀上帝，朕躬不能親往，特命爾恭代。齋戒大典，必須誠敬嚴恪，爾為朕虔誠展祀可也。」上遵旨於齋所致齋，敬念聖躬，孝思篤切，每日三次遣護衛等恭請聖安。至甲午丑刻，聖祖疾大漸，遣官馳召上於齋所，且令速至。隨召誠親王允祉、淳郡王允祐、多羅貝勒允禩、固山貝子允禟、敦郡王允䄉、固山貝子允禵、皇十三子允祥、尚書隆科多至御榻前。宣諭曰：「皇四子胤禛人品貴重，深肖朕躬，必能克承大統，著繼登基，即皇帝位。」上聞召馳至，趨進寢宮，聖祖告以病勢日臻之故。是日，上問安進見五次。戌刻，聖祖賓天，上哀痛號呼，擗踴不已。尚書隆科多進曰：「大行皇帝深惟大計，付授鴻基，宜先定大事，方可辦理一切喪儀。」上慟哭仆地，良久乃起，趨至御榻前撫足大慟，親為聖祖更衣，遵用孝莊文皇后制賜御服。上皆敬加於首，然後進御。時諸王大臣恭議殯殮大禮，宜奉大行皇帝還宮。於是命淳郡王允祐守衛暢春園，固山貝子允禑至乾清宮敷設几筵，十六阿哥允祿、世子弘昇肅護宮禁。十三阿哥允祥、尚書隆科多備儀衛、清御道。上親安奉大行皇帝於黃輿，攀依號哭，欲徒步扶輦隨行。諸王大臣以大行皇帝付託至重，神器攸歸，當此深夜，執事繁雜，請上前導以行。上乃前導，哭不停聲。至隆宗門，跪接黃輿，親扶而入，安奉大行皇帝於乾清宮。

這段記載把康熙《實錄》中的胤禛受召和抵達寢宮的兩個時間點刪去，又把他三次面見康熙帝問安，改為五次。前者或許是行文方便，後者或許是抄寫錯誤，但另有別故也未可知。

以上三處，是清代官方對於康熙去世當天情況的系統描述，這三段文字描述的主要信息有：

第一，康熙在臨死前幾天就已經感到身體嚴重不適，且無隱匿病情的舉動，皇子、重臣、近侍們心裡對他的去世是有一定準備的。在離世前的最後一天，康熙帝神志比較清醒，還能親自下命令、和人說話，在這樣的狀態下去世，大概不能算是暴斃。

第二，康熙帝去世當天，大多數皇子都在暢春園附近居住，但胤禛因為在齋戒以備祭天，所以住在南郊天壇，離暢春園較遠。胤禛抵達暢春園時，康熙帝已經向先到的其他皇子和隆科多說過繼承人人選的事，此後卻沒有告訴他本人。康熙帝駕崩後，隆科多才向胤禛告知他是欽定的即位人選，建議他「先定大事，方可辦理一切喪儀」，胤禛「聞之驚慟，昏仆於地」或是「慟哭仆地，良久乃起」。總之，情緒非常激動。

第三，胤禛尚未趕到暢春園時，親耳聆聽康熙帝傳位諭旨的是三阿哥允祉、七阿哥允祐、八阿哥允禩、九阿哥允禟、十阿哥允䄉、十二阿哥允裪、十三阿哥允祥這七位年紀較長的皇子，以及異姓大臣、理藩院尚書隆科多，當然不排除現場還有一些服侍病重皇帝的太監、宮女、醫生或是其他人，因為沒有實質作用，就不必贅述。而十五阿哥允禑、十六阿哥允祿、十七阿哥允禮、二十阿哥允禕，這四位年紀較輕的皇子雖然也在暢春園，但沒能進入寢宮，是在寢宮外面等候。

第四，七位皇子和隆科多聆聽的「皇四子人品貴重，深肖朕躬，必能克承大統，著繼朕即皇帝位」這句話，是以口諭的形式傳達的，而無滿漢文本。雍正帝在元年祕密立儲時也提到，康熙帝選擇繼承人，是「於去年十一月十三日倉促之間一言而定大計」。當然，如果是口頭傳達，一定不會說得這麼文縐縐，文字轉述的只是個大致意思。

第五，新君確立後，諸皇子服帖叩首無異詞，隨後大家強忍悲痛，開始商量辦理後續事宜，現場氛圍比較和諧默契。

僅從以上文字來看，其實已經出現了四個邏輯、情理上的疑點。

首先，就算康熙帝此前一直沒有意識到自己大限在即，不想立儲，那麼在「症候日增」且神志比較清楚的這幾天，為什麼不抓緊寫一份紙本的傳位諭旨？就算力不能支，也可以像順治、咸豐等皇帝那樣，令親信大臣在多人監督下執筆寫就。像這樣臨死前口傳遺命，不是風險太大了嗎？

其次，按照康熙《實錄》的說法，康熙皇帝在十三日丑時病危，急召在天壇齋戒的雍親王。如果我們把這個過程簡化為「下旨遣使——使者馳赴天壇——雍親王接受命令，做簡單交代——

雍親王速赴暢春園」，那麼以暢春園到天壇二十來公里的距離，以使者騎馬、雍親王乘馬車，均不行經內城計算，前後所用時間大致也能控制在四個小時之內。然而在《實錄》的記述中，雍親王直到上午巳時才到達寢宮見到康熙，耗時七八個小時，實在有些無法想像。難道他聽說父皇病危這樣的塌天大事，還坐著大轎擺譜，或邁著八字步遛彎兒嗎？當然，還有一種情況，就是康熙在當時實際是處在昏迷搶救狀態，雍親王就算早已趕到，也不能馬上得到接見。可是，一個昏迷的危重病人，又如何清晰地向七位皇子和隆科多傳達繼承人是誰這樣的重大信息呢？病危之人的喃喃囈語，能讓心思各異的皇子們達成共識嗎？

第三，康熙帝病危後，先告訴七位年長皇子和隆科多令胤禛即位一事，但胤禛到寢宮後，三次或是五次進內面見康熙皇帝，自然也見過待在寢宮內外的其他知情者，比如與他親近的允祥、隆科多等人。但包括康熙帝在內的所有人，竟都不告訴他即位大事，直到康熙帝駕崩之後，才由隆科多轉告，令他「聞之驚慟，昏仆於地」，不知是何道理？

第四，隆科多作為唯一異姓大臣聆聽遺命，還在康熙帝去世後獨自向新君傳達遺旨，未免太不合理。從親緣上說，隆科多是佟皇后的親兄弟、諸皇子的嫡母舅，由舅舅主持分家，這在皇家、民間都是普遍做法，無可厚非。但康熙帝的皇后有三位，赫舍里家族敗落可以不論，僅第二任鈕祜祿氏家族、第三任佟氏家族，能稱得上「國舅」身分的尚有多人，怎麼單就隆科多在此？再從職務上說，隆科多身兼文、武二職，文職是理藩院尚書，列在大學士、六部尚書、都察院左都御史之後；武職是步軍統領，列在領侍衛內大臣、內大臣、八旗都統之後。且隆科多此際並未襲爵，若以爵、秩通論，排在他前面的貴戚、文武大臣，人數著實不少。當然，康熙後期已經出現了御前大臣的雛形，即由皇帝特別親信的王公大臣入值內廷，領導御前侍衛，貼身負責皇帝的個人安全，並與之商討重要政務，只是尚未形成制度，人員也不確定。以隆科多的才幹，以及和皇帝親近的私人關係，他或許在康熙末年已經擔當了御前大臣的職任（只是沒有列作頭銜），所以能夠較自由地進入寢宮，出現在病危的老皇帝身邊，而且由他傳出的遺命，也顯得較為可信。

不過無論如何，歷代帝王頒末命時，除皇子外，都要安排多位大臣在場作為見證，互相牽制。順治帝同樣是臨終立嗣，承旨者為翰林院掌院學士王熙、學士麻勒吉二文臣，且有滿有漢。雍正帝臨終前，召見了莊親王、果親王、大學士鄂爾泰、大學士張廷玉等七名親王、滿漢大臣，宣布新君人選。更有名的，當然是咸豐病重時的八大臣同承末命。政權交替的重要時刻，有多位重臣在場見證，既是君權授受正大光明的表現，也是對受命大臣本人的保護。康熙帝通曉歷史，在提到立儲問題時曾說：「漢高祖傳遺命於呂后，唐太宗定儲位於長孫無忌，朕每覽此，深為恥之。或有小人希圖倉卒之際，廢立可以自專，推戴一人，以期後福，朕一息尚存，豈肯容此輩乎？」話說得如此明白，病重時卻以隆科多一人獨承末命，豈非自食其言？至於官方敘述中只稱隆科多為「理藩院尚書」或「尚書」，而不提及他「步軍統領」的職任，當有迴避其執掌兵權之意。

第五，按照雍正《實錄》的記載，新君為大行皇帝更衣後，和諸王一起討論了後續喪儀，分工的結果是：允祐留守暢春園，允祹到乾清宮備辦祭祀事宜，允祿和允祺的長子弘昇負責紫禁城的清理護衛，允祥和隆科多負責安排聖駕回城的隨扈，以及沿途道路的肅清。新君本來要盡孝子之道，扶棺而行，但被眾人以「當此深夜，執事繁雜」為由勸止了，改為「前導以行」，和護送靈柩的大部隊分開，先行入宮。至於允祉、允禩、允禟、允䄉這四個與新君具有競爭關係的皇子，所膺職事為何則不可知。

❖　❖　❖

除了「謀父辯」和兩《實錄》的系統記述外，雍正帝還零散談過康熙帝駕崩當天的情形，這些脫口而出的隻言片語，都與「謀父辯」、兩《實錄》的敘述邏輯產生嚴重矛盾。

首先是諸皇子的表現。雍正四年夏天，為了給允禩、允禟兩人湊罪名，雍正帝披露出他們在康熙帝駕崩當日的惡劣舉動，即「聖祖仁皇帝賓天時，阿其那並不哀戚，乃於院外倚柱，獨立凝思，派辦事務，全然不理，亦不回答，其怨憤可知。」「皇考升遐之日，朕正在哀痛之際，塞思黑突至朕前，箕踞傲慢而坐，意甚叵測。」可見聖祖賓天、新君即位的當口，並不是什麼諸皇子「貼無一語，俯首臣伏」，至少有兩個人不服不忿，乃至「意甚叵測」。

還有兩個與官方系統記載有大矛盾的說法出現在雍正八年五月，當時怡親王允祥剛剛去世，雍正帝精神恍惚，大量吐露心聲。其中，在五月初九日追思回憶允祥的長篇上諭中，雍正帝提到一件舊事，他說：

又如果親王在皇考時，朕不知其居心，聞其亦被阿其那等引誘入黨。即朕御極後，隆科多奏云「聖祖皇帝殯天之日，臣先回京城。果親王在內值班，聞大事出，與臣遇於西直門大街，告以皇上紹登大位之言，果親王神色乖張，有類瘋狂。聞其奔回邸第，並未在宮迎駕伺候」等語。朕聞之甚為疑訝，是以差往陵上暫住以遠之。怡親王在朕前極稱果親王居心端方，乃忠君親上、深明大義之人，力為保奏。朕因王言，特加任用。果親王之平和歷練、臨事通達雖不及怡親王，而公忠為國、誠敬不欺之忱，皎然可對天日。是朕之信用果親王，實賴王之陳奏也。似此密陳補助，為廷臣所不知者甚多。[2]

果親王即康熙皇帝第十七子允禮，這一年二十五歲。這段文字中提到，聖祖賓天之日，允禮在宮內值班，這已經和「謀父辯」中所說的，允禮等四位年輕皇子在暢春園寢宮外等候，互相矛盾了。我們姑且認為「謀父辯」中那些不太重要皇子的位置，雍正帝可能記憶不確，或是筆誤多寫了一個人，可以暫不深究，僅分析允禮確實是在宮中值班的情況。

所謂「聞大事出」，當然是聽說康熙帝駕崩之事，隨後本該值班的允禮驚慌失措，居然擅離職守跑出宮來，想必是要到暢春園去，卻在西直門大街遇到隆科多。雍正《實錄》中提到，允祥和隆科多的分工是「備儀衛、清御道」，隆科多作為掌管京師治安的步軍統領，更側重「清御道」，即負責沿途警戒之事的可能性較大。那麼他比雍正帝提前一段時間回到城裡，進城後遇到允禮的說法也就有了一定的可信度。當他告訴允禮即位的是雍親王胤禛時，允禮非常恐慌——神色乖張，有類瘋狂，並且既不在途中迎駕，也不回到宮中繼續履行值班的崗位要求，竟然兀自跑回家去了。從雍正年間的表現來看，允禮辦事精幹，並不是個不懂章法禮數的糊塗人，在這一關鍵時刻表現得如此反常，只能有一個解釋：他對父皇駕崩、四兄即位的消息太震驚了！然而如果按照「謀父辯」或兩朝《實錄》的說法，康熙帝「不豫」已經多日，去世當天的彌留狀態也持續了將近二十個小時，以允禮的知識、能力和宮中值班所能獲取的信息，他對父皇的駕崩，應該是有一定心理準備和應對預案的，如此張皇的原因，恐怕更多不在老皇駕崩，而在新君人選。當然，對他的這個反常舉動，回城後的雍正帝也沒有客氣，直接「差往陵上暫住以遠之」，眼看就要打入另冊。

第二件事發生在允祥去世三天以後的五月十二日，莊親王允祿等主持喪事的人向雍正帝奏陳，說誠親王允祉在允祥的喪禮上遲到早退，面無傷悼之情，引起雍正帝的雷霆震怒，他全然不顧及允祉是自己的兄長，在群臣面前對其破口大罵，其中又提到了康熙駕崩當天的事。他說：

2《雍正朝起居注冊》第五冊，雍正八年五月初九日。

> 皇考龍馭上賓，方有大事之夜，朕命允祉管理內事，阿其那管理外務，乃允祉私自出外，與阿其那密語多時，不知所商何事。此天奪允祉之魄，自行陳奏於朕前者。及朕令阿其那總理事務，阿其那則在朕前保奏允祉可以大用。此阿其那欲引允祉為黨助，共圖擾亂國政之明驗也。[3]

如果以此論之，聖祖駕崩當天，允祉、允禩兩個胤禛的重要競爭對手，又似被委任了很重要的任務，而為《實錄》所隱晦。而允祉私自外出與允禩「密語」的行為，也被視為二人「黨助」的表現，與「謀父辯」中允祉帶頭臣服的形象截然相反。

與深思熟慮、精心撰寫的「謀父辯」和《實錄》記述相比，這兩段沒頭沒腦的描述可信性更強。先說允禮夜奔西直門一段。

首先，允禮在康熙年間表現並不起眼，卻是雍正朝後起的重要人物。前面提到，允禮是八王黨核心成員阿靈阿的女婿，所以被胤禛默認為八王黨成員，經允祥作保，免於被隔離清算。因為背景有「瑕疵」，允禮在雍正年間的表現就顯得尤為激進，多次充當雍正帝打擊反對派的急先鋒，以此邀寵，獲封親王，允祥去世後，更成為權勢最重的皇弟。所以他這段西直門夜奔的經歷，雖然出自隆科多的小報告，但不會是憑空誣陷，否則早就在雍正五年被算作隆科多的罪狀之一了——誣告過當紅的皇弟，那還了得！

第二，這篇上諭的寫作背景特殊。當時允祥剛剛去世，雍正帝自己亦在重病之中，連續多日親臨喪禮，不免神思恍惚。那段時間，雍正帝經常日作數千言懷念允祥，之所以把這段對允禮而言很不體面的舊事公之於眾，絕沒有揭允禮老底、令他難堪的用意，只是單純為了突出允祥「密陳補助，為廷臣所不知」的功績。這樣未加修飾，甚至忽略了打擊面的肺腑之言，忘了統一口徑，也在情理之中。

第三，這是一篇很長的上諭，其中一部分被收入雍正《實錄》，另一部分被刪削，僅存於《起居注》中。允禮西直門夜奔一段，就在刪削之列，可見其自有忌諱之處，不能為更多人知曉。

再說允祉一段。除了被圈禁的允禔、允礽之外，允祉作為最年長的皇子，在聖祖駕崩當日，一定是眾目矚望，不會毫無作為的。他和允禩等人本來關係一般，「黨助」恐怕談不上。但結合允禩「並不哀戚，乃於院外倚柱，獨立凝思，派辦事務，全然不理，亦不回答，其怨憤可知」的罪狀，允祉不避嫌疑主動出來與他「密語」，或許是以兄長的身分，對他進行安撫、勸慰，要他「認命」，別做出難以收拾的事情；或許是商量後續的權力分配和互保策略，引出允禩保舉允祉「可以大用」的說法。至於他後來「天奪其魄」，自己向雍正帝「交代」，則是允禩獲罪前後以鄰為壑的自保行為，也反向證明了雍正帝的競爭對手們，當天夜裡是隱而未發，而非俯首聽命的。

除了諸皇子的動向有前後矛盾之處外，關鍵人物隆科多在那一天的行動也存在問題。雍正五

3 《雍正朝漢文諭旨彙編》第五冊（上諭底冊），第九十六頁。

年十月，群臣在雍正皇帝的授意下參奏隆科多大罪四十一款，其中有「欺罔罪」一款，罪名是：「聖祖仁皇帝升遐之日，隆科多並未在御前，亦未派出近御之人，乃詭稱伊身曾帶匕首，以防不測。」所謂隆科多「未在御前」指代不明，可以是就康熙皇帝而言，也可以是指雍正皇帝。如係康熙皇帝，那簡直就是顛覆性的說法，但通觀全文，又不大像。因為隆科多的另一條「欺罔」之罪，就是「妄擬諸葛亮，奏稱白帝城受命之日，即是死期已至之時」。此外，針對群臣對隆科多的擬罪，雍正皇帝緊跟著提出：「隆科多所犯四十一款重罪，實不容誅。但皇考升遐之日，召朕之諸兄弟及隆科多入見，面降諭旨，以大統付朕，是大臣之內承旨者惟隆科多一人。」同一件事情上矛盾若此，未免過於糊塗輕率，不似雍正皇帝的行事風格。

如果「御」字是指雍正皇帝而言，這個罪名的可理解度就稍強一些，可以解釋為：「隆科多當日未親自，或是派人擔負雍親王的保衛工作，但假稱隨身帶了匕首以保護雍親王，以防有人當場作亂。」結合「妄擬諸葛亮，奏稱白帝城受命之日，即是死期已至之時」、「狂言妄奏提督之權甚大，一呼可聚二萬兵」二罪，就是說隆科多在雍正改元以後，為了突出個人地位，特意把自己在「聖祖升遐」之日的作用說得大而神祕，是面承先帝遺詔與擁兵護衛新君，兩項最重要的任務一肩挑。但雍正帝本人只認可前者一項，對後者不予承認，因為如果後者也成立的話，那雍正帝在「聖祖升遐之日」，簡直可以說是靠刀把子武裝奪權，合法性自然一塌糊塗。可惜，現在我們只能看到雍正帝的一家之言，而無法了解隆科多對自己的辯護，所以他究竟是「狂言」「詭稱」以誇大影響，還是確實處在了這樣至為關鍵的地位，甚至能突破宮廷禁衛的底線，在皇帝寢宮攜帶匕首，準備「一呼可聚二萬兵」，我們就不得而知了。

說了這麼多，大致可以得出一個結論，那就是：雍正皇帝的即位並非像他所描述的那樣順理成章，他的表述裡有太多漏洞可以供人指摘。許曾重、楊珍等學者，都曾質疑雍正帝關於七位皇子和隆科多聆聽遺命的真實性，認為七位皇子並沒有在康熙帝死前親耳聽到傳位雍親王的旨意，康熙皇帝病危時很可能已經神志不清，喪失正常的語言功能，所有信息都是康熙帝死後從隆科多一個人口中轉述出來的，而隆科多事前已與雍親王串通，真正做到了「倉卒之際，廢立可以自專」。「謀父辯」發布時，八人中的允禩、允禟、允䄉、隆科多四人已經死的死、關的關，失去了話語權；允祉、允祐噤若寒蟬，不敢多言；允祥是雍正即位的重要受益者，也不會洩密，是以雍正帝無所顧忌，敢於公然說謊。當然，楊珍女史的說法，也是猜測，康熙皇帝駕崩當天到底發生了什麼，我們沒有直接材料，無法重現其場景。但可以肯定的是：

第一，胤禛從雍親王變成大清王朝的新君，並非順理成章、眾望所歸，相反，是讓很多人詫異，也讓很多人不服氣的。這些表現都是公然的，不加掩飾的，前者比如驚聞其信，落荒回府的十七阿哥允禮；後者比如箕踞於前，傲慢挑釁的九阿哥允禟。但這些震驚與不滿，都很快被壓制住了，沒有轉化為更激烈的對抗與衝突，更沒有動武。

第二，胤禛即位的合法性弱。他既非乃父生前所立的太子，又無御筆親書、多名中立大臣見證的遺詔。即便真如他自己所說，有口頭的遺囑傳達給七位皇子與隆科多，也是發生在康熙皇帝病情垂危、氣力衰竭之際。此時康熙的神志是否清晰、表達是否確切，聆聽者和傳話者的居心是否公正，都存在很大疑問。之前多次有媒體報導，在一些檔案館裡發現了康熙傳位雍正的詔書云云，證明雍正確係正常即位。實際上，這些所謂「傳位詔書」，都是雍正帝即位以後，針對康熙去世事件對外公開發布的「新聞通稿」，總結先帝一生的功業，最後提到傳位之事。既然是雍正即位後代父所擬，毫無疑問要寫傳位給自己，否則真是時空錯亂了。

第三，老主駕崩、新君即位的過程，是胤禛事前主動參與謀劃過的，而非被動接受。尤其是在爭取隆科多的支持，並使這位掌握軍權的國舅不合常理地成為唯一承旨異姓大臣的問題上，一定用力頗多。他即位之初那些縝密圓熟的人事安排，雷厲風行的政治手段，想必也已經在腦海中醞釀過多時，絕不是乍逢大變的臨時決策。

第四，雍正帝即位後，屢屢在皇位合法性問題上受到質疑，甚至被政敵說成謀父篡位、天地不容的無道昏君，這給他的統治造成了很大麻煩。他一方面透過標榜孝順、勤政敬事挽回形象，一方面在即位的問題上極力辯駁，不惜和一個山野秀才對簿朝堂。然而辯駁，就得順著對方的邏輯去辯，如果事實本身不是那樣清楚明白，加上天長日久、記憶不確，就很容易前後矛盾、言多語失。對於這類高度敏感的問題，無論是怎樣親近的重臣，也很難給他提出實質性意見，只好由著他自己辯去。

當然，即位沒有明確的說法，並不等於就是篡位，也可能是充分準備下的撿漏成功。至於為什麼會出現這種情況，我們下一節繼續分析。

一代英主的立儲拖延症

我們再來回顧一下康熙皇帝去世前儲位的競爭格局。在這一時間段內，康熙帝諸子中還具有儲位競爭力的主要有三個人：皇三子允祉、皇十四子允禵和皇四子胤禛。其中允祉爵位最高、年紀最長，受到康熙皇帝的重視，按照嫡長子繼承制的原則「依次當立」，不過他雖然有爭立之心，卻有口鈍之疾，且在朝中沒有爭取到什麼特別重要的支持力量，除了陳夢雷找了些異能術士在家求神問卜之外，其他的政治準備似乎不足。也就是說，在康熙病危之際，就算出現了短暫的權力真空，沒有得力支持者的允祉，也難以抓住機會「撿漏」成功。

十四阿哥允禵的功勞最大，呼聲最高，他是八王黨的後起之秀，是康熙帝晚年寵愛重用的年輕兒子，只是排行、爵位還處於劣勢。他繼承了允禩集團大部分的人脈資源，用朝鮮人的誇張說法叫作「軍民皆屬心於十四王」。如果康熙帝再多活幾年，特別是活到允禵兵鋒所指，直下烏魯木齊的日子，那他即位的可能性無疑是最大的。但僅就康熙六十一年十一月十三日的突發事件而言，遠處邊地的允禵不可能對京城發生的事做出迅速反應，雖然有允禩、允禟等兄長作為代理人，但與本人在場畢竟有本質差別。一旦陷入破釜沉舟才能取勝的局面，允禩等人肯定不會為了幫他登上皇位而孤注一擲，承擔作為國家叛逆的風險。

四阿哥胤禛爵位尊崇，排行雖較允祉稍欠，但還在可以接受的範疇。一廢太子後，他從未在政治上犯過錯誤，在康熙帝心目中的地位處於穩步上升狀態。他本是八王一黨的近鄰，或乾脆可說是其邊緣人物，即便漸生自立之心，也仍然依違其間，若即若離。如果說允禩獲得了允禩集團的大部分政治資源，那麼胤禛則獲得了允禩集團的最重要政治資源——親貴兩兼、手握兵權的國舅隆科多。此外，胤禛又和前太子黨的代表人物允祥兵合一處，默默積蓄力量，更在康熙帝病危離世的關鍵時刻抓住機會，打了允祉、允禩等人一個措手不及。

在三選一的情況下，雍正皇帝先則撿漏成功、和平過渡，後則備受質疑、疲於自洽。但問題的根源並不在他身上，而是出在康熙皇帝身上。康熙在位六十一年，享年六十九歲，文治武功，可圈可點。然而在生命的最後一段時間，在對待政權交接這樣的重大問題上，他似乎放棄了自己作為君主、父親的責任，選擇了最消極的處理方式——拖延。

康熙帝是個孤兒，八九歲就父母雙亡，所以特別重視親情，對自己的兄弟子侄、宗親外戚，無不寬容厚待。雖然他熟悉中國歷史，也知道至高無上的皇位激起過無數手足相殘、蕭牆禍起，但他自己的親兄弟都是缺乏能力和野心之人，讓他完全沒有這方面的顧慮與經歷。從這個角度講，他對於皇子們的奪位之爭預估不足、處理失策，還是情有可原的。

在儲位問題上，康熙帝二十二歲立太子，五十五歲一廢太子，五十六歲再立太子，五十九歲再廢太子，反覆折騰、備受折磨，以致心力交瘁、多病倦勤。畢竟，這不是與外敵的軍事鬥爭，不是與反對勢力的政治較量，而是父子兄弟之間的爾虞我詐，無所不用其極。康熙帝在「帳殿夜警」事件被揭穿時，痛哭昏倒，當著群臣的面狠抽自己的雙頰，可以想見，對一個至高無上、所向披靡的皇帝來說，這是一種何等程度的心理崩潰。一廢太子前，他面對的是太子黨的暴躁不安、蠢蠢欲動；而一廢太子後，更糟糕的情形擺在他面前，眾皇子間的群雄逐鹿、喊打喊殺，宗親貴戚、滿朝文武的結黨串聯、各懷鬼胎，都讓他極度缺乏安全感。他甚至幾次公開表示自己有無法善終之虞，所謂「朕躬考終，必至將朕躬置乾清宮內，爾等束甲相爭」。

康熙二廢太子後，儲位再次虛懸，朝中人心浮動，多有立儲之議。比如康熙五十二年初，左都御史趙申喬奏請冊立太子以固國本；同年七月，福建巡撫滿保上折請立；康熙五十六年五月，大學士王掞請立；同年十一月，御史陳嘉猷等八人公疏請立；康熙五十七年正月，翰林院檢討朱天保奏請復立允礽為皇太子；同月，大學士、九卿等就王掞之議覆奏，請立太子；康熙六十年三月，王掞以康熙帝即位六十年慶典為詞，再提建儲之事，並請放出廢太子，隨後御史陶彝等十二人聯銜入奏，要求早定儲位；此外，康熙帝還提到過，李光地等親近大臣也向他私下建議，早立太子為是。請立者大多為漢人，滿保、朱天保雖為滿人，卻是進士、翰林出身，是滿人中漢化程度最高的一批。他們深受漢族王朝「儲君不可一日或缺」觀念的影響，對立儲的要求是很迫切的。

這些人中，朱天保因為明確建議恢復廢太子允礽的儲位，而引起康熙帝的激烈反應，下旨將其處死；王掞在第二次建議立儲時，提出要將廢太子釋放，也惹得康熙帝大發雷霆，將其子王奕清發配軍前。殺人固然過於殘暴，但康熙帝的排斥情緒倒也可以理解，凡事再一再二不能再三，性格要強些的普通人，尚且有不能觸碰的自尊心，何況當了五六十年皇帝的人。

那麼不立允礽，立其他皇子行不行呢？在康熙帝看來好像也不大行得通。康熙末年，諸皇子的矛盾已經徹底公開化了，一廢太子後的「民主推薦」活動，也撕裂了皇帝本人和朝中各利益集團的關係，要不是康熙帝在位時間長，本身的威信和獨裁程度確實很高，這種表面的和諧都很難繼續維持下去。如果這時候別開局面，立一新太子，太子是允禩一黨，則老皇帝被架空奪權；不是允禩一黨，則新太子仍然要面對兄弟群臣虎視眈眈的局面，弄不好就會重蹈允礽的覆轍。有鑑於此，晚年的康熙帝，對再次公開立太子之事是比較排斥的，他算是看透了，漢族王朝那套立嫡立長、備位青宮的規矩，在滿洲人的世界裡，不大行得通。

康熙五十六年冬，針對王掞等人的建儲提議，康熙帝再次就立儲問題向諸皇子、滿漢重臣徵詢意見，甚至把李光地從大老遠的福建叫到北京。按照常理，既然再一次鄭重提到立太子一事，康熙帝本人心裡至少已經有了初步的想法，但他似乎仍然按照一廢太子後公開推舉新太子的辦法，要其他人先發表意見。雍正年間，允禟所獲二十八款大罪中的第二款提到此事，說「康熙五十六年冬，聖祖仁皇帝召諸王子面詢建儲之事，塞思黑陳奏之語背謬，聖祖仁皇帝面加切責。是夜三鼓時，聖祖仁皇帝念及塞思黑之言，益增憤怒，中夜起坐，次日塞思黑即畏懼稱病」。允禟有何背謬之處，罪名中並未提及，但無外乎與康熙帝所見不同罷了。或許是像允禟這樣的異見者太多，難以達成共識，康熙帝最終沒有向群臣透露自己預想的儲君人選，或是立儲方案。

不過，沒有結論，不代表沒有態度。康熙五十六年十二月二十一日，康熙在乾清宮召集諸皇子、滿漢重臣，進行了一次「面諭」，即所謂的「豫立遺詔」。面諭的話說得很重，以至於康熙帝下令將全文頒詔天下時，大學士馬齊、李光地等人不敢從命，先「乞請留中」，又「乞皇上裁去數語，以安臣民之心」。面諭的文字版最終沒有公開頒布，但其中的一些內容，成為康熙帝「大行皇帝遺詔」的組成部分，在康熙帝駕崩後由雍正帝頒行天下。此外，康熙《實錄》也收入了這次「面諭」的部分文字，雖然一定經過了刪改、雕琢，但畢竟還能呈現出康熙帝本人的一些想法。

按照《實錄》所載，康熙帝從滿洲開國講到自己兢兢業業的五十七年帝王生涯，坦言自己從康熙四十七年一廢太子起，體力、精力就漸不及往日，近來更是身體虛憊，步履難行，而且怔忡健忘，心神恍惚，很怕哪一天會福盡禍至，泰去否來，因為自己的緣故導致大清王朝的敗壞乃至覆滅。他提到梁武帝、隋文帝、宋太祖這幾位一世英明，但因為「辨之不早」，而不能善終的君主；又感慨漢高祖傳遺命於呂后，唐太宗定儲位於長孫無忌，是「倉卒之際，廢立可以自專」的敗筆。他說：現在大臣們建議朕確立儲君，讓儲君為朕分理政務，是怕朕哪天有「猝然之變」，這是不需要諱言的。然而天下大權，當統於一人，所謂「分理」萬不可行。但是神器至重，如果能夠所託得人，朕也願意優遊安適，就是像宋高宗那樣退位做個太上皇，也未可知。總之，只要是「終於無事」，就很滿足了。你們這些做臣子的，念在朕是五十多年太平天子，又反覆叮嚀的份上，一定要讓朕享「考終命」之福啊！這是朕準備了十年的肺腑之言，如果以後有所謂的遺詔，那這就是了。

這篇「面諭」說得極為懇切、傷感，說到最後，甚至頗有哀求之意。雖然經過《實錄》纂修者的潤色、刪改，康熙帝當時的悲憤之情，仍舊躍然紙上。對於自己的衰老多病，康熙帝是焦慮痛苦的，但更讓他恐懼的是自己英雄一世不能善終，甚至由此導致祖宗創立的大清王朝「萬事隳壞」。那麼怎樣才能避免最壞的結局呢？當然是選擇一位合適的繼承人，而在選擇繼承人問題上尤其要吸取歷史教訓，慎重從容，及早分辨，不能受到個別權臣的脅迫，也不能出於「倉卒之際」。如果按照這個標準，「謀父辯」中描述的臨死前一言而定大計，以及由隆科多一個異姓大臣聆聽、傳達遺命，就顯然違背了康熙帝的本來意志和既定方針。雍正帝後來頒布的，以「面諭」為藍本的「大行皇帝遺詔」，特地將「漢高祖傳遺命於呂后，唐太宗定儲位於長孫無忌，朕每覽此，深為恥之，或有小人希圖倉卒之際，廢立可以自專，推戴一人，以期後福，朕一息尚存，豈肯容此輩乎」一句刪去，自然也意識到箇中的矛盾之處。

說到這裡，有一點是特別值得注意的。在此時的康熙帝心裡，君、儲已經不能並存了，「天下大權，當統於一人」，並存即是「分理」，就一定會造成此前自己與太子允礽那樣互相猜忌的局面。所以，一旦找到合適的繼承人選，他就要把權力完全交給儲君，學宋高宗去做太上皇了。可是，對於一個八歲登基、十四歲親政、掌握了五十年最高權力的雄主而言，難道會因為體弱多病，而心安理得地捨棄皇位和皇權去「優遊安適」嗎？漫說是皇帝，有幾個名利場中的豪傑，能做到不嗜權戀棧，主動退隱的呢？他所舉的宋高宗，就是個退而不休的典型。所以，這篇整體呈現慘淡基調的面諭，背後卻透露出一個強勢的信息：皇帝在位一天，就不立太子。至於「立了太子，皇帝退位」一說，聽聽而已，萬萬當不得真。

那麼既要做到皇帝掌權時不立太子，避免君、儲分庭抗禮，又要達到從容擇儲，不決大事於倉促之際的目標，什麼辦法最好呢？難道要向後退一步，恢復入關前的帝位（汗位）推舉制嗎？康熙五十二年，針對左都御史趙申喬請立太子一事，康熙帝曾提道：「我太祖皇帝並未預立皇太子，太宗皇帝亦未預立皇太子。」既然公開提到太祖、太宗舊制，想來康熙皇帝的心裡，未必沒有閃過這樣的念頭。但退回老路的前提，是皇帝在生前放棄擇儲的主動權，恢復滿洲的部落軍事民主舊制，但在皇權已經高度集中的康熙年間，這是根本行不通的。當時八旗上層的權力格局，及其所處的政治環境，早就不是草創肇基、強敵環伺時的樣子了，一旦出現最高權力真空，當朝皇子、五旗諸王，以及外戚勳貴，誰有資格參與推舉，每個人的權力如何界定，都是難解的問題，搞不好就要出大亂子，使大清王朝「萬事隳壞」。

說來說去，雍正帝即位後給出的「祕密立儲」方案，或許是兼顧康熙皇帝幾重考量的最佳選擇。可康熙帝本人為什麼沒有這樣做呢？是沒有想到，沒有想好？還是沒有來得及？沒有明確的證據，是很難講的。

不過，有個反例似乎可以做出一些解釋。雍正元年八月十七日，雍正帝召總理事務王大臣、滿漢文武大臣、九卿，將立儲詔書放置於乾清宮正大光明匾後。當時的雍正帝只有四十五歲，身體也很健康。他在世的四個兒子中，長子弘時將近二十歲，已經成人娶妻，但一向不被父親喜歡，此時恐怕也不在備選之列。其餘諸子中，弘曆十二歲、弘晝十一歲、福惠兩歲，均可稱為年幼，先不說才識資質、發展前途如何，在那個青少年早夭率很高的年代，是否都能順利活到娶妻生子，尚且存疑。所以，雍正帝這一次的「祕密立儲」宣誓，並不在於確立儲君本身，而在於另外兩點。第一，當然是確立自己皇位的合法性，就像康熙皇帝面對三藩之亂，馬上立兩歲的允礽為皇太子一樣；第二，是「以備不虞」，也就是吸取康熙皇帝在立儲問題上的教訓，早早把祕密立儲的事讓「諸王大臣咸宜知之」，公開的才是安全的，省得下一代野心家也渾水摸魚，趁亂撿漏。在立儲形式已經「正大光明」之後，具體儲君人選變化與否，不過就是他再寫一張紙條的事了。從雍正帝即位不到一年，就將祕密立儲方案公之於眾的做法看，康熙帝品擇諸子，遲疑未決，而突發重病、神志不逮的可能性是比較大的。

當然還有一種較小的可能，是康熙帝在病重的那短短幾天，也寫過一份立儲手諭，還沒來得及廣而告之，就一命嗚呼了，手諭中所立之人，並非雍親王胤禛，所以被雍親王一黨如隆科多輩尋機銷毀，而改傳口諭。但是從允禩、允禟等人在康熙帝駕崩當天的表現看，他們對胤禛的即位只限於震驚、不滿，並沒有拿住把柄，指斥其矯旨篡位。而從各府親信家奴前後傳播的小道消息內容來看，他們對事情的前因後果，也是不明白的，所以說法花樣百出，充滿戲劇色彩。允禩、允禟在康熙帝身邊的眼線很多，類似總管太監魏珠這樣的人，都與八王黨過從甚密，如果康熙帝真在立儲問題上有何重要作為，就算未及公開，允禩等也會有所風聞，稍做準備，不至於表現得這樣驚詫失措。雍正即位後，允禟在給允䄉的信中，有「事機已失，悔之無及」字樣，表現出在競爭中沒有把握住轉瞬機會的懊喪。

事實上，對於自己可能不久於人世的現實，康熙帝是有心理準備的，也陸續留下一些類似遺囑的文字。比如雍正帝即位後，很快發現乃父生前留下的一份文字材料，說自己死後，後宮妃嬪如果年老有子，可以各隨其子居住王府，闔家團圓；年輕的仍要居宮中，由新君奉養。連嬪妃們的寡居生活都照顧到的康熙皇帝，居然沒有對誰是繼承人留個紙面說法，看來是糾結異常，難於決斷了。

康熙帝酷愛運動，尤其喜歡打獵。從他生命最後幾年的史料記載看，他凡是在北京的皇宮、暢春園生活，就免不了頭疼腦熱、手腳不靈，但一到塞外圍場，立刻精神振奮，生龍活虎。康熙六十一年四月，康熙帝從北京啟程前往熱河，這次他留下能力偏弱，但身兼管旗差事的七阿哥、十阿哥、十二阿哥三位較年長皇子看家，卻破天荒帶上了二廢太子以後從未隨駕出京的十三阿哥允祥。八月初三，康熙帝帶著三阿哥、四阿哥、五阿哥、十三阿哥，以及幾位年輕皇子赴圍場行獵，九月初回到熱河行宮。這段時間，是胤禛、允祥二人難得的交流機會，二人在雍正帝即位之初的默契配合，或許與此有關。九月二十八日，康熙帝回到北京暢春園，此時距離世只有一個半月時間了。大約正因為此，康熙帝對自己的身體狀況產生了誤判，認為自己雖然日漸衰老、百病纏身，但精力體力畢竟還能支持，沒有馬上到臥床不起的地步。還沒想好的繼承人問題，或許還有時間再想一想。

十月二十一日，自覺身體狀況不錯的康熙帝又到京郊南苑行圍。此前十月，康熙帝曾派雍親王胤禛、皇孫弘昇，以及輔國公延信、尚書隆科多、孫渣齊等王公大臣到通州查看糧倉，十一月初六日查倉完畢，胤禛等人到南苑面見康熙帝，彙報倉務，康熙帝雖然有些虛弱，但仍能正常議事，思路清楚。初七日，在南苑「偶感風寒，本日即透汗」的康熙帝感到身體不適，於當天回到暢春園休養。初九日，雍親王胤禛受命代行冬至祭天大典。初十日，延信等八旗大臣前去請安，得到的旨意是「爾等不要再來」。延信是肅親王豪格之孫，康熙帝的堂侄，更是此前入藏之戰的頭號功臣，宗室中數一數二的將才。如果康熙帝處在病體沉重但又較為清醒的狀態，似應接見延信，交代一下西北的軍事部署，畢竟這是當時最為重要的軍國大政，還牽涉到儲位候選人之一——十四阿哥允禵。但康熙帝並沒有這樣做，或許此時的他已經過於委頓，乃至意識恍惚，而並非像康熙《實錄》描述的那樣，還能連日安慰遠在天壇的胤禛，說「朕體稍愈」。其時正值隆冬，是老年人的高危險季節，康熙帝很可能因為呼吸道問題感染肺炎，觸發舊有的心腦血管疾病，並很快陷入較危險的狀態，無法清楚處置後事。

此際允禵遠在甘肅，鞭長莫及；允祉未及準備，失去機會；而胤禛在隆科多的幫助下，利用老皇帝已經非常含糊的表達能力，以及各皇子先後趕來的時間差，鎖定大位。先帝沒有留下白紙黑字的明確說法，新君雖然沒有大將軍王十四阿哥那麼炙手可熱，但畢竟也算可以納入考察範圍的候選人之一，再有手握重兵的國舅現場坐鎮，那些事不關己的中立皇子、侍從，當然沒有，也不敢有什麼異議可言。而允禩、允禟這樣自有打算之人，事出倉促，缺乏準備，本人也早已被剔除候選行列，現場除了表達一下情緒上的不滿，又能有什麼辦法呢？

傳教士馬國賢記載了他所看到的康熙帝駕崩之日，暢春園外發生的情況。他寫道：「一七二二年十二月二十日，在我們居住的國舅別墅（即佟園，今北京大學校園內，在暢春園東鄰）中吃過晚餐，我正與安吉洛神父聊天。突然，彷彿是從暢春園內，傳來陣陣嘈雜聲音，低沉混亂，不同尋常。基於對國情民風的瞭解，我立即鎖上房門，告訴同伴：出現這種情況，或是皇帝死了，否則便是京城發生了叛亂。為了摸清叛亂原因，我登上所住的牆頭，只見一條通衢蜿蜒牆下。我驚訝地看到，無數騎兵在往四面八方狂奔，互相之間並不說話。觀察一段時間後，我終於聽到步行的人們說，康熙皇帝死了。我隨後被告知，當御醫們宣布無法救治時，他指定第四子雍正作為繼承人。雍正立即實施統治，人們無不服從。這位新帝首先關心的事情之一，是給他死去的父親穿衣。當夜，他騎馬而行，兄弟、孩子及戚屬們跟隨著，在無數佩帶出鞘利劍的士兵護衛下，將其父親的屍體運回紫禁城。」[1]可見當時的武力威懾，讓人不敢輕舉妄動。

至於身在甘肅的允禵，雖然名義上是三軍主帥，執掌重兵，但由他統領的軍隊成分非常複雜，包括西南、西北地區的八旗、綠營軍隊，以及蒙古、西藏、雲南各地的部落兵。不同來源的軍隊各有本部將領直接統轄，且戰線拉得很廣，如八旗軍有西安將軍，綠營兵有川陝的總督、提督，各部落兵有本部落的王公、土司。這些將領與允禵只有臨時的上下級關係，對外作戰時可以聽他統一調遣，然而一旦允禵因為皇位之事，需要調轉炮口，進軍北京，將領們又有幾個人能自取「造反」之名，同他一起行事呢？至於跟隨允禵從北京來到西北的八旗官兵，可以算他直接指揮的嫡系，但數量不過幾千人，家屬都留在北京，信息管道也很複雜，北京大局一定，這些人的想法也未必不發生變化。特別是允禵軍隊的軍需供給，主要由川陝總督年羹堯負責籌措，這更是卡住了他的命門。康熙帝駕崩第二天，雍正帝即下旨：

西路軍務，大將軍職任重大，十四阿哥允禵勢難暫離，但遇皇考大事，伊若不來，恐於心不安。著速行文大將軍王，令與弘曙二人馳驛來京。軍前事務甚屬緊要，公延信著馳驛速赴甘州，管理大將軍印務。並行文總督年羹堯，於西路軍務糧餉及地方諸事，俱同延信管理。年羹堯或駐

1 馬國賢：《清廷十三年：馬國賢在華回憶錄》，第一〇四頁，上海古籍出版社二〇〇四年版。

肅州，或至甘州辦理軍務，或至西安辦理總督事務，令其酌量奏聞。[2]

年羹堯作為川陝三省的最高軍政長官，久在西邊，顯然要比帶著幾千八旗兵「從天而降」的允禵更具影響力。胤禛賦予他「或駐肅州，或至甘州辦理軍務，或至西安辦理總督事務」的便宜行事之權，制衡自己的頂頭上司——大將軍王允禵，確保撫遠大將軍印順利交接，允禵隻身回京。

2《世宗憲皇帝實錄》卷之一，康熙六十一年十一月十四日。

後奪嫡時代

一、允祥的特殊地位

康熙帝駕崩，雍正帝即位，皇子們十幾年的奪嫡之爭塵埃落定，但命運之局，尚未定論，如果全書就此收煞，則不免闕如，還應略做交代為是。

參與奪嫡的「九王」中，除皇四子胤禛在一片爭議聲中登上大寶，成為嗣位的雍正皇帝外，其餘八人，唯一的獲益者是皇十三子允祥。康熙帝駕崩次日，允祥即受命與允禩、馬齊、隆科多一起總理事務，隨後受封和碩怡親王，總理戶部三庫，替雍正帝抓緊了朝廷的錢袋子；雍正元年又總理戶部，以及新成立的會考府，總攬財政和審計大權；三年大喪之後，又擔任議政大臣，成為雍正皇帝在議政王大臣會議中的代言人。此外，他還深度參與宮廷事務和內廷宿衛，在很多問題上具有凌駕於內務府和侍衛處的特殊地位。朝鮮使臣和譯官描述其在雍正朝的地位時說：「雍正以國事全付十三王，而十三王不為專弄，善做政治云矣。」「十三王，全管天下事，凡干機務，盡許裁決，各寺皆待令其第，胡人（朝鮮人心懷故明，稱滿洲人曰胡人）畏之，過於皇帝云矣。」[1]在大體清理完主要反對勢力的雍正四年，雍正帝專門送給允祥一個階段性評價。七月二十一日，他御書「忠敬誠直勤慎廉明」八字，做成匾額，賜給允祥，同時召見大學士、九卿、科道、翰林，當面解釋這八個字的用意，說：

朕自即位以來，怡親王事朕克殫忠誠，至純至恪，事事為朕實心辦理，而朕委任之處甚多。約略舉之，職掌之大而且繁者有九：議政關係機密，戶部掌領度支，三庫總理出納，與修畿輔水利以厚民生，管領漢侍衛以育人材，至於諸皇子之事務、舊邸之事務，以及督領圓明園八旗守衛禁兵、養心殿監理製造，鉅細事件，皆一人經畫料理。而怡親王公爾忘私，視國事有如家事，處處妥帖，能代朕勞，不煩朕心，蓋其尊君親上之念肫懇篤摯，是其忠也；小心兢業，無纖毫之怠忽，是其敬也；精白一心，無欺無偽，是其誠也；進言無隱，表裡如一，是其直也；黽勉奉公，夙夜匪懈，即如目今王雖身抱痾疾，而案牘紛紜，披閱不倦，朕聞之實至於不忍，是其勤也；一舉未嘗放逸，一語未嘗宣漏，是其慎也；清潔之操，一塵不染，是其廉也；見理透徹，蒞事精詳，利弊周知，賢愚立辨，是其明也。是以朕特書忠敬誠直勤慎廉明八字賜之。惟朕深知王之德，洞悉王之心，覺此八字實不能盡其美善，亦無一毫過量之詞。若有一字不確不切，是朕之頒賜非嘉獎之詞，乃譏諷之語矣，朕不為也……[2]

諭旨所言，備極讚美之詞，彰顯了允祥在雍正初年的特殊地位。除了擔任重要的職事外，還有一點更值得注意。康熙皇帝是個「待不住」的人，一生親征、南巡、西巡、木蘭秋獮、巡視河工，足跡遍布南北，也以此為契機，加強對蒙古各部與江南漢人的統戰工作。雍正帝與其父的性格本來不同，且即位後，外患壓力已經遠沒有康熙年間那樣嚴重，幾乎全部的注意力都集中於搞垮身邊的政敵和精密的制度調整，這樣的工作顯然更適於在安靜的環境裡完成，而不宜四處奔波。但父皇的榜樣畢竟樹在那裡，如果完全拋棄，一定會引起反對派的非議。是以雍正帝往往將這些康熙帝曾經做過，他又不願意親自去做的事，交給允祥代他完成。比如雍正二年，他就讓允祥和莊親王允祿，帶著他的幾位年幼皇子，以及部分子侄、重臣、侍衛，到木蘭圍獵，並接見蒙古王公、額駙，替自己維繫滿洲皇室與蒙古各部的感情。另外，康熙皇帝重視京畿水利，經常帶著皇子們巡視永定河等近京主要水系的堤工。雍正三年夏秋，直隸大澇，雍正帝命允祥親自到京畿、直隸地區主持賑災，並系統策劃直隸水利營田工程，於是從雍正三年冬季起，允祥每年到北京東、西、南三個方向勘查河道、水利。從史料記載來看，允祥在直隸地區的活動，並非一事一辦，專門針對農田水利，他常常在沿途閱視營伍、訪察官吏，以及接受民間詞訟，很大程度上起到了替雍正帝效法其父、慎重京畿的作用。雍正四年，雍正帝又以辦理水利工程為名，準備讓允祥代他到江

1 朝鮮《承政院日記》，乙巳十月初五日條，即雍正三年十月初五日。

2 雍正四年七月二十一日上諭，《雍正朝漢文諭旨彙編》第一冊，第一八八頁、一八九頁。

南巡視，後因籌備對準噶爾兵事過於繁忙作罷。可以想見，如果真有江南之行，允祥的關注點也不會僅僅侷限在水利事務，而會在某種程度上成為康熙帝南巡的延續。

前面提到，允祥早年是康熙皇帝最寵愛的皇子之一，且與太子允礽關係密切，如果按照既定的路線，由允礽即位，允祥應當會獲得輔政重臣的地位。然而命不由人，允祥二十二歲那年，太子被廢，他成為被牽連最深的皇子，一蹶不振。但歷史的弔詭之處就在於，在允祥籍籍無名的十四年裡，諸兄弟為了皇位爭得不可開交，而一朝君臣分際，又只有允祥回到了命運預先設計的位置，得以發揮自己的政治理想。雖然沒有任何證據，但這很難不令人想到，除了脾氣相投、政見相合之外，胤禛、允祥兩人之所以能夠始終保持信任與默契，還可能出於一種對最早的既定格局的強調。特別是對於胤禛而言，雖然他並非「名分早定」的太子元良，但即位以後，卻用了康熙帝為太子預留的左膀右臂，這也不失為對自己合法性瑕疵的一個心理安慰。而對於允祥而言，一份榮耀失而復得，也會倍加珍視感激。

不過，可能是胤禛、允祥二人早年的派系屬性並不一致，他們在雍正年間的過分友好，總讓一些人覺得突兀而不夠真誠。譬如允祥身體不佳，不時在京郊休養，是以雍正初年即有人傳言：「怡王獲罪，不准城內居住，驅逐至溫泉。」另外，允祥在雍正年間負責打理胤禛舊邸雍和宮的各色事務，但雍邸舊人和他的關係並不融洽，除了權勢熏天的年羹堯傲然自立，兩人時有牴牾外，雍邸的一些主要人物，如戴鐸、傅鼐、沈竹等，大多投在隆科多門下尋求庇護、提攜，而與這位當權的親王相遠，甚至時有矛盾。這一點也可以間接說明，胤禛、允祥兩人在康熙後期的交往是較為隱蔽的，連雍邸屬人也沒有明顯感受，以至於他們的社交圈並未隨著本主調整，仍然按照此前的慣性，和早年的允禩集團有千絲萬縷的聯繫。也正是因為這一點，已經當上皇帝的胤禛並不願意給這些深知他老底的舊屬們提供「一人得道，雞犬升天」的機會，反而極力打壓。雍邸舊人中，除了翰林出身，但在康熙年間從沒做過官的弘曆啟蒙老師福敏仕途發達平順外，其他人大多結局慘淡，空有個從龍之臣的虛名，境遇反而不及外人。

至於允祥對待允禩等反對派兄弟的態度，允祥去世後，雍正帝在回憶即位之初的政治格局時說：「輔政之初，阿其那包藏禍心，擾亂國是；隆科多作威作福，攬勢招權。實賴王（允祥）一人挺然獨立於其中，鎮靜剛方之氣，俾奸宄不得肆其志。」雍正帝即位後，允禩管理工部，允祥管理戶部三庫和會考府，最有條件從撥款和審計兩個方向對允禩進行限制。其中會考府在三年內駁回工部奏銷案多達五十八件，占六部總數的五分之三，可以說工部是動輒得咎。當然，這些限制和壓力尚限於日常政務層面，至於人身打擊層面，有民國年間的筆記提到，允祥態度鮮明，極力主張雍正帝殺死允禩等人，以獲得雍正帝的寵信。事實上，在關於是否處死允禩等人的問題上，允祉、隆科多等人都進行了表態，但允祥恰恰不需要這樣做。作為曾經的太子黨成員和雍正朝的第一寵臣，允祥和允禩等人從來都涇渭分明，不存在任何立場模糊的問題。相反，在雍正帝處理允禩等人最集中的雍正四年，允祥頻繁到直隸地區勘查水利營田，至少從現有的史料來看，對允禩案的參與並不十分直接。這很可能也出於雍正帝對這位最親信賢弟個人名譽的一種保護——迎合上意，對親兄弟喊打喊殺，無論從哪個角度說，都不是件體面事情。

允祥的身體一直不大好，這應該是在康熙後期受冷落時落下的病根，雍正年間的史料裡經常出現他「小不爽」「身抱痾疾」的說法，傳教士的信札裡也時常見到他到京郊遊獵、放鬆休養的記錄。到雍正七年冬天，他的病情明顯加重了，開始逐漸卸下各項兼差，專一養病。雍正八年五月初四日，允祥在北京的王府病逝，年僅四十五歲。當時的雍正皇帝也患有重病，他甚至不能確定自己和允祥誰會死在前面，乃至希望這位賢弟能「輔弼於將來」「立周公之事業」，而允祥也提到過，自己願意把生命進獻給皇帝，以增其壽。最終的結果，是允祥先兄長而死，雍正帝心中遂生賢弟代朕而逝的感激，在親自撰寫的祭文中就「先死」一事發出長篇感慨：

修短之不齊者，數也；生死之難忘者，情也。得賢弟而中道棄捐，朕兄之涼德也；賴朕兄而遺徽表著，賢弟之厚福也。今者，朕兄以念弟之深，痛弟之切，大顯其勳名，尊崇其典禮，凡經理於身後者，無不殫竭其心思。而賢弟生也榮，死也哀，名既不朽，壽且無疆，賢弟之福，不已全乎！假令克享大年，後朕而逝，朕之孝子順孫善體朕心，亦未必能洞悉弟數十年之心跡，如今朕之經理周詳，罔有遺憾。然則，賢弟洵有全福，而朕之懷憂抱恫，失所依毗，其福不及賢弟遠矣。[3]

正是基於這樣的感情，雍正帝雖然自己也在大病中，但他對允祥的後事極為重視，多次親臨祭奠，並且發布了大量上諭，或回憶其生平貢獻，或對其喪禮、墓地、子嗣親屬疊加逾制的恩禮，不但舉朝側目，連朝鮮人也議論紛紛。

允祥去世時，在世的兒子還有三個，庶長子弘昌，雍正初年已封為貝子。兩名嫡子中，年僅八歲的嫡幼子弘曉按照早在雍正元年就定下的「世襲罔替」之約，承襲了他的怡親王爵位。允祥生前獲得的特殊優待，比如親王的俸祿、儀仗翻倍，增加佐領、屬官人數，賞賜本屬官辦的鹽課作為王府私用度，等等，也都統統由弘曉繼承，且世代不得削減。弘曉的同母兄長弘晈則被另封為寧郡王，這個爵位是雍正三年允祥卸任總理王大臣時就要賞賜給他的，因其力辭而未成行，此時仍舊找補回來。允祥的嫡長子弘暾，在雍正六年去世，雍正帝命以貝勒禮治喪安葬。弘暾曾定親大學士馬齊的孫女富察氏，未及成婚而亡。雍正八年五月，雍正帝命富察氏入王府守節，以弘晈之子為弘暾之嗣，承襲貝勒爵位。也就是說，允祥去世後，怡王府出現了一門一親王、一郡王、一貝勒、一貝子的局面，實在超過正常親王襲封的規格太多了。此外，允祥最小的嫡女被雍正帝收養，封為和碩和惠公主，其他成年的女兒無論嫡庶，也都封為郡主。

當然，這個鼎盛局面持續的時間並不長。乾隆初年，允祥一系因為弘皙逆案受到打擊，地位

3 胤禛：《和碩怡賢親王祭文》，《世宗憲皇帝御製文集》卷二十。

有所下降，這一點我們放到後面再來細說。

「九王」中，除了允祥地位有大幅提升外，廢太子允礽和皇長子允禔的狀況和康熙後期差別不大，仍然處在幽禁狀態。其中大阿哥允禔在囚禁了二十六年之後，於雍正十二年十二月病故，終年六十三歲。雍正皇帝下旨將他按照貝子的規格辦理後事，並將其子弘昉封為鎮國公，延續這一支的爵位。

廢太子允礽的囚禁狀況要比允禔複雜得多。因為當過近四十年太子的特殊地位，二次被廢后，朝中仍然有復立允礽為儲的呼聲。作為父親的康熙帝舐犢情深，不忍心虐待被廢的太子，仍然給予他較為優厚的生活條件，且寵愛其子弘皙，這也給大家留下了很大的想像空間，所以朝野時有傳言，認為康熙帝會復立允礽，或是像朱元璋那樣隔代傳位，直接立弘皙為嗣君。而允礽自己也沒有死心，於是出現了借福晉生病，透過太醫傳遞消息，請求保舉其為大將軍的礬書事件。

前面曾提到，皇三子允祉有爭儲之心，心腹陳夢雷曾替他找術士求神拜斗，其中一個計畫，就是祈禱康熙帝不要把廢太子和大阿哥放出來。允祉爭儲的優勢在於按照嫡長子繼承制「依次當立」，如果允礽等人放出，他的優勢就自動喪失了。至於胤禛，雖然二廢太子後就有奪嫡之心，但他本人一直非常低調，盡力和各方保持良好的關係，以求擊而不中，退身有術。他和允禩集團本來關係緊密，和允祉關係也不算壞，唯獨和廢太子允礽結下過撕破臉的矛盾。康熙末年，胤禛和前太子黨成員允祥成為盟友，從最功利的政治投機角度講，如果說允祥因為痛恨允祉，又無法融入允禩集團而必須支持胤禛，那麼胤禛結好允祥，想必也有與太子黨搞好關係，避免允礽再次復立的考量。

當然，朝野的猜測歸猜測，康熙帝確實沒有再次復立允礽的意思，且對太子黨的殘餘勢力防備甚嚴，甚至殺掉了建議復立允礽為太子的翰林朱天保。康熙五十七年，康熙皇帝在昌平州鄭家莊（今鄭各莊）一帶修建行宮、王府、城牆和駐軍營房，作為京北防禦重鎮，並準備在建好後派一名皇子移駐此地。雍正帝即位後透露，康熙帝此前有讓二阿哥移居鄭家莊之意，「因無明旨，朕未敢擅自辦理」。諸皇子中，康熙帝對允礽感情最深，寄予的希望最大，挫敗感也最強。康熙帝不願意再度復立允礽為太子，讓他繼承皇位，但也不忍心以傷害他為代價，打消一些投機分子的覬覦之心，更怕自己身後他會被人利用搞出亂子，所以每每寓憐憫關照於疏離猜忌之中，並告誡其他皇子：「二阿哥斷不可放出。」

康熙帝駕崩後，允礽的希望和怨念都隨之灰飛煙滅，身體也變得衰弱。雍正帝即位後，將允禩集團定位為主要鬥爭對象，礙於此前的名分和康熙帝生前的態度，對允礽一家則比較客氣、優待。雍正二年十二月，允礽病重，雍正帝派隆科多帶領太醫前往探視診治，病故後追封為理親王，諡號「密」。雍正帝親往弔唁，又派弟侄輩多人穿孝，喪葬費用均由內府出資。

允礽去世時正值隆冬，又逢大雪，諸王大臣建議雍正帝不要親自到五龍亭停靈處祭奠。雍正帝陳述了一番愷切之詞後，告訴眾人，允礽臨終留有遺言：

> 臣當日與皇上雖無好處，亦無不好處。臣得罪皇考，係大不孝之人，應將臣棄置不問，乃蒙皇上種種施恩甚厚，臣實感戴靡涯。臣今福薄，病已至此，安敢虛言。前若賜臣二寸白紙一條，豈能延至今日乎？識者自必知之。荷蒙聖恩，別無他願，冀得生存而已。[4]

允礽的遺言，出自代表雍正帝去看望他的隆科多的轉述，更多體現的是雍正帝試圖讓允礽表達的意思，而不一定是允礽的本意。此處所謂「臣當日與皇上雖無好處，亦無不好處」，顯然是針對一廢太子前兩人的矛盾而言，而後面的知恩感激之語，既表達了有罪的前太子對新君的臣服擁戴之意，又凸顯出雍正帝大度、孝悌的君主美德。允礽臨終的這番話，後來成為雍正帝駁斥曾靜「弒兄」說的重要憑據。

雍正年間，允礽的子女也得到比較好的安置。雍正帝即位次日，即封康熙帝最喜愛的皇孫、允礽側室所生之子弘晳為理郡王，命其居住鄭家莊王府，雍正八年五月又晉封為理親王。允礽的庶子弘㬢、弘晀被封為公爵，一些年幼的子孫如弘㷗、弘晥、永璥等，則被雍正帝養育宮中，以減輕弘晳的經濟負擔。此外，允礽的第六女被雍正帝收為養女，出嫁時封為和碩淑慎公主，也較同儕享有更高的政治待遇。

二、允禩集團的下場

雍正帝即位後，「九王」中允祉、允禩、允禟、允䄉、允禵五人都受到嚴重的打擊，其中允祉遭受打擊的時間相對較晚，而允禩集團的四名成員則從雍正元年起即被列入政治清洗的目標。從康熙帝一廢太子起，允禩集團就是朝中最大的「山頭」，擁有數量最多、實力最強的支持者。在康熙皇帝的極力打壓下，雖然允禩本人失去了奪嫡資格，但代之而起的允禵青出於藍，以其顯赫的軍功，成為繼統呼聲最高的皇子，雖然一夜之間前功盡棄，但威望和能量仍舊不容小覷。

康熙帝駕崩當日，允禟在諸兄弟中表現得最為震驚、激烈，用雍正帝的話說：「非朕鎮定隱忍，必至激成事端。」而身在甘肅的允禵接到消息後，也非常激動，雖然只能獨自回京，卻大有怒氣沖沖、興師問罪之意。有傳教士記錄，允禵回京後就嚴斥隆科多，並要求看先帝的遺囑，經太后干預才作罷。此事雖然未必盡實，但也反映出當時宮廷中劍拔弩張的氛圍。雍正帝後來歷數允禵的罪行時說：

皇考賓天時，允禵從西寧來京，一路並不奏摺請太后安，亦不請朕安，反先行文禮部，問其

4《雍正朝起居注冊》第一冊，雍正二年十二月十五日。

到京如何行禮儀注。及在壽皇殿叩謁梓宮後，凡一切外來諸臣，即蒙古札薩克王公等，皆前近朕，抱膝痛哭，而允禵遠跪不前，毫無哀戚親近之意。朕向前就伊，仍不為動。彼時拉錫在旁扶朕，令伊近前，伊出，遽將拉錫罵詈。到朕前大肆咆哮云：「我本恭敬盡禮，拉錫將我扯拽，我是皇上親弟，拉錫乃擄獲下賤，若我有不是處，求皇上將我處分，若無不是之處，求皇上即將拉錫正法，以正國體！」其咆哮之狀，無禮已極。[5]

總而言之，在雍正帝即位的前幾個月裡，北京城的政治氣氛是很緊張的。作為九門提督的隆科多尤其繃緊了一根弦，雍正帝要去祭祀，他就聲稱怕是有刺客，要連供桌下面都搜查一遍；雍正帝去景陵送葬，他就奏稱「諸王心變」，建議嚴加防備。隆科多此時的角色，頗有些白色恐怖狀態下特務頭子的意思，不能不令人恐懼、厭惡。雍正帝大權穩固後，對他反戈一擊，未必沒有息眾怒、借人頭的意思。

對於自己即位而導致的諸王不服、朝野不靖局面，雍正帝在事前是有所預見的，即位後使用的策略也很有針對性。第一步：以穩為主，分而治之。

所以他登基後的第一件事，就是重用允禩，封他為親王，令其成為總理事務王大臣之首，主持中樞。正向些揣測雍正帝的意圖，大約是他想到允禩與自己一起長大，生母之間又頗有感情，允禩在康熙後期的處境並不好，本來已經沒有了即位的可能，新君登基，驟獲大用，說不定還有受到感化而改弦易轍的可能。另外，允禩的威望最高，性格也比允禟、允禵溫和，由他參與中樞決策，新君政令的推行受到的阻力或許會小一些。可惜，對於這樣的收買示好，允禩本人並不買帳，他的妻子郭絡羅氏也憤然對前來祝賀的娘家人說：「有何喜可賀？恐不能保此首領耳！」允禩夙有「懼內」之名，雍正帝後來對這位弟婦下手極辣，想必也是痛恨她對允禩立場的影響。

允禟、允䄉的利用價值沒有允禩那樣高，雍正帝對他們的處置策略自然也與對允禩不同。雍正元年上元節還沒過，雍正帝就先給允禩集團中最不重要的十阿哥允䄉派了個遠差。康熙皇帝去世後，年近九旬的外蒙古黃教領袖一世哲布尊丹巴呼圖克圖前來奔喪，不幸在京圓寂。老活佛在外蒙古歸附問題上立下頭功，又和康熙皇帝有深厚淵源，所以清廷要派出高級別的治喪團隊，將其靈柩送回喀爾喀草原。雍正皇帝藉著這個正大光明的機會，將十阿哥派了出去。允䄉對新君的排斥情緒很重，竟然在這樣維護「統一戰線」的大是大非上公然抗命，剛走到張家口，就兀自停滯不前，給人留下口實。

也是在雍正元年正月，雍正帝又以允禵已經回京，按照慣例，軍前不能沒有宗室王公為由，準備派九阿哥允禟到西北去。允禟也是軟磨硬泡，希望等康熙帝百日，或是入葬景陵後再走，但沒有得到允許。隨著西北局勢的變化，雍正帝又密令新任大將軍年羹堯，將允禟帶到西寧附近的

5《雍正朝起居注冊》第一冊，雍正三年二月二十九日。

小城西大通居住，並對其嚴密監視，令其將家眷也隨後搬去，無旨不得回京。

雍正元年三月，雍正帝帶領眾兄弟，將康熙帝的梓宮送到景陵安葬，安葬過程中，允禵與雍正帝又爆發了衝突。據雍正帝說：

梓宮奉移山陵時，朕令拉錫、佛倫傳旨，允禵倨傲不恭，且與拉錫、佛倫爭鬧，本不與允禩相干之事，而允禩從帳房中出，勸之令跪，允禵即跪。可見伊以朕旨為輕，惟允禩之言是聽，此即其明驗也。[6]

看到允禵如此桀驁不馴，與允禩的關係又這樣的堅固難解，雍正帝也顧不得一母同胞的特殊身分，直接告訴三兄允祉，準備將允禵留在景陵附近居住。不過因為雍正帝與允禵的生母皇太后駕崩，當年五月，雍正帝又將允禵召回北京，並勉強封其為郡王，但同時威脅說：「伊從此若知改悔，朕自迭沛恩澤；若怙終不悛，則國法具在，朕不得不治其罪。」

總而言之，雍正帝即位後的半年內，雖然坊間也有他逼凌弟輩的傳言，但壞人主要由隆科多充當，雍正自己還處在動心忍性、積蓄力量的階段。在這一階段內，他將允禩以高爵厚祿留在中樞，把允禟、允䄉以較合理的理由派出京城，對允禵的壞脾氣則以克制為主，試圖軟硬兼施，去其鋒芒。另外，對於允禩集團的其他重要成員，雍正帝也採取懷柔態度，甚至安排重要職務，比如讓和允禩關係較好的堂弟裕親王保泰管理理藩院，晉封蘇努為貝勒，任命鄂倫岱為都統、阿爾鬆阿為刑部尚書，等等。

到雍正二年春夏，雍正帝對允禩等人的態度急轉直下，由容忍中的小敲打，變得陡然嚴厲起來。一個重要原因是當年三月初的青海大捷。雍正元年，青海地區的蒙古和碩特部首領羅卜藏丹津自立為汗，且向西寧城周邊地區大舉進兵，雍正帝任命舊邸門人年羹堯為撫遠大將軍，短時間內用較小代價就平定了叛亂，立竿見影地驗證了——在青藏地區打仗，不是非十四阿哥允禵不可。

年羹堯青海大捷的消息傳到北京，恰逢康熙帝安葬景陵後的第一個清明，雍正帝正帶領王公大臣在景陵祭奠。得知這個消息的雍正帝欣喜若狂，立即向躺在陵寢裡的乃父進行「彙報」，並以前所未有的禮節，「著黃布護履，躬自負土，膝行至寶頂，跪添土畢，匍匐退行」。即親自在陵丘上匍匐跪行，擔送新土，為康熙帝行「敷土禮」。如此孝行、如此大功，昭示著雍正帝的皇位從此無可撼動。

被一場大捷撐硬了腰桿的雍正皇帝一回到北京，就開始狠狠敲打允禩，他直接提到了康熙五十三年的「斃鷹事件」，準備把康熙帝怒斥允禩謀逆，要和他恩斷義絕的上諭「傳示諸大臣」。經允禩一再哀求，懇請「免其宣示，以全顏面」，才予以作罷，但讓宗人府和內閣將諭旨收藏起來，

6《雍正朝起居注冊》第一冊，雍正三年二月二十九日。

只要允禩有個風吹草動，就拿出來公開傳閱。

四月，雍正帝將不肯前往外蒙古送哲布尊丹巴呼圖克圖靈柩，在張家口住了幾個月的敦郡王允䄉革去王爵，調回京師，永遠拘禁。這使允䄉成為雍正朝第一個遭受重處的皇子。允䄉的囚徒生涯一直持續到雍正帝去世，乾隆帝即位後，他被解除圈禁，改為在家閒居，乾隆二年給予輔國公空銜。乾隆六年九月初九日，允䄉在家中病逝，按照貝子禮儀安葬。

七月，雍正帝不顧允禵福晉已經患病，執意派他到景陵守靈。至此為止，允禩、允禟、允䄉、允禵四兄弟，被各自隔絕起來，再也沒有彼此見面的機會了。

在這一階段內，雍正帝利用允禩等人分居異地、相互之間信息隔絕的便利，對其進行分化瓦解，特別是利用允禩身居中樞的地位與較為柔懦的性格，點名讓他主辦關於允禟、允禵、允䄉等人的事務，以此降低他在團隊中的威望。譬如康熙末年，雖然允禵的奪嫡呼聲遠遠高過允禩，但他仍然奉允禩為「黨首」，對允禩頗為信服、順從。雍正帝即位之初，允禵每每在公開場合大吵大鬧，而一經允禩勸說，就安靜下來，讓自己的親哥哥雍正新君頂沒面子。允禵被安置遵化守陵後，時時處在馬蘭峪總兵范時繹的監視之下，和允禩等人的溝通管道被完全切斷。雍正二年八月，允禵的福晉完顏氏病故，允禵本擬按照喇嘛教的辦法，將福晉的骨灰安放在自建的木塔中，但被雍正帝以不合禮制否決，重新擬定喪葬標準，交給允禵閱看。允禵認為標準過低，大不滿意。雍正帝即告訴允禵：現在這個安排是跟你關係最好的允禩和拉錫提議的，他們說你身為罪人，妻子身後的禮儀應該降低，這可不是朕的主意。隨後就將允禩等人的奏摺寄給允禵看，並自行提高了允禵福晉的喪葬等級。事實上，按照當時的制度，哪怕允禩、拉錫作為喪葬標準安排的提議人，其意見也要上奏經雍正帝批准，才能成為定議，發給允禵。如果雍正帝認為所擬過低，上奏時即予指出、修改，才是順理成章。顯然，他是有意將允禩等人的「不夠意思」告訴允禵，以收離間之效。當然，如果允禩等人一開始就擬以較高標準，而不留下「恩自上出」的餘地，則必定要被指責為結黨庇護允禵、施恩買好。總之，雍正皇帝占據信息最優位置左拉右打，讓允禩等人洋相出盡，毫無還手之力。

雍正三年三月，新君為康熙帝守完了二十七個月喪期，這個節點在雍正帝處理允禩等人的問題上非常重要。第一，喪期結束，意味著皇帝可以完全獨立地處理政務，四位總理事務王大臣的任期也就結束了。因為允禩沒有像允祥一樣被任命為議政大臣，他在權力中樞不再擁有位置，只剩下管理工部事務這項具體的差委。時值四位總理事務王大臣卸任之際，雍正帝發布長篇諭旨，對他們二十七個月的工作進行評價，其中對允祥的評價最高，並想給予他「加封一子為郡王」的超規格獎勵：經允祥極力請辭乃免；對隆科多、馬齊也有所獎勵：隆科多賞給世襲一等輕騎都尉，馬齊賞給騎都尉；至於允禩，則斥其「諸事推諉，無一實心出力之處，無一有裨政治之言。且懷挾私心，遇事簸弄，希冀搖動眾志，攪擾朕之心思，阻撓朕之政事」「有罪無功」，予以全面的否定性評價。

第二，喪期結束，意味著雍正帝打擊兄弟、近親屬的道德壓力減小了。儒家有所謂「三年無改於父之道」之說，父親喪期之內就迫害手足，無論理由多麼正當，道義上也說不過去；喪期之外，就要心安理得多了。

第三，在這一時間點前後，此前煊赫無比的年羹堯、隆科多二人，開始與雍正帝反恩為仇。雍正帝在京利用隆科多壓制允禩，在西北利用年羹堯先挾制允禵、再監視允禟的策略發生變化。這也就意味著，允禩集團給雍正帝帶來的政治壓力已經逐漸退居次要位置，可以憑藉君主的權威輕鬆對付，而不再需要借力打力、假手於人。

所以大致從雍正三年夏秋起，雍正帝對允禩集團吹起總攻的號角。雍正三年七月，雍正帝先將允禟貝子革去；十二月，將允禵郡王革去，降為貝子。雍正四年正月，將允禩、允禟削宗籍，將允禩之妻革去福晉，休回外家；二月，命將允禩高牆圈禁；三月，允禩自改名為阿其那，其子弘旺改名菩薩保；四月，允禟被從西寧押送回京，中途奉旨，留於保定禁錮；五月，將允禵革爵囚禁景山壽皇殿，允禟改名為塞思黑；六月，定允禩大罪四十款，允禟大罪二十八款，允禵大罪十四款；八月二十七日，允禟在保定監所內死亡；九月初十日，允禩在北京禁所內死亡。

在這段時間內，允禩、允禟二人也有一些掙扎反抗的跡象，但比起雍正帝的咄咄逼人，則顯得非常微弱，近乎撒氣、洩憤，而缺乏實質意義。比如允禟面對新的看管者都統楚宗，表現得傲慢而冷漠，並不出迎請安，並無憂懼之容，聆聽諭旨也不叩頭，還頂撞說：「諭旨皆是，我有何說，我已欲出家離世，有何亂行之處？」他在西寧和傳教士穆經遠偷偷往來，並且發明了一種用拉丁文轉寫滿文的新文字，用以書寫密信，和住在北京的兒子弘晹聯絡消息。但計畫才剛剛施行，就被守衛京城的步軍衙門官兵抓個正著，而後被雍正帝稱之為「敵國奸細之行」，定以重罪。另外，允禟在西寧居住時，攜帶了很多現銀，出手非常大方，在當地的商人、百姓中口碑很好，不少人對他的政治失意報以同情之心。允禟曾經救助過一個叫令狐士義的山西籍貧民，他被革爵軟禁後，令狐士義到其住處投書，說要邀結山陝兵民造反，以救允禟。允禟對令狐士義採取保護態度，並未向看守之人報告，但同時也告訴他：「我們弟兄沒有爭天下的道理。」當然，從檔案記錄上看，無論這位令狐士義還是後來勸反允禵的蔡懷璽，其行為都並非寄託於軍政實力，而頗多孤膽英雄式的妄誕，和曾靜遊說岳鍾琪的性質相近，沒有一點兒撼動現實政權的可能。

允禩在面對雍正帝的當面質問時，急火攻心，賭咒發誓，有「若有虛言，一家俱死」的說法，這就被雍正帝抓住了把柄。所謂「一家」，可大可小，稍微擴展一點兒，就把皇帝和其他宗室成員都牽扯在內。所以雍正帝說他是自絕於天、自絕於祖宗、自絕於朕，為宗姓所不容。另外，允禩在受到重大打擊，特別是被迫和妻子離散之後，心態非常頹廢，每天在家裡酗酒買醉，他的婢女白哥勸諫他，想讓他到雍正帝面前認罪、乞求原諒，允禩拉不下面子，憤然說：「我丈夫也，豈因妻室之故而求人乎？」眼看著主人走上不歸路，對允禩頗有情意的白哥含恨自縊，這件內宅私事後來也被人揭發出來，成了允禩的一樁罪過。

至於雍正帝給允禩等人所定的罪名，乍看起來，都頗能引發讀者的想像，而一旦讀到其供狀原檔，則會有另外的觀感。允禟罪名中，有「既到西寧，寄書允䄉，內稱『事機已失，追悔無及』。逆亂之語，公然形之紙筆」，給人的感覺是允禟、允䄉二人憤恨康熙帝駕崩之日事機不成，始終憤憤不平。而翻檢其書信原文，體會其本意，則是二人互相寬慰勸說，表示當時的機會已經失去，後悔也沒有用，以後不必再做無謂之爭。[7] 再者允禟罪名中有他的兒子弘晹把他的話稱作「旨意」一條，彷彿弘晹背地裡要擁戴允禟做皇帝似的。其實「旨意」一詞出自弘晹給自己老師佟保的信，所談不過家常事務，其中提到，「余尊敬師父，就似遵照阿瑪之旨意一樣」。[8] 那封被雍正帝斥為「敵國奸細之行」的密碼信，內容也是父子間關於瑣碎家務的討論，跟政治沒有絲毫關係。

總而言之，允禟的所有罪證，在形式上或有詭祕、僭越之處，但在內容上並無違礙，更談不上與雍正皇帝進行政治對抗。這表明，第一，在極端複雜、高壓的政治環境中，允禟與親屬、同黨的信息溝通，始終保持著康熙後期的地下、半地下狀態，這一點和他的四哥胤禛並沒有區別——胤禛做皇子時，也曾對屬下人戴鐸用特製雙層夾板書匣子送密信的做法表示讚賞，即位以後，更是始終鼓勵密摺政治。第二，進入雍正年間後，允禟等皇子或高級宗室，仍保持著康熙年間的生活方式，他們之於親人、府屬旗人的權威，與皇帝之於臣民並無二致，這在他們本身不過慣性使然，在定罪時卻成了小辮子，被雍正帝一抓一個準。而雍正帝在八旗內部「化家為國、化主為君」的改革過程，也正是與這些抓小辮子的手段相伴而生、相輔相成的。第三，值此人為刀俎，我為魚肉之際，允禩、允禟雖然兀自保持皇子的自尊，不願做搖尾乞憐的奴相，但終究秉持了愛新覺羅家族政治鬥爭中失敗者的傳統底線，抱定成王敗寇的心態，不做殊死搏鬥。這也是清初滿洲上層雖然屢屢發生殘酷的權力再分配，卻總能在整體上保持團結，維持政權穩定性的重要原因。雍正帝從他們身上找不到什麼真正「謀逆」的行動和謀劃，甚至遠不如戴鐸對自己說過的，跑去臺灣「屯聚訓練，亦可為將來之退計」這樣的話露骨，所以只好從形式上加以責難，總歸到了這個時候，也再沒有人敢做仗馬之鳴了。

雍正四年八月底、九月初，允禟、允禩二人先後瘐死獄中，雍正帝稱之為「伏冥誅」，而後人則多懷疑二人是否正常死亡。關於這一點，雍正帝與直隸總督李紱就看守允禟一事的往來奏摺、硃批上，有一些直觀信息。李紱是康雍時期的名儒，雍正初年，他的地位上升很快，到雍正四年前後，已經進入了一個比較核心的政治圈子。李紱在奏摺中提到，雍正四年四月，他進京陛見之餘，與大學士張廷玉，尚書蔡珽、法海，都御史傅敏，總督高其倬等人首先倡議公疏糾參允禩、允禟等人，可見在對待允禟的問題上，李紱是立場堅定的急先鋒。雍正帝沒有把允禟押解京師，而是放在保定，交給李紱看管，是篤定李紱不會對允禟稍做「寬徇」的。作為一個與皇家沒什麼交集的漢臣，受命看守政治鬥爭落敗的皇子，這在清代中前期的背景下，是很罕見的事情。

7 允禟滿文書信，雍正朝（無具時），中國第一歷史檔案館藏。
8 弘暘滿文書信，雍正朝（無具時），中國第一歷史檔案館藏。

所以李紱得到指示後，頗有些受寵若驚、用力過猛。一個很有意思的例子，是他在接到侍衛納蘇圖傳達的口諭後，立刻飛檄由陝西到京的沿途各州縣，要求州縣官們如果遇到允禟過境，就差人祕密送到保定。雍正帝看他這樣大張旗鼓，自己就嚇了一跳，又不便批評李紱，只好說是侍衛帶錯了話：允禟自然有專人押送到保定，你準備好看押地點就行了，不是讓你把他「擄」來，趕緊把你派出去傳話沿途各州縣的那些人叫回來吧，太聲張了！[9]

允禟到保定後，住在總督衙門前的小房子裡，由專人看守，手腳上戴著鐵索，吃的是罪人飲食，用可以轉動的鐵桶從小門送飯。其時正值盛夏，平日裡養尊處優的允禟在這樣的環境裡生活，其痛苦程度可想而知。李紱將這些安排向雍正帝細緻彙報，雍正帝逐條給予批示。比如李紱提到，給允禟的飲食與牢獄重囚絲毫無異，雍正帝即批：「又太過矣，不過粗常茶飯，不必加意供奉就是了，總以折中，乃朕之意。」李紱說允禟中暑昏厥，家人用冷水噴漬，很長時間後才甦醒。雍正批曰：「此即汝被愚處，未聞死而復活者。」至李紱說看允禟現在的狀況，恐怕難以久存。雍正帝則批道：「但從他，一點有為，萬萬使不得！使不得！」綜合幾次硃批的表述來看，雍正帝希望李紱對允禟嚴加看守，不要有絲毫憐憫，像囚犯一樣對待是可以的，但也不必過於虐待，最好讓他自生自滅。事實上，這個度是很難把握的，特別是對從無看管宗室犯人經驗的漢臣李紱而言。站在他的角度，寧嚴勿寬，恐怕是唯一的選擇。根據李紱的系列奏報可知，允禟五月十五日到保定，其時飲食如常；七月十五日開始有腹瀉之症；八月初九以後飲食甚少，形容衰瘦，言語恍惚；八月二十五日病危，呼喚不應；二十七日身故。允禟在保定一共關押了近三個半月時間，終年四十四歲。

與允禟相比，允禩因為囚禁在京，所以留下的直接材料不多。按照其子弘旺的記載，他從雍正四年二月起被關押在一個叫姜家房的地方，最後死在那裡。允禩被圈禁後，憤懣異常，曾向看守太監說：「我向來在家，每餐止飯一碗，今飯加二碗。我斷斷不願全屍以歿，必使見殺而後已。」到八月底，允禩患上嘔症；九月初病勢加劇，不能進食；九月初十日去世，終年四十六歲。

相對於允禩、允禟而言，允禵的結局稍好，這當然與他是雍正帝的一母同胞有關。雍正帝給允禵的硃批中，屢次提到「太后額涅」勸他戒酒，讓自己予以關照、教導，雍正帝對允禵再戒備不滿，也不能完全不顧及母親的心意。而更重要的，是允禵的「認罪態度」甚好，雍正四年以後，幾乎到了哀憐乞恩的地步。中國第一歷史檔案館現存有允禩、允禵等案的滿漢文檔案包，內裡包括涉案奏摺、供單，以及文字證據，如允禟創造的密碼信等，其中僅允禵的認罪奏摺，就有十餘件之多，口氣十分卑微。如其中一折有請求回京之意，稱：

臣允禵謹奏，為請天恩事。臣從前愚昧，泯滅大道，一切所行非是之處，實不可勝數。因而

9《文獻叢編》第二輯，允禩允禟案（李紱奏），第五三、五四頁。

主子（將臣）置之國法，治何等之罪，亦不及臣先前所行之罪。而主子似天一般包容，總將臣之罪寬免，還施深厚之恩，臣實感欽服，於主子恩典感戴不盡，何敢除此之外，再求殊恩。然，臣離開主子將近三年，即使人養一犬，（犬）尚知搖尾矣。臣受主子恩典，即使如何愚蠢，得無似犬一般待主、戀主之情乎。每每思及此處，實是睡不能安眠，食不能下嚥，怎樣做，才能感主子一向仁厚之情，得以改過，重見天日。反覆思及，亦已全然不得一路。古人云：「阿瑪生身，主子養身，非阿瑪不能生身，非主子不能養身。」現臣不得主子憐養，如何生於人世。惟萬次叩首請求，主子將臣先前之罪拋卻，洞悉（臣）似犬馬一般戀主之情，賜臣一條新路，尚得於萬歲聖誕之日、年節吉禮之時，無數次瞻仰主子聖容，得蒙學習，與眾人一道於金階下行禮，得盡君臣之禮。若果如此，臣即使萬死，於九泉之下亦領主子無窮之恩。若否，臣枉生於世，比之犬馬亦不如矣。為此害怕畏懼，臣盡吐所思，謹奏以請天恩。所請之事，求聖主明斷。[10]

允禵年輕時一向以剛強、直率著稱，剛從西寧返回北京時，對新君的態度也最為強硬。但隨後發生的事，讓他一步步走向絕境。先是太后駕崩，允禵失去宮廷中最重要的倚仗，也失去了和四兄的共情基礎與溝通管道；緊接著年羹堯青海之戰迅速告捷，自己在西北軍事上的不可替代性蕩然無存；再往後則是允禩、允禟、允䄉，乃至隆科多、年羹堯等勢力紛紛遭到瓦解，多年的親朋好友、老部下各自身敗名裂，自己成了雍正帝有待攻克的「最後一塊堡壘」，已經被逼到了四顧茫然、退無可退的境地，前半生順風順水的允禵再也撐不起大將軍王的架子了。雍正四年三月，有旗人蔡懷璽到景陵附近允禵的住所求見、投書，信內有「二七變為主，貴人守宗山，以九王之母為太后」等字樣。允禵主動將書信交給了看守他的馬蘭峪總兵范時繹，做法與允禟之於令狐士義迥異。

堂堂大將軍王，在雍正改元僅四年後，就被同母兄長的淫威、八九諸兄的慘況嚇丟了魂，卑微乞憐以至於斯，旁觀者不能不感慨嘆息。至於雍正帝，則不能不志得意滿，所以他雖然沒有讓允禵恢復自由，但在雍正四年五月把他從景陵帶回北京，圈禁在景山壽皇殿，居所條件相對寬鬆、舒適。乾隆帝即位後，馬上解除了允禵的圈禁狀態，讓他回家居住。乾隆二年給予公爵虛銜，乾隆十二年封為貝勒，照常上朝，次年晉封多羅恂郡王。乾隆二十年，允禵病逝，諡號恂勤郡王，享年六十八歲。「九王」中，壽命較長的允禵、允禔、允䄉三人，都經歷了長期的囚徒生涯，卻並沒有過分影響身體健康。由此亦可知，允禩、允禟囚禁數月即死，當與格外糟糕的囚禁條件有密切關係。

除了允禩、允禟等四個親兄弟外，雍正帝即位後的前四年裡，還對允禩集團的主要成員，以及同情他們的王公大臣予以打擊。宗室中如裕親王保泰、簡親王雅爾江阿、平郡王納爾蘇均遭革

10 允禵滿文奏摺，雍正朝（無具時），中國第一歷史檔案館藏。

爵；允禩福晉的外祖父安親王一支停止襲爵；貝勒滿都護降為鎮國公；貝勒蘇努和他的十幾個兒子，以及家屬，都被發配山西右衛或其他地方禁錮。蘇努一家虔誠信奉天主教，是以他的政治活動與晚年遭遇，在傳教士筆下往往被描述成殘酷的宗教迫害，且與雍正初年的禁教活動緊密相連，這種說法顯然過於高估了天主教活動在當時雍正朝政治中的重要性。

康熙朝的兩大外戚——佟氏家族的鄂倫岱和鈕祜祿氏家族的阿爾松阿，都先被發配盛京，然後處以斬立決的極刑。允禟的岳父，雍正年間故去的都統七十，被戮屍揚灰，其子斬監候。而康熙年間就已經蓋棺定論，給予美謚的阿靈阿、揆敘，則被翻出舊帳，雍正帝自稱與此二人有不共戴天之仇，對他們極盡羞辱，將阿靈阿的墓碑改為「不臣不弟暴悍貪庸阿靈阿之墓」，揆敘墓碑改為「不忠不孝柔奸陰險揆敘之墓」。再如允禩等人的老師、滿人大學士徐元夢，也因為勸諫雍正帝顧念手足之情，而被革職折辱。當然，按照滿洲上層約定俗成的傳統，這些宗室、勳貴世家中的政治鬥爭失敗者，大都罪止於身，最多累及本人的妻、子，對其家族整體地位的影響並不很大。

三、允祉獲罪

除了允禩集團的幾個皇子外，作為康熙末年的皇位競爭者之一，允祉在雍正年間也受到很大的壓力，不過實力有輕重之別，矛盾有主次之分，雍正初年，雍正帝的主要精力是對付勢力最大的允禩集團，對允禵採取小敲小打、避免正面衝突的策略，等到皇位穩固以後，再集中發難。

雍正帝即位後，馬上任命允禩、允祥為總理王大臣，參與機務，另外，還陸續任用十二阿哥允裪、十六阿哥允祿、十七阿哥允禮、裕親王保泰等兄弟、堂兄弟管理部務，但對在康熙年間已經有較充分參政經驗的允禵未做安排。據雍正帝說，允禩曾經推薦允禵總理事務，被自己拒絕了。從政治傾向上看，雍正帝不喜歡允禵，不願意讓他參與政務，是顯而易見的；從技術層面看，弟弟使喚哥哥做事，哪裡不滿意了，說也不好說，罵也不便罵，恐怕也在考慮之內。

除了不對允禵本人予以重用外，雍正帝即位伊始，還馬上逮捕了允禵的心腹、替他求神問卜的大學者陳夢雷，將其父子發配黑龍江。雍正帝在針對此事的上諭中特別提到，「皇考遺命以敦睦為囑，陳夢雷若在誠親王處，將來必致有累」，並不避諱處置陳氏，即是針對允禵的動作。雍正二年十一月，雍正帝將允禵的嫡長子弘晟革去世子爵位，貶為閒散宗室，交給其父管束。不過這裡要說明一下，雍正帝看諸王嫡長子不順眼，並非僅針對允禵一人，而是帶有普遍性的，我們在後文會具體講到。總而言之，雍正初年，雍正帝對允禵本人尚屬優容，但對他的左右近親，已經著手翦除了。

然而從允禵的角度來看，雍正帝對允禩集團的酷烈打擊，給他的刺激是很大的。允禵和允禩等人的感情原本泛泛，很大程度上也是競爭對手，但在雍正帝打擊允禩集團的過程中，允禵一度流露出同情之意。譬如允祉與十阿哥允䄉本來關係不佳，雍正帝誇張地稱其為「仇怨最深」，但是允祉奉旨搜查允禟給允䄉的書信時，發現內有「事機已失，悔之無及」之類違礙字眼時，就想隱匿起來，對二人稍加保護；再如允禩被革去郡王爵位時，允祉亦當眾嘆息流涕，有兔死狐悲之嘆。雍正四年二月初七日，雍正帝命諸王就如何處置允禩的問題現場表態時，作為宗室中年輩、爵位最顯赫者，允祉的態度又有所遲疑，這讓雍正帝疑心頓起。不過，用雍正帝的話說，允祉終歸是個「心膽尚小」之人，他很怕被扣上允禩一黨的帽子，事後趕緊到圓明園請求面見雍正帝，被拒後寫下兩份密奏，發誓自己絕無與允禩串通之事，絕非允禩、允禵同黨，絕對忠於皇帝，又特別強調：

> 允禩所犯之罪，應予正法，削除宗籍。主子如此決斷以來，未曾降旨，是以允祉並不知曉。今將殺允禩之過落於我身，我情願承受，主子說我是允禩同黨，我也接受。主子聖明，且有上蒼為鑑，我若撈取聲名，與外人胡言亂語，即讓我如允禩一樣承受苦難。臣允祉乃一奴才，忝為人兄，竟敢如同主子之手足。主子如何想，諭旨如何言，我就如何遵照而行。此外再無他言。伏乞主子閱訖批還。若無主子聖明奇恩，我豈能存活至今。

雍正帝見此，志得意滿，回覆說：

朕含淚閱之，大為讚賞。阿哥誠能如是，朕有負爾矣！皇考在天之靈，必有明鑑。此是朕一片苦心。只是阿哥原本善於說謊哄人，容忍一切異端，朕稔知此情，懷疑憎惡是實。朕若即稱相信，實為欺騙上蒼，爾若執意騙朕，即是悖逆於皇考。日月長久，試（拭）目以待！阿哥果能如此，不僅多有爾主子弟弟的好日子，朕之福份（分）也才全備。身為親兄，宜倍加謹恪。又，允禩之心及其所行，皇考神靈與上蒼俱已睿鑑。或殺或養，朕未降旨，亦無必行正法或必予寬恕之念，豈有靠爾阿哥之名殺弟之理？阿哥惟須持大體，恪守為臣之道，朕或有措置。欣喜閱之，暢快之至，感激不盡！[11]

可見在雍正帝意中，允禩殺與不殺，需出己斷，但允祉作為眾兄弟之長，明確表態要殺，是必須的，模稜兩可就是黨同包庇，後果自負。但是到雍正八年允祉獲罪時，雍正帝卻說：「（允祉）密摺奏稱：『阿其那、塞思黑等不忠不孝、罪惡滔天，若交與我，我即可以置之死地』等語。朕諭之曰：『阿其那等罪惡當誅，自有國法，生死之柄，豈爾可操？爾此奏不知何心？』蓋允祉之意，欲暗置阿其那等於死而不明正其罪，使天下後世議朕之非。」[12]翻雲覆雨，以至於斯。

11 轉引自楊珍《滿文密摺所見誠親王允祉與雍正帝胤禛》，中國社會科學院歷史研究所編《第一屆中日學者中國古代史論壇文集》，中國社會科學出版社，二〇一〇年版。

12 《雍正朝起居注冊》第五冊，雍正八年五月十九日。

除了允禩等人的事讓允祉提心吊膽外，雍正初年的清理國庫虧空事件也涉及他。雍正帝即位以後，委託允祥把戶部、會考府一肩挑，在中央地方各級衙門大搞清理虧空運動，整頓財政與整肅官吏相結合。康熙年間，允祉主持過很多重大文化活動，花錢不少，其中不乏帳目混亂、經費騰挪之類的事。雍正帝即位之初的主要攻擊目標是允禩集團，並不想太與允祉為難，所以分兩次給予了他十五萬兩白銀，做彌補虧空之用。但允祥與允祉本來矛盾很深，是以允祉三天兩頭受到戶部或是本旗催債官員的騷擾，今天幾百兩，明天幾千兩，想必態度也不會十分恭敬。允祉對此很是不滿，多次向雍正帝抱怨，後來也成為他「怨忿不平」的罪證。事實上，允祉與允祥的矛盾在雍正年間是比較公開化的。允祥在雍正朝是個大忙人，過於勞累以至於常常生病，雍正帝總是把這些事告訴允祉，唸叨允祥如何辛苦，在家賦閒的允祉就表現得淡漠而不屑，「置若罔聞，總未一答」。失意者對得意者這樣的態度，幾乎是人的本能反應。得意者忙碌本是求仁得仁，硬要失意者由衷讚美，恐怕有些強人所難。

到雍正六年（一七二八年），允禩集團，以及年羹堯、隆科多等重要勢力都被清算完畢，雍正皇帝大權獨攬，對允祉這樣二線競爭者的容忍度就變得越來越低了。當年二月，允祥領銜參奏允祉：「將伊應追詐贓之項妄瀆聖聰，支離強辯。自稱皇上之兄，狂肆無禮。又將辦理公務之王、大臣痛加訶詆，毫無忌憚。悖理營私，罔顧大義，請敕下宗人府嚴加議處。」[13]事情的起因是允祉勒索王府屬人蘇克濟銀兩，康熙年間這在諸皇子王公中是常態，雍正帝即位後，極力剝離諸王與所屬外八旗旗人的主屬關係，更不准許有要錢要物等勒索之事。是以這件事被管理鑲藍旗旗務的果郡王允禮抓住參奏，搞得允祉很是難堪，甚至當著雍正帝的面大罵比自己小二十歲的弟弟允禮，並自稱「皇上之兄」，責難允禮辦事刻薄，目無兄長。於是就有了允祥等人參劾之事。前面提到，雍正帝處理允禩集團時，允祥甚至沒有公開表態，但在打擊允祉時卻親自出馬，足見其力度之大。當年六月，經過宗人府議奏，允祉被從親王降為郡王，撤去四個佐領，取消朝會入班的資格，其嫡長子弘晟更是被拿交宗人府，嚴行鎖禁。在此期間，允禮被從果郡王晉封為果親王，成為宗室中權勢僅次於允祥的人物，這其中當有打擊允祉有功的因素。

就在允祉被降爵的前幾天，他和陳夢雷花費二十年心血編纂的大型類書《古今圖書集成》刻印完畢，進呈御覽。《古今圖書集成》按用紙的不同分為兩個檔次，高級的是棉紙書，共十九部；差一些的是竹紙書，共四十五部。棉紙書分別賞賜給了雍正帝認為最重要、最親信的宗室成員和內外重臣：怡親王、莊親王、果親王、康親王、福惠阿哥、張廷玉、蔣廷錫、鄂爾泰、岳鍾琪每人一部。竹紙書賞給次重要的王公大臣：誠親王、恆親王、咸福宮阿哥（康熙帝幼子）、元壽阿哥（弘曆）、天申阿哥（弘晝）、勵廷儀、史貽直、田文鏡、孔毓珣、高其倬、李衛、王國棟、楊文乾、朱綱、嵇曾筠每人一部。雍正帝任命的總纂官蔣廷錫得到棉紙本，而允祉只得到竹紙本，

13《雍正朝起居注冊》第三冊，雍正六年二月初二日。

已經獲罪的陳夢雷更是無從談及。兩件事情疊加，對允祉的打擊之大可想而知。雍正六年九月，雍正帝最喜愛的小兒子福惠夭折，雍正帝為之大辦喪事，以親王禮葬，而允祉「欣喜之色倍於平時」，未嘗不是一時怨氣所致。

雍正六年十一月，曾靜案發，受到「弒兄屠弟」指責的雍正帝顧慮輿論影響，暫停了對允祉的打擊，並於雍正八年二月恢復了他的親王爵位。不過形勢在當年夏天發生陡轉。五月初四日，怡親王允祥去世，雍正帝本人的身體狀況和精神狀態也到了非常糟糕的程度，允祥的喪儀規格遠遠超過一般的親王，最重要的是，雍正帝專門派人到喪禮現場監督，用朝鮮人的話說：「皇帝於十三王之喪，哀慟非常。弔其喪，哀哭者增官，哭不哀者罰之云。」在身患重病到了要留遺囑地步的雍正帝看來，敢在允祥的喪禮上表現出不恭敬、不哀痛的人，怕是自己死後也敢翻「變天帳」吧。

其時正值炎夏，天氣酷熱，繁複的禮儀活動難免令人懈怠叫苦。但監督者的耳目無處不在，喪禮上王公大臣們的一舉一動都會向雍正帝做出彙報，包括某人在聚集處躺臥、某人坐姿不雅、某人用帽子搧風、某人用了有花的墊子、某人遲到早退、某人違例剃頭、某人送靈時沒有步行而是騎了馬，等等。[14]其中表現尤為怠慢的，像貝勒滿都護等，都被雍正帝公開點名痛斥。到五月十二日，總理喪儀的莊親王允祿、內大臣佛倫抓到一條大魚——聯名參奏誠親王允祉，說他「當皇上親臨回宮之後，遲久始至，迨宣讀皇上諭旨之時，眾皆嗚咽悲涕，而誠親王早已回家。且每日於舉哀之時，全無傷悼之情，視同隔膜，請交與該衙門嚴加議處」。

雍正帝就此發布長篇上諭，歷數允祉的罪過，不但包括他在允祥病逝一事上「以弟兄手足之情乃幸災樂禍，以怡親王之薨逝深為慶幸」，還涉及此前數十年的種種「歷史問題」，包括他在康熙年間如何覬覦儲位，在雍正年間對允禩、允禟等人如何包庇縱容，對自己喜愛的皇子、大臣如何冷漠無禮，甚至連他從小被父皇養在宮外，「六歲尚不能言，每見皇考輒驚怖啼哭」這樣不著邊際的陳年舊事也牽扯出來。雍正帝在諭旨最後說：「茲當怡親王仙逝，眾心悲切之時，而允祉喪心蔑理若此，是法不知畏，恩不知感，以下愚之人而又肆其狂誕，勢必為國家之患。朕承列祖之洪基，受皇考之付託，不能再為隱忍姑息，貽患於將來也。」隨後讓宗人府諸王、貝勒、貝子、公、八旗大臣、九卿、詹事、科道會同定議具奏。會議範圍達到最高標準，拉開了對允祉進行徹底清算的架勢。五月二十四日，諸王大臣議定允祉大罪十款，建議將其革退宗室，即行正法。雍正帝「從寬」改為革去親王，拘禁景山永安亭。

允祉的罪名中，有許多條都和喪禮有關，包括年輕時在允祥生母敏妃喪期內剃頭；雍正三年，在雍正帝寵妃、敦肅皇貴妃年氏治喪時推諉不到；雍正六年，在雍正帝愛子福惠夭亡後欣喜之色倍於平時；雍正八年，在怡親王允祥的喪禮上遲到早退，無傷悼之情。除了敏妃一事時間較

14《賽音圖等奏參失禮王大臣等事折》，雍正八年五月十九日、二十二日，《雍正朝滿文硃批奏摺全譯》，第一九七九頁、一九八〇頁。

早外，其他三事具有明顯的相似性。第一，都與雍正帝最喜愛、看重的人有關。第二，三場喪禮都辦得過於隆重，大大逾制。第三，去世的三個人無論政治地位如何，從儒家倫理角度講，行輩都較允祉更低，讓允祉以尊長身分披麻戴孝、哭天搶地，很是彆扭。第四，三場喪禮的時間點都很敏感：年妃去世時，正是雍正帝大刀闊斧處理允禩集團的時節，亦是年妃之兄年羹堯解京受審之時；福惠去世，正值允祉自己獲罪降爵，嫡子弘晟圈禁宗人府；而允祥病逝的前一個月，與允祉感情最好的康熙帝第七子淳親王允祐剛剛病故，同為親兄弟，身後禮遇差距過大，對允祉有很大觸動。所以允祉的「習慣性臨喪無狀」，一則出於他對雍正帝不滿、對自身現狀不滿的自然流露；二則是雍正帝在這類人物喪禮上的監視尤為嚴密，異見者的一舉一動會被隨時報告。允祉在康熙帝、皇太后、廢太子允礽，或是雍正年間其他高層人物的喪禮上未見類似舉動，就可以說明這個問題。

雍正十年閏五月，允祉在景山永安亭病故，雍正帝的惻隱之心有所觸動，命以郡王禮葬，封其庶子弘景為貝子，承繼家業。雍正帝在解釋圈禁理由時說：「（允祉）自朕即位以來，屢次加恩，不知感激，時為開導，不知省悟，朕皆優容之。近年則強悍難制，漸無忌憚。」可見他以臨喪無狀為藉口，不顧倫常和輿論壓力，重處兄長允祉，與雍正八年允祥病逝、他自己病重的狀態有很大關係。如果雍正帝本人身體健康，正常執政，政治手腕遠不及他的允祉完全在可控範圍內，實在談不上什麼「強悍難制」，而一旦考慮到自己年命不永，允祥已經去世，祕密儲君弘曆年僅二十歲、毫無政治經驗等現實問題，允祉作為前皇位競爭者的「強悍難制」就被嚴重放大了，竟到了不圈禁不能安心的地步。

乾隆二年十二月，乾隆皇帝恢復了允祉「誠」字王號，賜謚「隱」，故史籍中稱其為「多羅誠隱郡王」。

四、禍及子侄

除了同輩兄弟外，雍正帝的打擊範圍還下移到年紀較大的子侄輩。康熙帝舐犢情深，對孫輩也頗為照顧，把許多皇孫養在宮中，待成年後親自為他們張羅婚嫁事宜。像廢太子的所有兒子，允禔之子弘昉，允祉之子弘晟、弘曦，胤禛之子弘時，允祺之子弘昇、弘晊、弘昂，允祐之子弘曙、弘晫，允禩之子弘旺，允禟之子弘晸，允禵之子弘明、弘春等，都曾「幼侍內廷御前」，經常見到祖父。乾隆帝即位後特別喜歡強調，自己在康熙六十一年受到皇祖父接見，並被帶到宮中，交給宮妃照顧的光榮歷史。其實這在皇孫當中實在不是什麼不得了的待遇，相反，他獲得這一待遇的時間比許多堂兄弟都要晚，作為皇孫在宮中居住的時間也只有幾個月而已。至於康熙帝因為喜歡弘曆這個孫子，而傳位其父雍親王，恐怕就更談不上了。乾隆帝將這件事作為自己即位合法性的重要來源廣為傳布，差可與雍正帝強調自己是孝懿皇后所養，卻對眾多兄弟都是孝懿皇后所養避而不談一事相當。

康熙末年，幾位年紀較長的皇孫已經有了爵位、職位或差事。如康熙五十七年允禵出征時，隨行的有弘曙（允祐長子）、弘晊（允祺第二子）、弘曦（允祉第六子）三位皇孫，其中年紀最大的弘曙被任命為前鋒統領；康熙五十九年十二月，允祉、允祺的繼承人弘晟、弘昇，被封為親王世子；康熙六十一年十月，世子弘昇隨雍親王赴通州查看倉儲，等等。

雍正帝即位之初，為了表現友愛之情，在尚未給自己皇子封爵的情況下，就給一些侄子封了爵位。康熙六十一年十二月，雍正帝封廢太子長子弘晳為理郡王，另外，允禩獨子弘旺雖然年僅十四歲，沒到封爵年齡，但也被給予貝勒頭銜，以示優待；雍正元年正月，弘曙被封為淳郡王長子、允禵之子弘春被封為貝子；雍正元年四月，允祥之子弘昌被封為貝子。

清初的宗室爵位繼承比較靈活，並不機械執行嫡長子繼承制。但到康熙末雍正初，大多數王府已經開始自覺實踐立嫡立長的繼承原則，以上有爵皇孫中，弘晟、弘昇、弘曙、弘旺，都是本支大宗，即其父默認的爵位繼承人，其中弘晟為嫡長子；弘晳、弘昇、弘曙、弘旺為側室所生的庶長子，但其父並無嫡子在世。至於弘昌、弘春雖是長子，但其父另有嫡子，爵位是輪不上他們承襲的，所以另封貝子，單獨立宗，而非封以親王世子、郡王長子，作為父爵的候選人。

住在內廷的皇孫們人數眾多、盤根錯節，他們彼此之間的關係既與父輩的親疏遠近有關，又有一定的獨立性。康熙末年，這些人大多已經成年，對父輩的黨爭活動不但知根知底，且不少人已經直接或間接地參與其中。隨著雍正年間政治形勢的變化，皇孫們的命運也發生了很大變化：那些天然具有父爵繼承權的皇孫們因為對宮廷鬥爭參與更深，且註定與自己父親站在同一立場，而遭到雍正帝的厭惡，先後失去應有的政治地位。

最早被剝奪本支繼承人身分的是允祉之子弘晟。雍正二年十一月，他因為訛詐銀兩而被革去世子，交其父看管；雍正六年，允祉被降為郡王，雍正帝認為允祉的罪行都是因為溺愛弘晟，聽其撥弄所致，於是將弘晟改交宗人府拘禁；到雍正八年允祉獲罪圈禁，弘晟也等而下之，改在宗人府嚴加拘禁。至於允祉一支，則改由對雍正帝「深為感激」的第七子弘景做繼承人，封以貝子。

雍正四年，允禩、允禟被革除宗籍，其諸子也受到連累，一起從玉牒中除名。允禵待遇稍寬，保留宗籍，囚禁景山，其嫡子弘明和父親關押在一起，沒有人身自由；而屈從於雍正帝意旨，對父親多有揭發的庶長子弘春則在雍正二年被革爵後，又於雍正四年被封為鎮國公，回家居住。雍正六年，弘春晉封貝子，後又晉封貝勒、泰郡王，成為允禵一支的繼承人。

雍正五年，在奪嫡鬥爭中一直保持中立的五阿哥允祺、七阿哥允祐兩家飛來橫禍。當年閏三月，一向較受重用的恆親王允祺世子弘昇不知哪裡得罪了他的四伯父，突然遭到雍正帝痛斥，說他「人甚下賤無恥，屢次教訓不改」，不但免去了他辦理旗務的差事，還將他的親王世子爵位革去，交給其父嚴加管教。雍正十年，允祺病逝後，爵位改由次子弘晊承襲。雍正五年四月，允祐家的郡王長子弘曙（此時允祐已晉封親王，然而弘曙並未隨父晉封，其爵位仍為郡王長子）也遭到「人甚愚昧，行止卑賤無恥」的斥責，隨即被革去爵位，取而代之的是他年僅十六歲的六弟弘曝。對於繼承人的驟然更換，允祺、允祐兩個做父親的，不但沒有一點發言權，且不敢表露出絲毫不滿，生怕像允祉那樣，招來更嚴酷的打擊。

與這些堂兄弟情形相似但命運更慘的，是雍正帝的皇三子弘時。雍正帝的嫡長子早夭，所餘諸子中，側妃李氏所生的第三子弘時生於康熙四十三年，是實際上的長子。康熙五十九年，同為親王的允祉、允祺家都有一子被封為親王世子，而弘時並未獲封。這大概是因為他雖已超過十五歲的最低封爵年齡，但終究比弘晟、弘昇小很多的緣故。當然，也可能是不受祖父的喜歡，所以無封。雍正帝即位後，弘時升格為皇子，被分配了屬人，但並未獲得爵位。從雍正初年皇子們獲得的待遇、賞賜來看，雍正帝對這個當時唯一成年的長子是比較冷落的，更沒有立他為儲君的意思。即便如此，這一階段弘時的生活倒還平順，偶爾也有「奉差」的機會，不出意外，平平安安做個王公，還是有指望的。

雍正三年以後，弘時的處境陡然糟糕起來，不知出於什麼原因，作為長子的他，竟被子嗣並不充裕的父親捨棄，過繼給地位岌岌可危的八叔允禩為子。過繼的時間節點和原因不見於雍正朝的官方文獻，是事後被弟弟弘曆說出來的。乾隆皇帝即位之初，就下達諭旨，說：「從前三阿哥年少無知，性情放縱，行事不謹，皇考特加嚴懲，以教導朕兄弟等，使知儆戒。今三阿哥已故多年，朕念兄弟之誼，似應仍收入譜牒之內。著總理事務王大臣酌議具奏。」而以莊親王允祿為首的總理事務王大臣回奏說：「查雍正四年二月十八日奉旨：弘時為人斷不可留於宮庭，是以令為允禩之子。今允禩緣罪撤去黃帶，玉牒內已除其名，弘時豈可不撤黃帶？著即撤其黃帶，交與允祹，令其約束養贍。」[15]可知弘時不但過繼允禩為子，還跟著允禩一起被開除了宗籍，住在十二叔允祹家裡。

弘時作為一個無權無爵的年輕皇子，能做出什麼大逆不道之事，到了要被剝奪宗室身分的程度？從一些殘存的檔案看，弘時當時所犯的最嚴重錯誤，是向年羹堯借了一萬兩白銀，後被乃父發覺。[16]皇子與身為統兵大將的外戚有金錢交易，當然是很忌諱的事，一定會惹得雍正帝大發雷霆，但這與過繼允禩為子卻沒有什麼邏輯關係。相對而言，學者楊珍的推測就顯得更為合理。她認為，弘時在雍正初年，一方面對自己受到的冷遇不滿，一方面對八叔允禩等人的遭遇較為同情，一個二十出頭的年輕人，胸無城府，就不免要將這些情緒表露出來，引起父親的厭惡。雍正三年春夏之間，雍正帝公開表示與弘時父子之情已絕，勒令他去做允禩之子，這不僅是為「教導」其他皇子，更是為了警告仍「以允禩為屈抑」的王公大臣們：我連親兒子都豁得出去，何況其他人呢？

我們在專講胤禛的一節提到，胤禛與允禩從小一起長大，私人關係是很密切的，且府邸、別

15 雍正十三年十月二十四日，總理事務和碩莊親王允祿等奏，《宮中檔雍正朝奏摺》第二十六輯，第二九一—二九二頁。
16 杭州將軍年羹堯奏遵旨回明饋送三阿哥銀兩情形折，雍正三年八月初三日，《雍正朝漢文硃批奏摺彙編》第五冊，第六七三頁。

苑均為近鄰，兩家之間的走動自然要比別人更頻繁。另外，胤禛子嗣凋零，弘時在自己家長期作為獨子，八歲時才先後有了異母弟弘曆、弘晝。相對而言，他和允禩、允禟的兒子弘旺、弘晸年齡更為接近，不論在宮中還是王府，都更適宜做童年的玩伴。二廢太子後，胤禛因為有自立之心，而與允禩等人漸行漸遠，但表面上是不動聲色、一切如常的。對於胤禛的這些變化，身邊多少老於宦海的成年人尚且不能體察，何況年少的弘時。所以當雍正帝驟然即位，又對允禩等人步步緊逼時，同樣受到父親冷待的弘時對時局迷惑不滿，或是對叔父、堂兄弟報以樸素的同情，也沒有什麼奇怪的。雖然儒家有親親尊尊的要求，父子君臣之間的倫常大於一切，但人的感情畢竟是複雜且有慣性的，並非全受意識形態和現實權力的左右。弘時因為同情允禩等人而被乃父樹成了靶子，不但過繼給允禩為子，且將其逐出宗室，這在邏輯和情理上都是說得通的。

作為皇子，弘時原本在宮中領有月例銀，本人及妻妾子女的生活開支有基本保障，被開除宗籍後，則喪失了生活來源，於是雍正帝命令十二阿哥允祹把他養在府中，進行約束。這樣的做法可能出於兩個原因：一則允祹政治態度中立，雖然不討雍正帝喜歡，被從郡王降成了公爵，但也並非允禩集團成員，且為人老實心態好，弘時交到他手上，既不會受到苛待，也不再有什麼機會，大約可以過上平淡不受關注的生活。二則允祹當年已經四十來歲，但膝下無兒無女，以當時人的眼光看，再有成年後代的可能性也不是很大了，把弘時交給他照顧，如果有一天能夠「改過遷善」，恢復宗籍，或許還有將其出繼允祹的可能，這對弘時來說倒不失為一個較好的歸宿。

然而開除宗籍的嚴厲處罰給弘時的刺激太過強烈，一年半後的雍正五年八月，年僅二十四歲的弘時沒有等到什麼後續的「恩典」，就鬱鬱而終了。截至此時，包括雍正帝自己在內的康熙帝年長皇子，他們的嫡子、長子幾乎都被「掐尖兒」，看起來只剩下允礽和允祥兩支沒有受到打擊。

事實上，就連風光無盡的允祥，在這個問題上也敏感而謹慎。乾隆四年十月，廢太子允礽之子弘晳以「結黨營私、往來詭祕」被逮，其同黨中有允祥兩個兒子：貝勒弘昌和寧郡王弘晈。乾隆對涉案的堂兄弟們逐一痛斥，在提到弘昌時說：「弘昌秉性愚蠢，向來不知率教，伊父怡賢親王奏請圈禁在家。後因伊父薨逝，蒙皇考降旨釋放，及朕即位之初，加封貝勒，冀其自新。乃伊私與莊親王允祿、弘晳、弘昇等交結往來，不守本分，情罪甚屬可惡。」

允祥的嫡妃兆佳氏生育了很多子女，但長子弘昌卻是側妃所出，沒有繼承怡親王爵位的可能。不過雍正帝即位之初，對弘昌很是看重，除了將他從優封為貝子外，還給他安排了不少祭祀、辦事的機會，讓他學習政務。雍正二年夏天，雍正帝讓允祥帶著自己的皇子弘曆、弘晝、福惠前往木蘭行獵，弘昌也隨同前往。作為唯一的侄輩王公，弘昌沿途並未隨父一起上折，而是率領同行的領侍衛內大臣、內大臣、侍衛等人上折請安，這或許是他正在侍衛處擔任差事的緣故。雍正帝給弘昌等人的硃批語氣親切，勉勵他們「為一群強健男兒，奮發向前」云云。[17]雍正元年，雍

17 貝子弘昌等奏，雍正二年八月初四日，《雍正朝滿文硃批奏摺全譯》，第八八五頁。

正帝破例把弘昌妻子的娘家從下五旗之一的鑲白旗抬入上三旗之一的正白旗；雍正三年七月，又額外賞賜弘昌包衣佐領、管領披甲。種種特恩，都是其他侄輩所沒有的。可見直到允禩等人窮途末路之際，弘昌仍然處在明顯的上升狀態，二者之間應無關係。至於乾隆帝所說的，弘昌被允祥「奏請圈禁在家」，究竟發生在什麼時間，圈禁原因是不見愛於雍正帝，還是父子之間的私人矛盾，目前未見明確記載，我們也很難揣測。允祥去世後，弘昌被雍正帝恢復了自由，乾隆初年由貝子晉封貝勒。

允祥去世時，還有兩個嫡子在世，年紀較大的弘晈已經成婚有子，年紀較小的弘曉才八歲，能否長大成人尚未可知。雖然當時的爵位承襲還遺留了一些滿洲傳統，對嫡長子繼承制執行並不特別嚴格，但允祥把賦予了很多政治內涵的世襲罔替爵位交給幼子承襲，恐怕還是出於一些特殊的考慮——對年紀較大，與康熙末年宮廷生活有聯繫的兒子要求格外嚴格，不希望繼承人過快接續自己的政治影響力，這可能是允祥做出這一選擇的重要出發點，也和雍正帝打擊各府原定繼承人的思路一脈相承。

如果把弘昌的在家圈禁也算進去，雍正年間完全沒有受到壓抑的年長皇孫，就剩下廢太子允礽的繼承人弘皙。也正是由於康熙、雍正兩代君主的格外優容，總有人對弘皙的皇帝夢抱有幻想，認為清朝的皇位繼承終將回到嫡長子繼承制的「正途」。

乾隆帝即位之初，對雍正年間被打壓的叔伯、兄弟表現出較寬容的姿態，如將允禩、允禟、弘時收入玉牒，允䄉、允禵恢復部分自由，允祉、弘明、弘昇等賜謚、復爵、復官。另外對雍正朝受益較多的允祥、允祿、允禮各支，乾隆帝也有進一步優待。這種寬容持續到乾隆四年，就被一場嚴重的政治大案打破了。這樁被稱為「弘晳逆案」的政治事件，是康熙年間「九王奪嫡」掀起的最後波瀾。

乾隆帝即位不久，重新起用被雍正帝剝奪了繼承權的恆親王長子弘昇，任命他為正黃旗都統。乾隆四年（一七三九年）九月，弘昇被人告發夤緣結黨，交宗人府審訊。隨後，宗人府查出莊親王允祿、理親王弘晳、寧郡王弘晈、貝勒弘昌、貝子弘普幾個重要近支王公，都與弘昇「結黨營私，往來詭祕」，建議對他們分別予以懲處。針對宗人府的上奏，乾隆帝特別提到，在這幾個人中，理親王弘晳不但和幾個堂弟結黨、諂媚皇叔允祿，且「胸中自以為舊日東宮之嫡子，居心甚不可問」，但是考慮到他不軌的言行尚未暴露，所以暫且從輕處理，將他革去親王爵位，仍在鄭家莊居住。不過，一些重要證據很快被呈遞給乾隆皇帝，一個名叫安泰的巫師供稱，弘晳曾向他詢問一些具有強烈謀逆意圖的問題，比如：準噶爾能否到京，天下太平與否，皇上壽算如何，將來我還升騰與否，等等。同時宗人府還查出，弘晳在鄭家莊的府邸仿照內務府規制，設立會計、掌儀等司，有另立宮廷之意。所以在短短一個月內，弘晳的罪名就發生了質變，乾隆帝認為他的大逆之跡已經非常明顯，比當年允禩、允禟的罪行還要惡劣，是以懲罰措施也仿照二人，給予圈禁景山、削除宗籍和更改本名的重處。

至於莊親王等人，乾隆帝並沒有把他們和謀逆的事情關聯在一起，只是治以「私相交結」之罪。其中弘昇定罪最重，擬永遠圈禁，但過幾年又放了出來，乾隆十八年還擔任了領侍衛內大臣一職，去世時以貝勒品級殯葬，賜謚恭恪。相比弘昇，乾隆帝對允祥長子弘昌的反感更長久。弘晳案中，弘昌被革去貝勒爵位，處分不如弘昇的圈禁重，但終其一生都只是閒散宗室身分，乾隆三十六年去世時，也沒有獲得追贈的爵位和謚號。莊親王允祿和其子弘普的處罰則相對較輕：允祿被免去親王雙俸的優待，並免去議政大臣、理藩院尚書的差遣；弘普是允祿長子，他雖然因為弘晳案被革去了貝子爵位，但當月就被復封為鎮國公，相當於只降一級，去世後追封世子，謚恭勤。至於弘晈，考慮到他的郡王爵位是先帝特賜，不便降革，所以只是停發俸祿，幾年後予以恢復。按照雍正帝在允祥去世時的說法，弘晈的寧郡王爵位本應作世襲罔替，而乾隆二十九年弘晈去世後，其子永福僅以貝勒降襲，這一安排雖未必與弘晳案直接相關，但乾隆帝對允祥一系的芥蒂之心亦可概見。

弘晳案中，允祿是唯一的皇叔輩宗室成員，作為康熙帝諸子中排行較為靠後的十六皇子，他不但沒有參與康熙朝的奪嫡鬥爭，還與四哥胤禛有較融洽的私人關係。雍正帝即位後，將允祿出繼給世襲罔替的莊親王支系，使其不但獲得鐵帽子親王的高爵，還繼承了一大筆王府家產，實惠得令人嫉妒。不過允祿其人雖然精數學、通樂律，又擅長騎射，但行政能力較弱，為人也膽小怕事，所以他雖然年紀、爵位，特別是與雍正帝的舊交都優於弟弟允禮，實際的權勢卻始終不及。雍正帝病危時，命允祿、允禮為嗣君總理事務。乾隆三年初，體弱多病的允禮去世，允祿多年的媳婦熬成婆，成了近支宗室第一人，故此暫把謹小慎微的性格放在一邊，開始享受子侄們的圍繞奉承，利用掌管宗人府、內務府的身分，替他們行些辦事的方便。弘晳案中所謂眾人對允祿的「群相趨奉」「諂媚為事」，也就僅限於此。允祿的長子弘普，則因為做了父親和堂兄弟們交往的聯絡人，受到案件牽連。

至於弘晳、弘昇、弘昌、弘晈等人的結黨，很大程度上與雍正年間各王府嫡、長繼承人被刻意壓制的歷史積怨有關，此外允祥與廢太子允礽原本的特殊關係，也對下一代的社交選擇起到至關重要的影響。乾隆初年，年輕的新君解除了雍正年間的高壓控制，對叔伯、堂兄弟們示以柔仁，這讓許多引而不發的矛盾重新暴露出來。事實上，康熙年間的九王奪嫡，以及雍正年間的倫常慘變，都可以歸結為漢家嫡長子繼承制與滿洲傳統擇賢推舉制之間的激烈衝突。隨著時間的推移，滿洲上層漢化程度的深入，嫡長子應具有優先繼承權這一觀念的認同度變得越來越高，乾隆皇帝雖然只是雍正帝的庶子，但他本人對此亦有強烈的執念。乾隆三年十月，乾隆帝嫡子永璉夭折，他即向允祿等人告知，自己已從正大光明匾後撤出立儲密旨，儲位宣告空虛，這讓一向以「舊東宮嫡子」自居的弘晳再次看到「升騰」的曙光。只是當時的乾隆皇帝正值英年，身體也很強健，弘晳的想法未免過於空中樓閣了。

隨著弘皙案的迅速平息，這場持續三十多年，涉及兩代皇室成員的奪嫡鬥爭終於煙消雲散了。作為與祖父同樣子女眾多、得享高壽的君主，乾隆帝充分吸取祖父在皇子教育、擇立儲君方面的教訓，一方面祕密立儲，取消實際政治生活中的儲權；一方面對皇子、皇孫施以嚴格的儒家教育，極力壓制他們的政治追求，並切斷其結交王公百官的一切途徑，嚴防大權旁落。殘酷的儲位競爭就此終結，當然，清初宮廷中固有的銳意進取、野心勃勃的皇室精神，也隨之消失了。

雍正王朝的壓力與動力

最後，我們來說說後奪嫡時代的雍正王朝與雍正皇帝。四十五歲的雍正皇帝，接手的是一個秩序大體穩定但內部矛盾重重的政權。秩序的穩定當然是相對順治和康熙中前期而言，換言之，這時候的清王朝已經步入承平之世，大規模的戰爭殺伐不在雍正帝的議事日程上。當然，和康熙皇帝一樣，作為滿洲君主，關於清王朝政權合法性的焦慮，仍然時常縈繞在雍正帝心裡，不過在他即位之初，這種焦慮暫時退到了第二位，「奪嫡後遺症」才是他的心頭大患——他在宗室、八旗上層的支持者太少、反對派太多了。雍正帝對諸王大臣表示：「昔聖祖嘗言滿洲、蒙古易治，惟漢人眾廣，似稍難治。至朕今日觀之，漢人雖眾廣，猶屬易治，惟朕之兄弟中數人，實最為難治也。」可見其矛盾之最核心者。

為了盡快確立自己的皇位合法性，以示後繼有人，特別是吸取康熙皇帝在立儲問題上的教訓，打擊允禩等人伺機再起的野心，雍正帝在即位不到一年，身體還非常健康的情況下，就明確了新的立儲方式，並公之於眾。這一天是雍正元年八月十七日，恰好是雍正帝生母孝恭仁皇后烏雅氏遺體運往景陵安葬的前一天。按照常理，太后梓宮發引這樣的大事，一定要做非常複雜的準備工作，臨行前一天，包括皇帝在內的各色人等都處在忙碌籌備的狀態。挑選這一看似倉促的時間點，召集群臣面諭立儲大事，很可能有一個非事情本身的因素在起作用：這或許跟太后的去世或遺願有關，也可能是次日前往景陵送葬的活動有一定風險性——為了防止皇帝出京期間「諸王心變」，不如提前密立儲君為是。康熙年間的很多重大政治事件，都發生在皇帝離京巡行途中，雍正初年政治詭譎、人心浮動，雍正帝做出這樣的選擇，也是其預事周備、密不透風的表現。

無論出於何種考量，八月十七日這一天，雍正帝把四位總理事務王大臣，還有滿漢文武大臣、九卿一干人等，召到乾清宮西暖閣，說：先帝選中朕克承大統，於去年十一月十三日賓天當日「倉卒之間一言而定大計」，天下人都心悅誠服，這樣的智識和福氣是朕遠遠不能企及的……當年因為二阿哥的事，聖祖心力交瘁，朕的皇子們都還年幼，按理說立儲這件事應該審慎辦理，不適宜現在就舉行。但是既然聖祖把大位交給朕，朕就不能不預先為之籌劃。所以「今朕特將此事親寫密封，藏於匣內，置之乾清宮正中世祖章皇帝御書正大光明匾額之後，乃宮中最高之處，以備不虞。諸王大臣咸宜知之，或收藏數十年亦未可定」。就是說：皇子們都還年幼，本來不宜立儲，但為了防止意外，我姑且先寫一個名字放在裡面，讓大家都知道，行不行可以慢慢再考察。

雍正帝發表了這一通感言後，很客氣地讓「諸王大臣共議之」，彷彿還有討論可行性的餘地似的。但未等旁人開口，隆科多即率眾表態說：「聖祖皇帝恩待群臣如子若孫，皇上纘承大統，諸臣莫不以事聖祖之心事皇上。聖慮周詳，為國家大計發明旨，臣下但知天經地義者，豈有異議？

惟當謹遵聖旨。」一番話說得斬釘截鐵，哪個人還敢「共議之」？於是「諸王、大臣、九卿等皆免冠叩首」，諾諾應聲而已。事實上，隆科多在總理事務王大臣中僅排名第四，在這樣的重大政務場合中，他越過排名靠前的廉親王允禩、怡親王允祥、大學士馬齊搶先發言，按照當時的說法，被稱為「越次奏對」，是很不符合朝廷禮儀的，想必現場也令人側目。隆科多之所以敢於如此，是他行事跋扈，遇事逞強，而不把允禩放在眼裡，還是事先與雍正帝有所溝通，專門要在現場起帶頭作用，我們就不得而知了。

既然群臣在隆科多的帶領下俯首稱是，雍正即表示「朕心深為悅慰」。他隨即命群臣退出，只留四位總理事務王大臣現場監督，而後讓人將錦匣放在正大光明匾後。這項具有重大歷史意義的皇位繼承制度改革，就這樣波瀾不驚地完成了，所謂獨裁君主的「乾綱獨斷」，莫過於此。

單以清初的歷史背景，特別是以康熙中後期尖銳的君儲矛盾引發諸王奪嫡、政局混亂這一具體背景看，雍正帝的祕密立儲設計，確實為解決現實困境提供了一個較好的方案。首先，不公開確立太子，使群臣不必有效忠今上還是效忠儲君的困惑，有利於實現權不分理，君主獨裁。第二，調和了立嫡長與立賢能之間的矛盾，嫡長子雖然在繼承次序上仍具有優勢，但已非天然的皇位繼承人，皇帝可以根據諸子的實際情況予以選擇。第三，擇儲之權全在皇帝，群臣不再有參與表達意見的機會，眾多皇子想要爭取儲位，只需取悅父皇，而不必各自爭取王公百官宦寺等群體的支持，由皇位繼承引起的兄弟相殘和派系黨爭可以熄滅。第四，被密立的儲君如果中途去世，抑或出現身體、精神、品行、才智上的變化，不再宜於儲位，或是有更合適的人選勝過前者，皇帝一旨密詔，就可不動聲色地更換儲君人選，而不至於引起輿論爭議乃至朝局動盪。第五，儲君人選雖不公開，但將密立詔書之事提前公開，萬一當朝皇帝死得突然，其遺願的貫徹具有制度保障，避免出現「倉卒之間一言而定大計」，或是權臣一手遮天擁立新君的狀況。

雖然確實有助於解決現實困境，但祕密立儲制度的最大問題在於，將作為「天下之公」的儲副之位與擇儲大事，完全置於皇帝一人之手，行於密室之中，藏於匾額之後，而徹底脫離公開的討論與監督，這樣的儲君人選不但合法性有待考量，其本身也蘊含著巨大的政治風險。如果當朝皇帝執迷於私心私情，或是為人所挾制，而祕密擇立不適合即位的皇子為儲君，那麼群臣甚至連「爭國本」的機會都沒有，只能面對既成事實。其代價與群雄逐鹿、諸子黨爭相比，孰輕孰重，也未可知。當然，一代人先要解決一代人的問題，雍正帝面臨的狀況如此，我們作為後來的旁觀者，亦不能求全責備。

除了完成皇位繼承制度改革之外，面對後奪嫡時代的壓力，雍正帝還採取了一系列辦法鞏固皇位。其中，他自己最看重的一點是用人，用他自己的話說：「治天下，莫大於用人、理財二端。理財一事自應付之臣下，至用人之權不可旁落。」為了穩住允禩集團，雍正帝即位之初，尚對那些康熙年間的既得利益者委以重任，不過他顯然不甘心如此，局面稍穩後，即開始透過肅清朋黨、清理庫帑等政治、經濟手段打擊先朝舊臣，其中涉及的主要是八旗上層，特別是滿人大臣、官員，以及內務府系統的實權官員。以當時人，特別是康熙朝舊人的感官來看，除了允祥、隆科多等極少數新君親信外，傳統的宗室、滿洲勢力，在雍正初年大有弱化、邊緣化的趨勢，代之而起的是年羹堯這樣的漢軍旗人，或是張廷玉、蔣廷錫、岳鍾琪等漢人文武。譬如允禵任大將軍時的屬下、將軍宗扎布就對人抱怨：「而今之世，滿洲、蒙古斷難興盛。凡輔政大臣，皆為漢軍、漢人，故漢軍、漢人必興盛。」[1]對於這樣的說法，雍正帝斷然不會公開承認，但在私下裡也曾對親信坦言：「近日廊廟中頗乏卿貳滿臣。」

在會考府和戶部大搞清查審計的怡親王允祥多次祕密建議雍正帝收縮打擊範圍，不要動不動對虧空官員「著落家產賠補」，另外那些賠不出錢的死硬分子「俱係在旗滿洲」，即便把他們從重治罪，對國家財政也於事無補，不如用戶部原有的灰色收入替他們頂上，這些人革職回家也就罷了。雍正帝毫無通融餘地，惡狠狠批曰：「老人亦不知羞」「欠朕二三百萬兩銀子，奏請欲以將來餘平飯銀分十五年陸續代為完補，先前那些大臣官員的虧空還未清楚，若令伊等脫然事外，國法安在？斷乎不可！」[2]態度之強硬，讓具體做事的允祥很是難辦，多次提醒他：「皇上用法稍覺嚴厲。」

1 安雙成譯：《宗扎布案滿文譯稿》，第十四頁。

2 雍正元年四月二十九日，《和碩怡親王允祥奏請展限以完部積陳案折》，《雍正朝滿文硃批奏摺全譯》，第一一四頁。雍正二年四月十四日，《總理戶部三庫事務和碩怡親王允祥奏》，《雍正朝漢文硃批奏摺彙編》第二冊，第七八九頁。

除了康熙朝的「滿洲舊人」外，正如前面也提到的，雍正帝對自己的藩邸舊人如戴鐸等，也大多不予重用，甚至刻意壓制，轉而破格提拔一些在康熙朝名位不顯，與自己和各皇子勢力都無關係的中青年才俊。當然，這樣的人總要通過一定途徑才能進入皇帝的視野，在雍正初年，這樣的途徑主要有三個。

第一是大興舉薦，即命令諸王大臣、文武官員都上折推薦人才，哪怕是親戚朋友也無不可。當然，同樣是舉薦人才，舉薦人的身分格外關鍵。雍正初年，允祥、隆科多、年羹堯是雍正帝最重用親信之人，他們所舉薦的人，往往會得到格外重用，譬如雍正朝三大總督中的兩位：鄂爾泰、李衛。其中鄂爾泰是滿洲人，舉人出身，在康熙年間沉淪下僚到四十幾歲，雍正帝即位後，經年羹堯、隆科多分別舉薦，從內務府員外郎，直接升任賦稅之藪的蘇州布政使，三四年間即開府西南，成為後來「改土歸流」大政的實際主持者。李衛來自徐州豪族，捐納出身，康熙末年任戶部郎中。允祥接手戶部後，對李衛大加賞識，並推薦給雍正帝，李衛隨即被任命為雲南驛傳道，雍正三年升任浙江巡撫。當然，被允祥推薦的也就罷了，如果是年羹堯、隆科多所薦，到二人背運時，就要及時與之劃清界限，否則難免忽顯忽敗的結局，像直隸巡撫李維鈞、山西巡撫諾敏，就都是如此。

第二是從科舉考試中迅速提拔新人。清代中期名臣如尹繼善、陳宏謀、汪由敦、劉統勳等，均出自雍正元年、二年會試，並在雍正年間得到快速升遷。其中尹繼善作為滿洲才俊，尤其受到雍正帝的特殊提拔，雍正元年中進士後，先以翰林身分被派到允祥身邊學習政務，隨後扶搖直上，六年成巡撫，八年成總督。雍正帝向年輕的尹繼善感慨：滿臣中人才太少，你應該時時自勉，成為千萬年第一等人物。

第三是通過一些特殊的事件、機緣，瞭解中下級官員。比如三大總督中的田文鏡，是漢軍旗人，監生出身，雍正帝即位時他已經六十出頭，尚任內閣侍讀學士。因為奉命前往西嶽祭祀的途中，揭發了匿災不報的山西巡撫德音，仕途已經望到頭的田文鏡忽然博得新君賞識，直接被提拔為山西布政使，次年升任河南巡撫，而後雖然屢遭彈劾，始終屹立不倒。此外，像乾隆年間的重臣孫嘉淦，在雍正初年任翰林時，曾有「親骨肉、停捐納、罷西兵」之奏，雍正帝欣賞他的耿直大膽，很快任以卿貳之職。

總而言之，在潛邸時寡於結交、缺乏支持者的雍正帝，即位後反而沒有什麼人情包袱。他一面透過強權手段打擊康熙舊臣，特別是宗室王公、外戚權貴；一面不遺餘力提拔新生力量，培植親信。特別是在八旗、滿洲內部，他迅速重用像鄂爾泰、尹繼善這樣出身並非顯貴，而漢化程度極高的科舉精英，令其取代老牌的外戚、勳貴，掌握內外實權。如果說八旗組織在康熙年間尚有君主與貴族共治的味道，那麼雍正皇帝則徹底將清王朝改造成為君主獨裁下的官僚政治，諸王、外戚、勳貴人等，如果沒有職官頭銜，就只能坐享大俸，對政治全無影響；如果出任職官，或者承擔差遣，所具有的身分也幾乎與一般滿漢臣僚無異了。

雍正帝用人除了唯才是舉、不拘一格外，另有一個突出特點，即凡是他特別倚重或寄予厚望的大臣、官員，無論滿漢，都著力與之培養私人感情，希望在君臣關係之外，營造亦家人亦師友的相處模式，甚至時常表現得過於親暱輕佻，毫不顧忌身為君主的權威性與神祕感。如果一朝反目，又視若寇仇，實在令人難以琢磨。另外，雍正帝對「朋黨」極為反感，無論早期的皇子朋黨、還是中期的科甲朋黨，都讓他難以容忍。不過，打擊科甲朋黨並非由於討厭科舉出身的人，雍正帝本人的漢文化水準很高，亦崇尚文治，中樞漢臣大多科甲高第。

當然，我們說滿漢矛盾的暫時淡化，是在奪嫡背景下而言，要讓滿洲統治者把小民族統治大國家造成的巨大心理壓力放下，也實在沒那麼容易。朝鮮使清譯官曾記下一段雍正六年的清宮議政場景：

皇上大笑云：「人豈有千百歲在生之理。今年倉（昌）平州掘碑一座，碑上詩語，朕甚不解，未知是何應兆。欲將明年七月起，不必寫出年號，只寫己酉、庚戌、辛亥。爾等詳議，傳示各衙門知之。」欽此。十三王等回奏：「皇上以孝治天下，仁德化民心，雖古聖賢君，無以復加。況我朝定鼎以來，四民咸服，五穀豐登，皆天賦久祚於大清。碑文解語，何足憑信。若據碑上之詩，不寫年號，一若外揚，反為惶惑。若有借俸一二年者，可只寫年分，不寫年號。其現年曆日文書稿案，仍照舊例。至於各衙門啟奏事內有字眼不好者，請為改正。即如『年終盡數』四字，以臣愚見，改為『歲底全數』，未知可否，伏乞聖裁。」奉旨：「甚是。『年終』改為『歲底』，『盡數』改為『全數』，傳示各衙門知道。」欽此。[3]

是說雍正六年在北京附近的昌平州發掘出一塊石碑，上有讖語。雍正帝因此心生疑竇，欲在正規文件中停用雍正年號，改以干支紀年。其事可在雍正朝《起居注》中找到對應內容，當非朝鮮人虛謗。所謂碑文讖語，是為雍正帝陵寢選址的官員偶然發現的，傳為劉伯溫所立，上有八句聯語：「紅花落盡放黃花，遍地胡兒亂似麻。東來西去歸藏土，南上北下返牛家。七九之年虎哺兔，一人騎馬踢雙猢。八六家雞夜宿糧，十個孩兒九哭娘。」所示無外乎「胡無百年運」之類。這樣的事情在康熙年間也多次出現，如康熙帝見《推背圖》有「胡人二八秋」之語，就求仙問卜，得到的解釋是：「不用修來不用修，誰識胡人二八秋。紅花落盡黃花發，五月干戈八月休。」康熙帝為求心安，只好頒布了一系列省刑薄稅的惠政，聽從天命而已。因為讖語而停用年號是一件大事，關係到政權正統性的象徵，雍正帝雖然有此意願，但允祥等親信重臣都不贊同，認為「一若外揚，反為惶惑」。雍正帝最終俯從眾意，沒有把這件事鬧大，但他對這一問題的焦慮，和父親康熙帝是一以貫之的。

3《同文會考補編》卷四，《使臣別單・憲書齎諮官卞昌和手本》，雍正六年十一月十九日。

同樣是在雍正六年，著名的曾靜案爆發，一個一文不名的湖南山野書生，竟然想到派學生到西安策反世代在清朝擔任高官的大將岳鍾琪，實在有些匪夷所思。曾靜對政權的認識主要有兩點：一是堅信「夷夏之防」的觀念，認為清政權以夷變夏，翻覆乾坤，應該將其推翻，岳鍾琪是抗金英雄岳飛的後人，應該擔當起這樣的大任；二是聽了允禩等人的流放侍從的話，認為當今皇帝是謀父逼母的暴君，對岳鍾琪等人也一定很壞，清王朝由他統治，是末運將至，可以將其推翻。

兩件事情合在一起，讓雍正帝對統治合法性的雙重壓力變得更為敏感，加上自尊好辯的性格，促使他必須對此有所表示，那部著名的《大義覺迷錄》就此誕生。另外，雍正帝不但不殺曾靜，還讓他到各地巡迴演講，現身說法宣傳《大義覺迷錄》，以求獲得漢人士子百姓的同情與認可。

除了親自進行意識形態解說與宣傳外，雍正帝也和乃父一樣，在省刑薄賦上做文章，力求在一些普通民眾特別關心的問題上表現得更好，來抵消自己在合法性上的先天劣勢。所以雍正皇帝在位期間，把賦稅的均平、司法的公正，都拔到很高的位置，不僅僅視其為技術性的政府職能，而是直接和政權合法性掛鉤。不過就康、雍兩代君主相比較而言，康熙皇帝整體來說是一個不太善於搞內政建設的君主，他的貢獻主要在於穩定戰亂之後的社會秩序，以及處理民族關係，鞏固邊疆等方面；就性格而言，也是一個大而化之的人，帶有北方民族雄主中多見的個人英雄主義色彩。承平之世的國家內政，特別是制度建設這樣的精細工作，他是不大耐煩做的。

比如在慎刑問題上，康熙和雍正兩個皇帝都非常重視，認為這是一個宣揚清朝仁政形象的重要切入點，但是兩個人的做法很不一樣。康熙皇帝的做法是長期不舉行秋審勾決，並經常搞大赦，從絕對數量上少殺人。至於這些人是不是確實應該免死，他基本不予考慮。於是康熙年間就有很多按照律例應該處死的重刑犯被一直關在監獄裡，各地監獄人滿為患，在當時的監獄管理和衛生條件下，霸凌或傳染病叢生，一些輕刑犯反而枉死。康熙帝的舉措，可謂有善的初衷卻沒有得到善的結果。

雍正皇帝在內政方面並不推崇他的父親，甚至有些輕視，比如他多次向大臣說「朕並非八歲登基之主」，以示自己社會經驗豐富，並非乃父那樣自幼高居九重，容易被臣下矇蔽。當然，在制度建設上，雍正帝確實比他父親高明得多。對慎刑一事，雍正帝也極為重視，他說，「刑名關係民命最為要緊，較吏部、戶部更甚。吏部誤用一人，不過以應得官之人略早用幾日耳。戶部之誤在於錢糧，一經知覺即可改正。至於刑部之誤，則死者不可復生，斷者不可復續」，把司法公正置於很高的地位。不過雍正帝同時意識到，過多的赦典，不舉行秋審，或是秋審尺度過寬，都不能幫助政府和君主在百姓的樸素正義觀中樹立起「懲惡揚善、除暴安良」的正面形象，在某種程度上，甚至起到負面作用。

所以在慎刑問題上，雍正帝更看重刑部的體制、機制改革。他即位伊始就不滿意刑部作為「天下刑名之總彙」的工作水準——當然，這很可能跟當時的刑部滿尚書是允禩黨主要成員阿爾松阿有關。雍正二年四月，雍正帝連續三次召集刑部所有的堂、司官員到養心殿，聽他當面訓話，隨後讓這些人各寫一份奏摺，自述履歷，針對本部的問題提出改進意見。刑部的中低級官員，平時沒機會單獨給皇帝上奏摺，要他們每個人輪番上折，徵求意見的範圍不可謂不廣。雍正十一年，刑部著了一場大火，管理京城治安的九門提督帶人救火，卻發現當時雖然已經到了工作時間，但刑部大小官員大多都還沒到崗，所以內部沒人組織救火，火勢蔓延，把檔房都給燒毀了。雍正帝再次對刑部表示強烈不滿，並要求刑部各官以及都察院科道官，都要對該部存在的問題「各抒己見，隨班據實陳奏」。這兩次徵集的各方意見，有一部分被雍正皇帝接納並實踐起來，起到了意想不到的好效果。其中如優化刑部官員來源，延長司官任職時間，改變堂司、官吏權力結構，改革監獄管理制度等措施，都為刑部官員積極讀律、執法提供了非常有效的激勵機制和學習氛圍，對乾嘉時期刑部突飛猛進的專業化進程起到重要推動作用。清人說：「我朝深仁厚澤固屬美不勝書，然大要則有兩事：一曰賦斂輕，一曰刑獄平。」在「刑獄平」問題上，雍正帝應推首功。

至於輕徭薄賦、加惠民生方面，雍正時期也推出不少具有可持續價值的善政，比如降低「蘇松重賦」，限制火耗加派，興修農田水利，制定水旱災害分等勘察、救濟的實施細則，等等。與權力鬥爭中的翻雲覆雨、酷烈多疑不同，制度建設中的雍正皇帝是較為理性、務實，而能接受不同意見的。比如鄂爾泰在擔任蘇州布政使時，針對蘇南地區的特殊情況，對統一實施耗羨歸公有所異議，雍正帝並沒有因此給他扣上拒不執行朝廷大政方針的帽子，反而更加賞識、重用。

支持「篡位說」的孟森先生在《清史講義》中這樣評價雍正皇帝：「惟世宗之治國，則天資獨高，好名圖治，於國有功。則天之佑清厚，而大業適落此人手，雖於繼統事有可疑，亦不失為唐宗之逆取順守也。」意思是說雍正皇帝在治理國家方面很有天賦，愛好美名，勵精圖治，於國家是有功績的。老天爺厚愛清王朝，讓皇位落到此人手中。雖然他即位的合法性很可疑，但也不失為像唐太宗那樣靠非法手段獲取皇位，卻能遵循道義治理國家的君主。

雍正皇帝到底算不算「逆取」，學者們的理解始終有較大差別，但對其「順守」的看法，近幾十年來則日趨一致。雍正皇帝確實是一位非常有政治天賦和政治追求的君主，在某些領域還超過他的父親。他執政的時間不太長，只有十三年，但治績是可圈可點的。不過即便如此，我們也大可不必為專制君主的勤勉與辛勞唱讚歌，那不過是伴隨著成王敗寇劇情的、無盡權欲下的求仁得仁。

後記：眾說紛紜論奪嫡

有關康熙末年儲位之爭及雍正繼位的問題，學術界一直以來觀點不一，大致來說，分為矯詔篡位和合法繼位兩種看法。

其中，矯詔篡位說的奠基之作是孟森先生的《清世宗入承大統考實》。該文辨析了《清實錄》《東華錄》《大義覺迷錄》《上諭八旗》《上諭內閣》等史料對雍正帝承統情形記錄中的牴牾，指出官方記述中的疑點，繼而對年羹堯、隆科多二人在雍正繼位過程中發揮的作用，以及二人獲罪過程進行分析，指出允禵才是簡在帝心的皇儲人選，再以《大義覺迷錄》中所載之民間傳聞作為旁證，提出雍正帝之承統，實出於矯詔。

這一觀點被許多學者繼承發展，後來者如王鍾翰先生認為康熙帝一廢太子後，曾有意立允禩為儲君，但馬齊、佟國維等大臣為支持允禩而極力鋪謀設計，令康熙帝深為憂懼，唯恐允禩與其支持者結成黨羽而導致皇權旁落，甚至興兵構難，逼迫遜位，因此放棄立允禩為儲的想法。皇四子胤禛在潛邸時即「潛萌希冀，預謀攘奪」，為此暗中結黨邀名，特別是其與隆科多、年羹堯二人交結。隆科多榻前受命，口銜天憲，且身膺禁衛；年羹堯則憑藉手中兵權在西北挾制允禵，使雍正得以安然紹承大寶。雍正帝繼位後篡改遺詔，誅戮諸弟及年、隆等人，以此掩蓋其圖謀篡奪帝位的真相。按照王鍾翰的觀點，康熙在二廢太子後雖未再度立儲，而實屬意於皇十四子允禵，令允禵西征是欲其仿效「重耳在外而安」故事，建立勳業，樹立權威，以便來日繼承大統。不料允禵受制於年羹堯，最終錯失大位。目前所見的康熙遺詔實是胤禛根據康熙五十六年的面諭增刪改寫而成，非但不能作為其合法繼位的證據，反而是雍正偽造遺詔並藉此篡位的歷史文獻物證。

金承藝認為皇十四子允禵受到父皇賞識，並被委以重任，實是康熙帝屬意的繼承人。且康熙帝曾在去世前急詔允禵返京以託付後事，唯允禵未能趕及，而鑄成大錯。金承藝還提出，雍正帝原名不叫胤禛，他透過霸占皇十四子胤禎的名諱，篡改原本傳位於胤禎的遺詔而繼位。繼位後，為掩蓋真相、毀滅證據，特意將胤禎改名允禵，並有收繳內外文武大臣官員所留聖祖硃批諭旨、磨毀載有胤禎事蹟的西征紀功碑文等舉動。雍正年間，隆科多因私藏玉牒獲罪，即是其欲留下自己協助雍正帝篡奪大統的證據而遭滅口。

楊珍認為康熙帝選中的繼承人實是皇十四子允禵，而被胤禛矯詔篡立，因此《實錄》等官書及雍正帝本人關於康熙末命情形的敘述多有出入，無法自圓其說。楊珍更進一步指出，康熙帝晚年曾有祕密建儲的打算，並已選定允禵為繼承人，但由於對祕密建儲的想法和理解存在不斷發展的漸進過程，故而猶豫而未及施行。康熙帝的猝死，導致允禵未能成功繼位，皇位被胤禛串通隆科多、偽造遺命奪得。

持篡位說的學者人數較多，除以上四位學者外，還有戴逸、許曾重、梁希哲、陳捷先、莊吉發、羅冬陽、金恆源、林乾等。

與矯詔篡位說相對，也有一些學者持合法繼位說，代表人物如馮爾康、楊啟樵、史松、吳秀良、白新良、郭成康、董建中等，他們認為雍正帝確係康熙帝選中的皇位繼承人。如馮爾康、楊啟樵二位均以批駁立論，對「篡位說」學者的觀點、論據進行反駁，如提出任命允禵為撫遠大將軍，令其西征，雖體現了對允禵的重視，但並不能將之與選定他為儲君掛鉤；從現存《玉牒》等檔案來看，並不存在所謂盜名改詔的可能，傳位詔書非由老皇帝親書而是由嗣皇帝制作乃是慣常做法等。至於年羹堯、隆科多二人之獲罪，與他們協助雍正篡位無關，也並非殺人滅口，只是由於他們跋扈擅權、妨礙皇權的緣故。

主張合法繼位說的學者在論述胤禛被康熙帝選中作為皇位繼承人時，多從其自身才能與康熙帝晚年對他的態度著手，看法較為一致，但在分析康熙是否屬意於允禵的問題上則觀點不一：史松認為康熙帝令允禵出征是為了分化允禩黨人，進而為嗣君胤禛順利繼位提供有利條件；楊啟樵則認為康熙帝對胤禛、允禵二人都很賞識，並期望允禵能在胤禛繼統後擔任輔弼重任；郭成康認為康熙帝屬意胤禛所生的皇孫弘曆，愛屋及烏，遂立胤禛為嗣；等等。

在學界爭論以外，康熙末年皇子奪嫡的話題也透過文學、影視作品走進大眾視野。尤其是二月河的歷史小說和電視劇《雍正王朝》走紅後，衍生出一系列「九王奪嫡」題材的穿越小說與影視作品。已經去世兩百多年的「康熙皇帝的兒子們」，藉助現代網際網路技術，忽然迎來無數跨越時空的「粉絲」，粉絲們各執一詞，就這一話題進行了大量的網絡探討與爭論。

粉絲們先透過小說和影視劇接觸歷史，因為對某一個或幾個人物產生興趣，而加入網路討論。興致盎然且具有一定文獻蒐集能力的粉絲在加入討論後，往往透過查閱史料和辨析學者觀點，對康雍史事，特別是康熙末、雍正初的宮廷鬥爭做進一步瞭解，最後在網路公共媒體上形成並闡發個人觀點。與專業領域的問題導向和學術批判不同，粉絲們大多以人物為著眼點，形成話題圈子，進而在圈子內部形成問題關注、事實認定與價值判斷的共識。比如雍正皇帝的粉絲大多主張他是承康熙旨意合法繼位，而允禩、允禟等人的粉絲則認為雍正繼位的過程疑點重重，皇位極有可能是篡奪而來的；廢太子允礽退出政治舞臺較早，他的粉絲對雍正如何即位也興趣不大，注意力主要集中在允礽與康熙帝的父子關係、與其他皇子的兄弟關係，以及兩廢太子的原因與經過；允祥的粉絲則更多討論其在康熙朝的處境變化、與雍正帝的關係，以及在雍正朝的地位、政績等等。

完全基於個人愛好與情感投射的「粉絲式研究」中不乏高手，特別是在挖地三尺找材料方面，往往不輸於學院派研究者。是以專業學者如楊啟樵等，亦對相關網路討論予以關注，並在個人專著中做出回應與肯定。不過，「粉絲式研究」在史料挖掘和問題選取方面，有較為明顯的碎片化傾向，且以個人好惡為出發點，致力於從反對者的表述中尋找漏洞，推翻其觀點，對所用史料的原始性、可靠性論證相對缺乏，有時亦難免情緒化的傾向。

總而言之，有關康熙末年儲位之爭及雍正繼位的問題已經跨出學界範疇，成為高熱度、開放性的社會話題。因此，本書的撰寫，除了從專業視角加以考量，寓學術問題的辨析、批評於行文敘事之中，還加入了對文學、影視劇流行說法的解讀，以及對人物「粉絲」、普通讀者興趣點的反饋，希望藉此架起學術研究與公眾認知的溝通橋梁。

附錄一　奪嫡大事記

- 康熙十一年二月十四日，皇長子允禔生。
- 康熙十三年五月三日，皇次子允礽生，皇后赫舍里氏崩於坤寧宮。
- 康熙十四年十二月十四日，冊立皇次子允礽為皇太子。
- 康熙十六年二月二十日，皇三子允祉生。
- 康熙十七年十月三十日，皇四子胤禛生。
- 康熙二十年二月十日，皇八子允禩生。
- 康熙二十二年八月二十七日，皇九子允禟生。
- 康熙二十二年十月十一日，皇十子允䄉生。
- 康熙二十五年十月初一日，皇十三子允祥生。
- 康熙二十七年正月初九日，皇十四子允禵生。
- 康熙二十九年七月初二，以噶爾丹深入烏珠穆沁地，命和碩裕親王福全為撫遠大將軍，皇長子允禔為副將軍，出古北口。內大臣佟國綱、佟國維、索額圖、明珠等參贊軍務。

- 康熙二十九年八月十三日，以皇長子允禔與大將軍福全不相和諧，命其撤回京師。
- 康熙三十五年二月二十日，皇帝親征準部，皇子允禔、允祉、胤禛、允祺、允祐從征。
- 康熙三十五年二月二十八日，親征期間，命各部院衙門本章停其馳奏，凡事俱著皇太子聽理。
- 康熙三十五年五月二十三日，親征回鑾，命皇長子允禔於大軍後沿途稽查。
- 康熙三十六年九月十五日，以膳房人花喇、額楚、哈哈珠子德住、茶房人雅頭等私在皇太子處行走，甚屬悖亂，將花喇、德住、雅頭處死，額楚圈禁。
- 康熙三十七年三月初二日，冊封皇長子允禔為多羅直郡王，皇三子允祉為多羅誠郡王，皇四子胤禛、皇五子允祺、皇七子允祐、皇八子允禩俱為多羅貝勒。
- 康熙三十九年四月十七日，命直郡王允禔帶領八旗官兵挑浚永定河河工。
- 康熙三十九年九月十一日，以敏妃喪滿未百日，誠郡王允祉並不請旨即行剃頭，降為貝勒。
- 康熙四十一年十月初五日，皇太子允礽於南巡途中患病，住德州行宮，召索額圖前來侍奉。
- 康熙四十一年十月初七日，命皇十三子允祥祭泰山。
- 康熙四十二年五月十九日，以索額圖心懷怨尤，結黨妄行，交宗人府拘禁，後被處死。
- 康熙四十七年九月初四日，召諸王大臣侍衛文武官員等齊集行宮前，稱允礽荼毒在廷諸王大臣，專擅威權，鳩聚黨與，窺伺朕躬，起居動作無不探聽，將允礽即行拘執，由直郡王允禔看管，回京後即將其廢斥；皇十三子允祥另有處置。

- 康熙四十七年九月初七日，命貝勒允禩署理內務府總管事。
- 康熙四十七年九月十一日，諭大臣官員等，近觀允礽行事與人大有不同，似有鬼附體。
- 康熙四十七年九月十六日，到京後命貝勒胤禛與直郡王允禔一同看守允礽。
- 康熙四十七年九月十八日，遣官告祭天、地、太廟、社稷，廢皇太子允礽，幽禁咸安宮。
- 康熙四十七年九月二十四日，以廢皇太子允礽頒詔天下。內稱其：自諸王以及大臣官員悉被非禮凌辱，橫加捶撻。向因索額圖、常泰交通設謀，朕洞覺其情，置索額圖於死，而允礽時蓄忿於心。近復有逼近幔城，裂縫窺伺，中懷叵測之狀。凡此舉動，類為鬼物所憑，狂易成疾。
- 康熙四十七年九月二十五日，因拘禁允礽時，允禔奏「允礽所行卑汙，大失人心，相面人張明德曾相允禩，後必大貴。今欲誅允礽，不必出自皇父之手」，斥允禔不諳君臣大義，不念父子至情，洵為亂臣賊子，天理國法皆所不容。當日命刑部、都察院大臣捉拿張明德審辦。
- 康熙四十七年九月二十八日，上諭諸皇子安靜守分，各屬下人勿令生事。同日，責八貝勒允禩到處妄博虛名，凡朕所寬宥及所施恩澤處俱歸功於己，故人皆稱之。
- 康熙四十七年九月二十九日，召諸皇子，以八阿哥允禩邀結黨羽，謀害允礽，著將允禩鎖拿，交議政處審理。皇十四子允禵稱：「八阿哥無此心，臣等願保之。」上出所佩刀欲斬之。
- 康熙四十七年十月初二日，以允禩聞張明德妄言不奏聞，革去貝勒，張明德凌遲處死。
- 康熙四十七年十月初四日，上諭諸皇子、大臣、侍衛，責允禩性奸心妄，糾合黨類，妄行作亂。

命眾阿哥遵行君父之言，以免日後束甲相爭。

- 康熙四十七年十月十五日，允祉告發直郡王允禔令蒙古喇嘛巴漢格隆用術鎮魘廢太子允礽。
- 康熙四十七年十月三十日，以直郡王允禔魘咒親弟及殺人之事，將其嚴加看守。次日革去王爵，幽禁其府。
- 康熙四十七年十一月初八日，上諭領侍衛內大臣等，允礽之疾漸已清爽，可知確係被魘魅無疑。
- 康熙四十七年十一月十四日，令滿漢文武大臣推舉一名皇子為太子，眾人推舉皇八子允禩。
- 康熙四十七年十一月十五日，上諭滿漢大臣等，因廢太子事夢見孝莊文皇后、皇后赫舍里氏為之不樂，並稱允礽今已痊癒，保其日後斷不報復。
- 康熙四十七年十一月十六日，釋放廢太子允礽，令其改過遷善，不得報復；免去皇四子胤禛「喜怒不定」之考語。
- 康熙四十七年十一月十八日，聖體違和，命允祉、胤禛、允祺、允禩四皇子檢視藥方。
- 康熙四十七年十一月十九日，稱讚皇四子胤禛性量過人，深知大義，曾為廢太子保奏。
- 康熙四十七年十一月二十八日，復封允禩為多羅貝勒。
- 康熙四十八年正月二十一日，召滿漢大臣述去冬群臣保舉允禩為皇太子事，領侍衛內大臣等稱實係公同保奏，並無倡首之人。
- 康熙四十八年正月二十二日，責大學士馬齊圖謀專擅，欲立允禩為皇太子，將馬齊及其弟馬武、李榮保，並子侄等俱革職，馬齊交允禩拘禁，李榮保枷責。

- 康熙四十八年二月二十八日，責國舅佟國維倡造大言，驚駭眾心，且欲立八阿哥為皇太子，將其訓斥罷職。
- 康熙四十八年三月初九日，復立允礽為皇太子，遣官告祭天、地、宗廟、社稷。次日授太子、太子妃冊寶。
- 康熙四十八年四月十五日，傳旨於八旗派護軍參領八員、護軍校八員、護軍八十名嚴加看守大阿哥允禔，以防其趁皇帝出行之機，指稱皇太后懿旨或皇帝密旨肆行殺人，猖狂妄動。
- 康熙四十八年十月二十一日，冊封皇三子多羅貝勒允祉為和碩誠親王，皇四子多羅貝勒胤禛為和碩雍親王，皇五子多羅貝勒允祺為和碩恆親王；皇七子多羅貝勒允祐為多羅淳郡王，皇十子允䄉為多羅敦郡王；皇九子允禟、皇十二子允祹、皇十四子允禵俱為固山貝子。
- 康熙五十一年五月十三日，宗人府等衙門遵旨將步軍統領托合齊，尚書齊世武、耿額等結黨會飲一案審結，奉旨此等事俱因允礽所致。後將托合齊、齊世武、耿額俱處死。
- 康熙五十一年九月三十日，諭諸皇子等：皇太子允礽自復立以來，狂疾未除，大失人心，祖宗弘業斷不可託付此人；朕已奏聞皇太后，將允礽拘執看守。
- 康熙五十一年十月初一日，下旨廢黜皇太子允礽，後若有奏請皇太子已經改過從善應當釋放者，朕即誅之。

- 康熙五十一年十月十九日，禁錮廢太子允礽於咸安宮。
- 康熙五十二年二月初二日，左都御史趙申喬奏請冊立太子，諭以立皇太子事未可輕定，趙申喬所奏摺著發還。
- 康熙五十二年九月三十日，將二阿哥允礽侍從得麟凌遲處死，其父阿哈占開棺戮屍。
- 康熙五十三年十一月二十六日，因八阿哥允禩以將斃之鷹兩架遣人請安，聖躬憤怒，心悸幾危，稱允禩係辛者庫賤婦所生，自此朕與允禩父子之恩絕矣。
- 康熙五十三年十一月二十七日，八阿哥允禩將奉旨發遣之奶公雅齊布潛匿在京，現已將雅齊布正法。並稱允禩黨羽甚惡，陰險已極，即朕亦畏之，將來必為雅齊布等報仇也。
- 康熙五十四年正月二十九日，將貝勒允禩俸銀俸米，及伊屬下護衛、官員俸銀俸米，執事人等銀米俱著停止。
- 康熙五十四年四月三十日，召誠親王允祉、雍親王胤禛商討西邊兵事。
- 康熙五十五年九月十二日，八貝勒允禩患傷寒，遣醫調治，後命雍親王胤禛料理。
- 康熙五十五年十月初五日，上命將所停允禩之俸銀俸米俱照前支給。
- 康熙五十五年十二月十六日，直隸巡撫趙弘燮疏報孟光祖假稱誠親王允祉之命遊行五省，詐騙錢財事。
- 康熙五十六年五月，大學士王掞密奏，請立太子。

- 康熙五十六年十一月，御史陳嘉猷等八人公疏請立皇太子。
- 康熙五十六年十二月二十一日，在乾清宮召集諸皇子、滿漢重臣「豫立遺詔」，稱「天下大權，當統於一人」，由儲君「分理」萬不可行。
- 康熙五十七年正月二十日，翰林院檢討朱天保，請復立允礽為皇太子，坐斬，其父朱都訥，及常賚、金寶、齊世、萃泰等，並逮訊議罪。
- 康熙五十七年十月十二日，命皇十四子固山貝子允禵為撫遠大將軍，征策妄阿拉布坦。降旨青海蒙古王公：「大將軍王是我皇子，確係良將，帶領大軍，深知有帶兵才能，故令掌生殺重任。爾等或軍務，或巨細事項，均應謹遵大將軍王指示，如能誠意奮勉，既與我當面訓示無異。爾等惟應和睦，身心如一，奮勉力行。」
- 康熙五十九年十月二十二日，大將軍王允禵疏報，平逆將軍延信已由青海護送達賴喇嘛進藏，沿途屢次大勝。
- 康熙五十九年十二月二十二日，封和碩誠親王允祉子弘晟、和碩恆親王允祺子弘昇俱為世子，班次俸祿照貝子品級。
- 康熙六十年三月，大學士王掞、御史陶彝等復請建儲。
- 康熙六十年十月初九日，命大將軍王允禵來京，指授來年大舉進剿方略。
- 康熙六十年十一月二十六日，撫遠大將軍允禵至南苑陛見。

- 康熙六十一年四月十五日，命撫遠大將軍允禵復往軍前。
- 康熙六十一年十月九日，命和碩雍親王胤禛帶領弘昇、孫渣齊、隆科多等人前往通州查勘倉廒。
- 康熙六十一年十一月九日，命和碩雍親王代行南郊祭天大典。
- 康熙六十一年十一月十三日，康熙皇帝在暢春園駕崩，皇四子雍親王胤禛即皇帝位，安奉大行皇帝於乾清宮。（胤禛即位後，諸兄弟避「胤」字諱，名上一字改為「允」；十四阿哥胤禎兩字全避，改為允禵。）
- 康熙六十一年十一月十四日，命貝勒允禩、十三阿哥允祥、大學士馬齊、尚書隆科多總理事務。命大將軍王允禵、弘曙二人馳驛來京，公延信馳驛速赴甘州管理大將軍印務。總督年羹堯於西路軍務糧餉及地方諸事俱同延信管理。
- 康熙六十一年十二月十一日，封貝勒允禩為和碩廉親王，十三阿哥允祥為和碩怡親王，貝子允裪為多羅履郡王，弘皙為多羅理郡王。
- 康熙六十一年十二月十三日，以理藩院尚書舅舅隆科多為吏部尚書，仍兼管步軍統領事務。廉親王允禩為理藩院尚書。
- 康熙六十一年十二月十五日，命怡親王允祥總理戶部三庫事務。
- 雍正元年正月十四日，設立會考府准核各省錢糧奏銷，命怡親王、隆科多、大學士白潢、左都御史朱軾會同辦理。

- 雍正元年正月十六日，因喀爾喀哲布尊丹巴呼圖克圖此前在京拜謁梓宮時圓寂，命敦郡王允䄉、世子弘晟赴蒙古齎賜印冊奠儀。
- 雍正元年正月二十四日，封多羅淳郡王允祐子弘曙為長子，貝子允禵子弘春為固山貝子。
- 雍正元年二月十日，將貝子允禟派往軍前，駐紮西寧，蘇努之子勒什亨革職，隨允禟效力。又諭外間匪類捏造流言，妄生議論，稱朕淩逼弟輩，報復舊怨。
- 雍正元年二月十七日，命廉親王允禩辦理工部事務，裕親王保泰辦理理藩院事務。
- 雍正元年四月初二日，命貝子允禵留陵寢附近湯泉居住。
- 雍正元年四月初七日，命怡親王允祥總理戶部事務。
- 雍正元年四月十二日，封怡親王允祥子弘昌為固山貝子。
- 雍正元年五月二十三日，諭貝子允禵原屬無知狂悖，氣傲心高……著晉封允禵為郡王，伊從此若知改悔，朕自迭沛恩澤；若怙終不悛，則國法俱在，朕不得不治其罪。
- 雍正元年八月初三日，上諭自怡親王辦理戶部事務，於展限四十日之內一切積弊剔除殆盡，獎勸屬員，清理數千案件，甚屬可嘉。
- 雍正元年八月十七日，召總理事務王大臣、滿漢文武大臣、九卿，將立儲詔書放置於乾清宮正大光明匾後，以備不虞。

- 雍正元年十一月二十九日，前者欲賜怡親王允祥分家銀二十三萬兩，允祥力辭，改將現在其所兼管之佐領俱令為其屬下；賞給一等護衛四員、二等護衛四員、三等護衛十二員；加賜豹尾槍二、長桿刀二；每佐領下添給親軍二名。
- 雍正二年四月初七日，斥允禩等於康熙末年固結黨援，希圖僥倖，並及遙亭斃鷹等事。允祉等請將聖祖斥責允禩各上諭傳示諸王大臣，經允禩懇求，暫免宣示，收貯內閣。
- 雍正二年四月初八日，兵部參奏允䄉奉使口外，不肯前往，捏稱有旨令其進口，竟在張家口居住，應得何罪交諸王大臣議奏。
- 雍正二年四月二十日，宗人府參奏貝子允禟差往西寧居住，擅自遣人往河州買草，踏看牧地，抗違軍法，肆行邊地。
- 雍正二年四月二十六日，將允䄉革去王爵，調回京師，永遠拘禁。
- 雍正二年五月十四日，將蘇努革去貝勒，佐領撤回，其本人及在京諸子於十日內帶往山西右衛居住。
- 雍正二年十一月十日，以世子弘晟訛詐銀兩革為閒散宗室，令伊父和碩誠親王允祉嚴加約束。
- 雍正二年十一月十三日，責廉親王允禩所辦之事皆邀結人心，欲以惡名加之朕躬。
- 雍正二年十一月二十二日，以裕親王保泰迎合廉親王允禩，昧於君臣大義，革去王爵。
- 雍正二年十二月十四日，二阿哥允礽薨，追封為和碩理親王，諡曰密。

- 雍正三年二月二十九日，責允禩、允禟、允䄉、允禵，及其黨阿靈阿、鄂倫岱等人罪，將鄂倫岱革領侍衛內大臣職，發往奉天居住。
- 雍正三年三月二十七日，守喪三年服滿，議總理事務王大臣功過：怡親王允祥極其敬慎，遵守臣節，凡朕所交事件竭盡忠誠，勤勞辦理，著賞一郡王，聽王於諸子中指名奏請受封；隆科多著賞給世襲一等阿達哈哈番；馬齊著賞給拜他喇布勒哈番；廉親王允禩有罪無功，不應議敘。
- 雍正三年四月初十日，怡親王允祥奏辭議敘。奉旨王具疏懇辭，及見朕時復再三陳奏，情詞諄切出於至誠，朕亦難強，姑允其請，以成謙讓之美。
- 雍正三年四月十六日，召諸王、貝勒、公、大學士、九卿及工部官員，稱廉親王允禩之於朕則情如水火，勢如敵國，並言康熙五十三年聖祖所降與允禩父子之義斷絕諸事。
- 雍正三年七月二十八日，山西巡撫伊都立參奏貝子允禟護衛烏雅圖等在平定州地方擅行毆打生員，應請按律治罪。有旨此事仍著伊都立將太監李大成提往晉省，明白對質，將實情審出具奏。
- 雍正三年八月二十七日，以怡親王允祥實心為國，凡所交之事盡心竭力辦理，操守亦甚清廉，著加怡親王俸銀一萬兩。
- 雍正三年十一月初四日，廉親王允禩奏裁內務府披甲人數，交其辦理後，又改擬增添，致內務府人等至王府嚷鬧。命廉親王將為首五人指名具奏，後稱其所舉並非確實，著內大臣、大學士、議政大臣、九卿等公同詳確會議。

- 雍正三年十二月初四日，宗人府參奏多羅郡王允禵任大將軍時，任意妄為，苦累兵丁，侵擾地方，靡費軍需。得旨允禵革去多羅郡王，授為固山貝子。
- 雍正三年十二月二十一日，宗人府參奏廉親王允禩因護軍九十六不遵伊之指使，（令太監三人將九十六）立斃杖下。奉旨將九十六之宗族佐領不可留於允禩屬下，著撤入公中。
- 雍正四年正月初四日，責允禟在西寧「造作字樣，暗通書信」，其中有「事機已失」之語，將其門下親信毛太、佟保等嚴加審訊。
- 雍正四年正月初五日，召入諸王、貝勒、貝子、公、滿漢文武大臣等，告以廉親王允禩燒毀聖祖諭旨，設誓有一家俱死之言，連及聖躬；允禟造作字樣，密傳信息，行同奸細，視朝廷為敵國；蘇努等結黨構逆，靡惡不為。今撰文祭告奉先殿，將允禩、允禟、蘇努、吳爾占革去黃帶子，並令宗人府將允禩、允禟、蘇努、吳爾占名字除去。同日，將允禩迎養府中的惠妃接回宮中。
- 雍正四年正月二十八日，以允禩之妻惡跡昭著，降旨革去福晉，休回外家。
- 雍正四年二月初七日，諸王大臣合辭奏請將允禩即行正法，奉旨朕本意斷不將允禩治罪，此所奏知道了。
- 雍正四年二月初十日，命將允禩在宗人府看守，圈禁高牆，著總管太監派老成太監二名在內隨侍。
- 雍正四年二月二十二日，以簡親王雅爾江阿專懼允禩、蘇努等悖逆之徒，甚忝厥職，著革去王爵。

- 雍正四年三月初四日，令允禩、允禟並其子之名自行更改，分別編入佐領。
- 雍正四年三月十二日，允禩自改名為阿其那，改其子弘旺名為菩薩保。
- 雍正四年五月初二日，因蔡懷璽投書允禵，稱其可以為皇帝事，將允禵從景陵撤回京師，禁錮景山壽皇殿，其子弘明一併禁錮。
- 雍正四年五月十四日，改允禟之名為塞思黑。
- 雍正四年五月十七日，召入諸王、大臣、九卿等，再次歷數允禩、允禟、允禵等罪過。命將此旨錄出，傳於京城內外八旗軍民人等一體知之。
- 雍正四年五月二十八日，將附逆阿其那之蘇努、七十等抄沒家產，挫骨揚灰，其子孫等分別發遣、禁錮。
- 雍正四年六月初三日，定阿其那大罪四十款、塞思黑大罪二十八款、允禵大罪十四款，頒示中外。
- 雍正四年六月二十八日，以貝勒滿都護包庇塞思黑，革去貝勒，降為貝子。
- 雍正四年七月二十一日，御書「忠敬誠直勤慎廉明」八字榜賜怡親王允祥，又稱王之當年侍奉皇考極盡誠孝，深蒙皇考之慈愛，而其居心之方正，秉性之和平，待人之寬厚，遇下之仁惠，種種善行，筆不勝書。

- 雍正四年八月二十八日，直隸總督李紱奏報，塞思黑患腹瀉之疾，於八月二十四日病故。
- 雍正四年九月初十日，順承郡王錫保奏阿其那染患嘔症，不進飲食，是日病故。
- 雍正四年九月二十九日，諸王大臣合辭奏請將允禵、允䄉正法。奉旨免其正法。
- 雍正四年十二月初三日，諸王大臣奏請將阿其那、塞思黑妻、子正法。奉旨其妻、子從寬免其正法。塞思黑之妻逐回其家，嚴加禁錮。阿其那、塞思黑之眷屬交與內務府總管，給與住居養贍。
- 雍正五年十二月初六日，議貝勒延信與阿其那、塞思黑結黨等罪共二十款。得旨延信從寬免死，著與隆科多在一處監禁。
- 雍正六年六月二十日，宗人府議奏誠親王允祉勒索蘇克濟銀兩，詢問之際憤怒怨望，在上前喝責王大臣等，毫無臣禮，應革去王爵，禁錮私第。奉旨，允祉免其褫爵拘禁，著降親王為郡王，撤去佐領四個。其子弘晟拿交宗人府嚴行鎖禁。嗣後一應交與諸王公等會議之處，允祉不必入班。
- 雍正七年十月二十七日，以怡親王允祥協贊朕躬，忠誠宣猷，為國家辦理政務勤慎奉職，甚屬可嘉，加儀仗一倍。
- 雍正八年二月十八日，晉封誠郡王允祉為和碩誠親王。
- 雍正八年五月初四日，怡親王允祥病故，上親臨視，悲慟不已，輟朝三日。後屢次親往祭祀，迭加恩遇。如賜謚曰「賢」，加「忠敬誠直勤慎廉明」八字於謚號之上；令配享太廟；改名上一字為「胤」；其爵位世襲罔替；另封一子為寧郡王亦世襲罔替；增加園寢規制；在直隸等地建祠祭祀。

- 雍正八年五月十二日，莊親王允祿、內大臣佛倫等參奏誠親王允祉於怡親王喪事遲到早歸，且每日於舉哀之時全無傷悼之情，視同隔膜，請交與該衙門嚴加議處。得旨著宗人府諸王、貝勒、貝子、公、八旗大臣、九卿、詹事、科道會同定議具奏。
- 雍正八年五月二十四日，諸王大臣議誠親王允祉罪，奉旨將允祉革去親王拘禁，其子弘晟從前散禁於宗人府，今著嚴加拘禁。
- 雍正八年五月二十八日，允礽之子理郡王弘晳晉封親王，允祉之子弘景晉封貝子。
- 雍正十年閏五月十九日，宗人府以允祉病故奏聞。一切殯葬之禮著照郡王例行，賞內庫銀五千兩料理喪事。
- 雍正十二年十一月初一日，大阿哥允禔病逝，照貝子之例辦理。
- 雍正十三年八月二十三日，雍正皇帝駕崩，以皇四子弘曆為皇太子，即皇帝位。
- 雍正十三年十一月二十八日，將阿其那、塞思黑之子孫給與紅帶，收入玉牒。
- 乾隆二年四月十九日，賜給允禩、允禵公爵空銜，不必食俸，仍令在家居住。
- 乾隆二年十月十七日，追予多羅郡王允祉謚「隱」，並復原封誠郡王字號。

- 乾隆四年十月十六日，宗人府議奏莊親王允祿與弘晳、弘昇、弘昌、弘晈等結黨營私，往來詭祕。奉旨莊親王從寬免革親王，仍管內務府事，其親王雙俸及議政大臣、理藩院尚書職俱著革退；弘晳胸中自以為舊日東宮之嫡子，居心甚不可問，著革去親王，不必在高牆圈禁，仍准其鄭家莊居住，不許出城；弘昇照宗人府議永遠圈禁；弘昌亦照所議革去貝勒，弘普革去貝子並管理鑾儀衛事；弘晈王爵係皇考特旨令其永遠承襲者，著從寬仍留王號，永遠住俸，以觀後效。
- 乾隆四年十二月初九日，以弘晳擅敢仿照國制，設立會計、掌儀等司，其罪較之阿其那輩尤為重大，現於東果園永遠圈禁，弘晳及其子孫照阿其那、塞思黑之子孫革去宗室，給與紅帶之例。
- 乾隆六年九月初九日，公爵允䄉病逝，以貝子禮葬。
- 乾隆十二年六月初四日，十四叔允禵賜以公爵家居十數年來，安靜循分，並未生事，著封為貝勒，照常上朝。
- 乾隆二十年正月初六日，恂郡王允禵病逝，諡號「勤」。
- 乾隆四十三年正月十三日，將允禩、允禟、弘晳復其原名，收入玉牒，子孫等一併敘入。

附錄二　康熙序齒皇子情況表

姓名	序齒	生年	生母	封爵謚號	卒年	壽命
允禔	一	康熙十一年二月十四日	惠妃烏拉納喇氏	康熙三十七年封多羅直郡王，康熙四十七年革爵圈禁。雍正十二年十一月照貝子例治喪	雍正十二年十一月一日	六十三歲
允礽	二	康熙十三年五月初三日	孝誠仁皇后赫舍里氏	康熙十四年六月立爲皇太子，康熙四十七年九月廢，翌年三月復立，康熙五十一年十月復廢圈禁。雍正二年十二月追封和碩理親王，謚號「密」	雍正二年十二月十四日	五十一歲
允祉	三	康熙十六年二月二十日	榮妃馬佳氏	康熙三十七年三月封多羅誠郡王，翌年九月降爲多羅貝勒，康熙四十八年三月晉封誠親王。雍正六年六月降爲誠郡王，雍正八年二月，復封親王，同年五月革爵圈禁，雍正十年閏五月照郡王例殯葬。乾隆二年十二月，復原封號誠郡王，謚號「隱」	雍正十年閏五月十九日	五十六歲

姓名	序齒	生年	生母	封爵謚號	卒年	壽命
胤禛	四	康熙十七年十月三十日	孝恭仁皇后烏雅氏	康熙三十七年三月封爲多羅貝勒，康熙四十八年三月晉封和碩雍親王，康熙六十一年十一月二十日即皇帝位	雍正十三年八月二十三日	五十八歲
允祺	五	康熙十八年十二月初四日	宜妃郭絡羅氏	康熙三十七年三月封多羅貝勒，康熙四十八年三月晉封和碩恒親王。謚號「溫」	雍正十年閏五月十九日	五十四歲
允祚	六	康熙十九年二月初五日	孝恭仁皇后烏雅氏	無封	康熙二十四年五月十四日	六歲
允祐	七	康熙十九年七月二十五日	成妃戴佳氏	康熙三十七年三月封多羅貝勒，康熙四十八年三月晉封多羅淳郡王。雍正元年四月封和碩淳親王。謚號「度」	雍正八年四月初二日	五十一歲
允禩（阿其那）	八	康熙二十年二月初十日	良妃衛氏	康熙三十七年三月封多羅貝勒，康熙六十一年十一月封廉親王。雍正四年二月革爵圈禁，黜宗室，雍正十三年十一月收入紅帶子。乾隆四十三年正月復宗籍	雍正四年九月初十日	四十六歲

姓名	序齒	生年	生母	封爵謚號	卒年	壽命
允禟（塞思黑）	九	康熙二十二年八月二十七日	宜妃郭絡羅氏	康熙四十八年三月封固山貝子。雍正三年七月革爵圈禁，雍正四年正月黜宗室，雍正十三年十一月收入紅帶子。乾隆四十三年正月復宗籍	雍正四年八月二十七日	四十四歲
允䄉	十	康熙二十二年十月十一日	溫僖貴妃鈕祜祿氏	康熙四十八年三月封多羅敦郡王。雍正二年四月革爵圈禁。乾隆二年二月封奉恩輔國公品級，乾隆六年九月以貝子品級治喪	乾隆六年九月初九日	五十九歲
允禌	十一	康熙二十四年五月初七日	宜妃郭絡羅氏	無封	康熙三十五年七月二十五日	十二歲
允祹	十二	康熙二十四年十二月二十四日	定妃萬琉哈氏	康熙四十八年三月封爲固山貝子，康熙六十一年十二月封爲履郡王。雍正元年十二月降爲固山貝子，雍正二年六月降爲鎮國公，雍正八年五月復封履郡王，雍正十三年十月晉封和碩履親王。謚號「懿」	乾隆二十八年七月二十四日	七十九歲

姓名	序齒	生年	生母	封爵謚號	卒年	壽命
允祥	十三	康熙二十五年十月初一日	敬敏皇貴妃章佳氏	康熙六十一年十一月封爲和碩怡親王。謚號「賢」，加「忠敬誠直勤慎廉明」八字於謚號上	雍正八年五月初四日	四十五歲
允禵	十四	康熙二十七年正月初九日	孝恭仁皇后烏雅氏	康熙四十八年三月封爲固山貝子。雍正元年五月晋封郡王，雍正三年十二月降爲固山貝子，雍正四年四月革爵圈禁。乾隆二年三月封奉恩輔國公，乾隆十二年六月晋封多羅貝勒，乾隆十三年正月晋封多羅恂郡王。謚號「勤」	乾隆二十年正月初六日	六十八歲
允禑	十五	康熙三十二年十一月二十八日	順懿密妃王氏	雍正四年五月封爲貝勒，雍正八年二月，晋封多羅愉郡王。謚號「恪」	雍正九年二月初二日	三十九歲
允祿	十六	康熙三十四年六月十八日	順懿密妃王氏	雍正元年二月過繼和碩莊靖親王博果鐸爲嗣，襲封莊親王。謚號「恪」	乾隆三十二年二月二十一日	七十三歲

姓名	序齒	生年	生母	封爵諡號	卒年	壽命
允禮	十七	康熙三十六年三月初二日	純裕勤妃陳氏	雍正元年四月封爲多羅果郡王，雍正六年二月晉封和碩果親王。諡號「毅」	乾隆三年二月初二日	四十二歲
允祄	十八	康熙四十年八月初八日	順懿密妃王氏	無封	康熙四十七年九月初四日	八歲
允禝	十九	康熙四十一年九月初五日	襄嬪高氏	無封	康熙四十三年二月二十三日	三歲
允禕	二十	康熙四十五年七月二十五日	襄嬪高氏	雍正四年五月封爲貝子，雍正八年二月晉爲貝勒，雍正十二年八月降爲鎮國公，雍正十三年九月晉封貝勒。諡號「簡靖」	乾隆二十年正月初九日	五十歲
允禧	二十一	康熙五十年正月十一日	熙嬪陳氏	雍正八年二月封固山貝子，同年五月晉貝勒，雍正十三年十月封慎郡王。諡號「靖」	乾隆二十三年五月二十一日	四十八歲

姓名	序齒	生年	生母	封爵謚號	卒年	壽命
允祜	二十二	康熙五十年十二月初三日	謹嬪色赫圖氏	雍正八年二月封爲固山貝子，雍正十二年晉多羅貝勒。謚「恭勤」	乾隆八年十二月二十九日	三十三歲
允祁	二十三	康熙五十二年十一月二十八日	靜嬪石氏	雍正八年二月封鎮國公，雍正十三年十月晉貝勒。乾隆二十三年十一月降貝子，乾隆四十二年三月降鎮國公，乾隆四十五年九月授貝子，乾隆四十七年十一月晉貝勒。賜祭如郡王例，謚號「誠」	乾隆五十年七月二十七日	七十三歲
允祕	二十四	康熙五十五年五月十六日	穆嬪陳氏	雍正十一年二月封和碩諴親王。謚號「恪」	乾隆三十八年十月二十日	五十八歲

附錄三　阿其那（允禩）大罪四十款

1. 康熙四十七年冬，聖祖仁皇帝聖體違和，奉旨檢視方藥。阿其那毫無憂色，醫藥之事，漠不關心，惟與塞思黑、允禵等促坐密語，情狀叵測。及聖躬平復，毫無喜色，反有「目前雖愈，將來之事奈何」等語，驚駭聽聞，眾所共知者一也。

2. 素蓄異志，聽信相士張明德誑言，遂欲謀殺二阿哥，希圖儲位。又與大阿哥暗蓄刺客，謀為不軌，眾所共知者一也。

3. 趨奉裕親王福全，令其保薦。及二阿哥既廢，揆敘與廷臣暗通消息，各人手心俱寫一八字，眾所共知者一也。

4. 詭託矯廉，而凡有用財收買人心之處，皆取之於塞思黑。託人重價購書，誇其好學。九流術士，招至家中，藏之密室，厚加賞給，俾各處稱揚，眾所共知者一也。

5. 平日受制於妻，一日與何焯共談，任聽伊妻門外大笑，不知省避。又將何焯之幼女私養宅中，以為己女，眾所共知者一也。

6. 二阿哥初廢時，希冀儲位，邪謀日熾，結黨鑽營，及事情洩漏，聖祖仁皇帝震怒，提拿發審，問所犯情由，俱已顯著。聖祖仁皇帝召集諸王大臣等細數其奸惡，降旨革去貝勒，為閒散宗室，眾所共知者一也。

7. 康熙五十三年冬，聖祖仁皇帝駐蹕遙亭，阿其那遣人以將斃之鷹進獻，又稱伊在湯山等候進京，並不請旨，行止自由。聖祖仁皇帝憤怒，嚴訊伊之護衛及太監等，朋黨奸謀盡行顯露。其太監馮進朝供稱鄂倫岱、阿靈阿係伊逆黨，彼時鄂倫岱、阿靈阿理屈詞窮，倉皇退避。聖祖仁皇帝降旨云：朕與伊父子之情絕矣，眾所共知者一也。

8. 是日，聖祖仁皇帝又降旨諭眾阿哥云：「八阿哥允禩大背臣道，覓人謀殺皇子，竟未念及朕躬也。前朕患病，諸大臣公保八阿哥，朕甚無奈，只得將不可冊立之允礽放出，五載之內，極其鬱悶。允禩仍望遂其初念，與亂臣賊子等結成黨與，密行奸險，謂朕年已老邁，歲月無多，及至不諱，伊曾為眾人所保，誰敢爭執，後日必有行同狗彘之阿哥仰賴其恩，為之興兵構難，逼朕遜位而立允禩。若果如此，朕惟有含笑而歿已耳。朕深為憤怒，特諭爾等眾阿哥，俱當念朕慈恩，遵朕之旨，始為子臣之理。允禩因不得立為皇太子，恨朕切骨，伊之黨與亦皆如此。二阿哥悖逆，屢失人心，允禩則屢結人心，此人之險，實百倍於二阿哥也。」此聖祖仁皇帝之諭旨，眾所共知者一也。

9. 又因伊乳公雅齊布之叔廄長吳達禮，與御史永泰同出關差，永泰所給銀兩不多，阿其那不顧國體，將永泰私行棰楚。聖祖仁皇帝將雅齊布賞與公主，阿其那背旨潛留雅齊布在京，致將雅齊布夫婦正法。嗣後聖祖仁皇帝曾降諭旨云：「允禩因朕將雅齊布正法，遂欲為伊乳公報復，與朕結仇愈深矣。」為臣子者，竟敢與君父結怨成讎，逆亂已極，眾所共知者一也。

10. 又自知種種不法，惟恐搜其字跡，家中惡黨書札悉行焚燒，將聖祖仁皇帝硃批摺子一併銷毀，悖逆不敬，眾所共知者一也。

11. 二阿哥復行拿禁之後，阿其那徑到聖祖仁皇帝御前密奏云：「我今如何行走，情願臥病不起。」聖祖仁皇帝知其志望非分，作此試探之語，降旨切責，眾所共知者一也。

12. 見儲位未定，與塞思黑、允䄉、允禵交結彌固，必欲遂其大志，譎詐萬端，致聖祖仁皇帝憤恨感傷，時為不豫。不孝之罪，上通於天，眾所共知者一也。

13. 既革貝勒之後，暗以銀馬等物要結汝福等人入黨，又密同太監李玉擅革膳房行走之厄穆克托，又與翰林何焯固結匪黨，盜取名譽，潛蓄異心，眾所共知者一也。

14. 阿其那母妃喪時，凡事逾禮，沽取孝名。已及百日，尚令人扶掖而行，而受塞思黑、允䄉、允禵等每日輪班送飯，豕羊狼藉，筵席喧囂。脫孝後面貌愈加豐碩，聖祖仁皇帝降旨切責云虛偽不孝，實屬奸詭，眾所共知者一也。

15. 康熙五十五年秋，阿其那偶患傷寒，正值聖祖仁皇帝自熱河回鑾，冀以病症幸邀寬宥，故託大病，懇求魏珠謊奏，將所停俸米賞給。病癒仍稱病重，魏珠往看，乃下炕迎接，在地叩謝，奸偽無恥，眾所共知者一也。

16. 康熙五十六年春，阿其那病痊，聖祖俯垂慈憫，將賜食物，遣人降旨云：「爾病初愈，不知何物相宜，故未敢送去。」而阿其那忽起疑端，謂「未敢」二字承受不起，即往宮中叩懇。聖祖仁皇帝復降旨切責，僭分妄疑，大虧孝道，眾所共知者一也。

17. 外作矯廉，內多貪鄙，數遣護衛太監等私向赫壽、吳存禮、滿丕索要銀兩，眾所共知者一也。

18. 聖祖仁皇帝賓天時，阿其那並不哀戚，乃於院外倚柱，獨立凝思。派辦事務，全然不理，亦不回答，其怨憤可知，眾所共知者一也。

19. 皇上龍飛御極，情敦同氣，冀其改過自新，念其尚有才幹，晉封親王，俾同總理事務。阿其那全無感激，受恩之日，出口怨誹，眾所共知者一也。

20. 自蒙恩委任後，挾私懷詐，遇事播弄，冀以歸過主上，搖惑眾心。如奉移聖祖仁皇帝梓宮，誑請裁減人夫一半，意欲遲誤山陵大事，眾所共知者一也。

21. 皇上孝思罔極，特命莽鵠立恭寫聖祖仁皇帝御容，供奉瞻仰，阿其那乃奏稱不當供奉，語言狂謬，眾所共知者一也。

22. 任理藩院時，科爾沁蒙古乃累朝近親，蒙聖祖仁皇帝六十年厚恩，其臺吉等叩謁梓宮，阿其那令人於邊口攔阻，致蒙古呼天號泣，眾所共知者一也。

23. 任上駟院時，心懷叵測，請減內廄歷來所蓄馬匹，眾所共知者一也。

24. 任工部時，盛京陵寢所用紅土舊例自京採買運送，阿其那奏請折銀就彼採買，借節省腳價之名，輕慢陵工，眾所共知者一也。

25. 監造列祖神牌，漆流金駁全不經心，實大不敬，眾所共知者一也。

26. 預備祝版之案朽爛不堪，製造軍前之器鈍敝無用，眾所共知者一也。

27. 雍正元年春桃汛將發，耍兒渡等處河工關係緊要，地方官正值辦理陵工大事，乃奏請將河工交與地方官，不令監督看守，欲使彼此交代耽誤，堤岸沖決，殃害百姓，眾所共知者一也。

28. 皇上乘輿法物以斷釘薄板為之，更衣幄次以汙油惡漆塗之，眾所共知者一也。

29. 清查工部錢糧，於應追者反與蠲免，於應免者反令嚴追，顛倒是非，使人怨望，眾所共知者一也。

30. 工部說堂之稿將伊抬寫，伊看過並不改正，徑用印而行，妄自尊大，眾所共知者一也。

31. 庇護私人，謀集黨與，以私財數千金代岳周完公補項，繼又以典鋪數萬金助其作奸犯科，眾所共知者一也。

32. 包衣披甲額數在御前密奏之時則請裁減，在公廷議覆之日則請增添，及至奸偽敗露，眾怨沸騰，爭鬧其門。皇上降旨察訊，伊又枉陷無辜，以亂國法，眾所共知者一也。

33. 阿其那之妻不守婦道，聖祖仁皇帝諭旨甚明，皇上降旨遣回母家。伊女婢白哥勸伊於皇上前謝罪奏懇，乃憤然曰：我丈夫也，豈因妻室之故而求人乎？白哥見伊日在醉鄉，屢次勸諫不從，遂憤恨自縊而死，眾所共知者一也。

34. 門下太監閆進代伊隱瞞所行不法之事，則厚賞銀幣。護軍九十六據實供吐，違其本意，則立斃杖下。長史胡什吞以直言觸怒，痛加棰楚，推入冰內，幾致殞命。身為人臣，敢操賞罰生殺之柄，眾所共知者一也。

35. 清查太常寺奏銷黃冊，遲至一年之久尚不查奏，違聖旨而輕祀典，眾所共知者一也。

36. 門上佐領係管理事務之員，阿其那所用哈升乃擄來之厄魯特，用為頭等護衛佐領，眾所共知者一也。

37. 揑稱工部郎中三泰虧欠銀兩，尋隙參奏，眾所共知者一也。

38. 皇上所交利益旗下銀十萬兩內，擅自動用五六萬兩，私買人口，益張羽翼，眾所共知者一也。

39. 奉旨諭令悛改，乃含刀發誓云：我若再與塞思黑往來，一家俱死。「一家」二字，顯行詛咒，眾所共知者一也。

40. 奉旨拘禁宗人府，全無恐懼，反有不願全屍之語，凶惡之性，古今罕聞，眾所共知者一也。

附錄四　塞思黑（允禟）大罪二十八款

1. 塞思黑行止惡亂，謀望非常，暗以貲財買結人心，且使門下之人廣為延譽，收西洋人穆經遠為腹心，誇稱其善，希圖儲位，眾所共知者一也。

2. 康熙五十六年冬，聖祖仁皇帝召諸王子面詢建儲之事，塞思黑陳奏之語悖謬，聖祖仁皇帝面加切責。是夜三鼓時，聖祖仁皇帝念及塞思黑之言，益增憤怒，中夜起坐，次日塞思黑即畏懼稱病。平日結交近侍，密行伺察探聽，眾所共知者一也。

3. 詐稱有疾，私向穆經遠云：皇父欲立我為皇太子，是以詐病回避。僭妄無恥，眾所共知者一也。

4. 聖祖仁皇帝稍加教訓即生怨恚。每云：不過革此微末貝子耳。又每云：如大阿哥、二阿哥一例拘禁，我倒快樂。出言悖逆，眾所共知者一也。

5. 因封貝子，未遂其望，令秦道然各處稱其寬宏大量，慈祥愷悌，圖買人心，以謀大位。又密結何圖，令其姑赴同知之任，如有用處，即速來京。不軌之情，公然出口無忌，眾所共知者一也。

6. 康熙四十七年聖祖仁皇帝降旨：凡非本王門上之人，俱不許在別王子阿哥處行走。而塞思黑抗不遵奉，仍復招集私人，往來無忌，眾所共知者一也。

7.聖祖仁皇帝將阿其那鎖拿發審，塞思黑與允禵懷藏毒藥，願與同死。又令人攜帶鎖銬從行，以示同患之意。及阿其那蒙恩寬免，塞思黑當眾取出毒藥，與眾人看畢而棄之。固結死黨，凶暴悖亂，眾所共知者一也。

8.向秦道然言生有異徵，又言曾患病，見金甲神滿屋梁。詭詐妖言，欲惑人以圖非分，眾所共知者一也。

9.將伊子弘晸認內侍魏珠等為伯叔，窺探宮禁信息，行事卑汙，眾所共知者一也。

10.允禵往軍前時，塞思黑私與密約：若聖祖仁皇帝聖躬欠安，即遣人馳信軍前，以便計議，眾所共知者一也。

11.伊女聘與明珠之孫永福，索取貲財累百萬金，奪據各處貿易，貪婪無厭，眾所共知者一也。

12.聖祖仁皇帝賓天時，皇上正在哀痛哭泣，塞思黑突至上前，對坐箕踞無人臣禮，其情叵測，眾所共知者一也。

13.梓宮前上食舉哀，塞思黑全無滴淚。皇上降旨詢問，即出帕忿爭，情狀不遜，眾所共知者一也。

14.允禵往軍前時，塞思黑遣太監隨從，復差人往來寄信。允禵回京時，又差人迎過大同，暗籌私事，眾所共知者一也。

15.又私與允禩、允禵相約，彼此往來密信看後即行燒毀，圖謀不法之處顯然，眾所共知者一也。

16.聖慈曲加保全，發往西寧居住。伊屢次延挨日期，既到西寧，寄書允禩，內稱事機已失，追悔無及。逆亂之語，公然形之紙筆，眾所共知者一也。
17. 初到西寧時，向穆經遠云越遠越好。心懷悖亂，眾所共知者一也。
18. 伊妻路經山右，縱容手下人騷擾百姓，毆打生員，公行不法，眾所共知者一也。
19. 應賠錢糧抗不還項，乃將詐取明珠家財數百萬兩帶往西寧，凡市買物件，聽人索價，如數給與，圖買人心。又越禮犯規，僭稱王號，眾所共知者一也。
20. 縱容屬下人在地方生事，皇上特遣都統楚宗往行約束。及楚宗到彼宣旨，伊不出迎接，亦不叩頭謝罪，口稱我已出家離世之人，種種怨望，眾所共知者一也。
21. 寄與伊子及所屬官員人等字，俱用硃批。伊子稱塞思黑之言為旨，僭逆已極，眾所共知者一也。
22. 別造字樣，巧編格式，令伊子學習，打聽內中信息，縫於騾夫衣襪之內，傳遞往來，陰謀詭計，儼同敵國，眾所共知者一也。
23. 太祖高皇帝欽定國書，臣民所共遵守，塞思黑徑敢添造七字頭，私行刊刻，變亂祖制，眾所共知者一也。
24. 在西寧時於所居後牆潛開窗戶，密與穆經遠往來計議，行蹤詭祕，眾所共知者一也。
25. 又將資財藏匿穆經遠處，令其覓人開鋪。京中信息，從鋪中密送，詭祕若此，眾所共知者一也。
26. 又向穆經遠云：「前日有人送字來，上寫山陝百姓說我好，又說我狠（很）苦的話。我隨著人向伊說：『我們兄弟沒有爭天下的道理。』」穆經遠勸將此人拿交楚宗，塞思黑縱之使去，身在拘禁，尚為此悖逆之語，眾所共知者一也。

27. 具折請安稱奴才弟，折請皇后安，亦有弟字，悖謬已極，眾所共知者一也。

28. 自康熙元年以來，並無民人投充旗下之例，塞思黑不遵法度，隱匿私置民人一百四十七名，又有投充入檔者五名，不入檔者二十五名，引誘民戶，糾合惡黨，眾所共知者一也。

附錄五　允禩大罪十四款

1. 允禩性質狂悖，與阿其那尤相親密，聖祖仁皇帝於二阿哥之案將阿其那拿問時，召入眾阿哥，諭以阿其那謀奪東宮之罪，現交議政究審。允禩與塞思黑同向聖祖仁皇帝之前，允禩奏云：「阿其那並無此心，若將阿其那問罪，我等願與同罪。」聖祖仁皇帝震怒，拔佩刀欲殺允禩，經允祺力勸稍解，將允禩重加責懲，與塞思黑一併逐出，眾所共知者一也。

2. 康熙四十八年夏，聖祖仁皇帝避暑口外，恐伊等聚黨生事，止令阿其那跟隨行走。允禩敝帽故衣，坐小車，裝作販賣之人，私送出口，日則潛蹤而隨，夜則至阿其那帳房歇宿，密語通宵，蹤跡詭異，眾所共知者一也。

3. 聖祖仁皇帝知允禩昏愚狂妄，必生事端，因遣往軍前，使不得朋匪為惡。而允禩與阿其那、塞思黑密信往來，曾無間斷，機計莫測，眾所共知者一也。

4. 在西邊時取青海台吉等女子，日夜縱酒淫亂，不恤軍政，修造房屋，勞民費帑，眾所共知者一也。

5. 指稱雜項名色，靡費國帑三四十萬，而進兵止到穆魯烏蘇，將所運糧餉遲誤。身未到藏，乃於無用之處傷損官兵千餘、馬駝死者數千，眾所共知者一也。

6. 私受哲爾金銀六萬六千兩，將疲瘦馬匹留與白訥餵養，令其買辦駝隻。信用藍翎鐵柱，任其招搖撞騙。向噶什圖等索銀十二萬兩，又懼鐵柱舉發，始終庇護，眾所共知者一也。

7. 在西寧時張瞎子為之算命，詭稱此命定有九五之尊，允禵大喜稱善，賞銀二十兩，眾所共知者一也。

8. 將到京師，一切禮儀並不奏請皇上指示，及到京後不請皇太后安，亦不請皇上安，大虧臣子之義，眾所共知者一也。

9. 叩謁梓宮並不哀痛，至皇上向伊哭泣相見，伊並不向前抱膝痛哭。拉錫微加扶攙，令請上安，反肆咆哮，奏稱「拉錫侮慢我，求連我交與宗人府」等語。皇上降旨開諭，伊愈加忿怒，退出將拉錫痛罵，眾所共知者一也。

10. 孝恭仁皇后上賓，皇上仰體慈恩，將允禵晉封郡王，並無感恩之意，反有忿怒之色，眾所共知者一也。

11. 皇上謁陵回蹕，遣拉錫等降旨訓誡。允禵並不下跪，反使氣抗奏良久。阿其那見眾人共議允禵之非，乃向允禵云：「汝應下跪。」便寂然無聲而跪。不遵皇上諭旨，止重阿其那一言，結黨背君，公然無忌，眾所共知者一也。

12. 允禵之妻病故，皇上厚加恩恤，乃伊奏摺中有我今已到盡頭，一身是病，在世不久等語。怨望非理，眾所共知者一也。

13. 不以禮葬其妻，乃於居室之後、幽僻之處私造兩金塔，一為伊妻葬地，一備己身葬地。不遵國制，反從番僧之教，悖理不經，眾所共知者一也。

14. 奸民蔡懷璽造出大逆之言，明指允禩為皇帝，塞思黑之母為太后。用黃紙書寫，隔牆拋入允禩院內。允禩不即奏聞，私自裁去二行，交與把總，送至總兵衙門，令其酌量完結。及欽差審問，始理屈詞窮，悖亂之心顯然，眾所共知者一也。

附錄六　允祉大罪十款

1.允祉事聖祖仁皇帝，諸事違逆，罔知愛敬。聖祖仁皇帝聖躬違和，允祉毫無憂戚，且懷冀幸之意。又如恭謁陵寢，允祉並不早集行禮，使諸王大臣候至巳時始至昭西陵，午時方至景陵，任意怠忽，有乖典禮。其於母妃也肆行忤逆。又敬敏皇貴妃薨逝，允祉服制未滿即行剃頭。此其不孝之罪一也。

2.當二阿哥廢黜之後，允祉居然以儲君自命，見廷臣更正東宮儀仗，輒忿然謾罵。此其妄亂之罪一也。

3.允祉素日包藏禍心，希冀儲位，與逆亂邪偽之陳夢雷親暱密謀，遂將陳夢雷逆黨周昌言私藏家內，妄造邪術，拜斗祈禳，陰為鎮魘，及事蹟敗露，允祉罪在不赦，我皇上法外施仁，不忍加誅。迨後在皇上之前抗傲無禮，諸王大臣合詞參劾，宗人府議以禁錮，復蒙皇上從寬，止將伊降為郡王，薄示懲儆，而伊毫不畏懼。今年又蒙特恩，復伊親王之爵，而伊仍不知感戴。此其狂悖之罪一也。

4.允祉向日與阿其那、塞思黑、允禵等交相黨附，時切覬覦，比暱匪類，肆無忌憚。及至阿其那、塞思黑逆跡敗露，允祉乃密請交伊暗置死地，意在歸過皇上。此其黨逆之罪一也。

5. 我皇上宵旰勤勞，每於允祉進見之時賜座優禮，諭以勤政憂民諸事，而允祉漫不樂聞，但以伊閒居散適之樂娓娓陳述。此其欺罔不敬之罪一也。

6. 滿漢文武大臣皆受聖祖仁皇帝教養深恩，又蒙皇上加意委任，而允祉視抒誠宣力者如仇敵，憸邪不軌者為腹心。此其奸邪之罪一也。

7. 從前皇貴妃喪事，允祉當齊集之期，俱詭稱有另交事件，推諉不前。及前年八阿哥之事，允祉欣喜之色倍於平時。此其惡逆之罪一也。

8. 允祉之子弘晟凶頑放縱，助父為惡，荷蒙皇上鴻恩，從寬禁錮。允祉反以此銜恨於心，時行怨望。此怨懟不敬之罪一也。

9. 允祉在聖祖仁皇帝時侵帑婪贓，盈千累萬，又恣意需索所屬，仍復逋欠累累。皇上深用體恤，特賜帑金，俾其饒裕。而允祉毫不感激，每以催追之項怨忿瀆奏。此其貪黷負恩之罪一也。

10. 怡親王忠孝性成，謨猷顯著，允祉心懷妒忌，值怡親王薨逝，並不懇請成服，又不躬請皇上聖安，且於怡親王府齊集之所每日遲至早散，當舉哀時全無悲泣之情，反有慶幸之意。此其背理蔑倫之罪一也。

參考文獻

一、史料

- 中國第一歷史檔案館藏滿、漢文未刊檔案史料。
- 《清實錄．聖祖仁皇帝實錄》，中華書局，二〇〇八年。
- 《清實錄．世宗憲皇帝實錄》，中華書局，二〇〇八年。
- 《清實錄．高宗純皇帝實錄》，中華書局，二〇〇八年。
- 《康熙起居注》，中華書局，一九八四年。
- 《雍正朝起居注冊》，中華書局，一九九三年。
- 《明清檔案》，「中央研究院歷史語言研究所」藏清代內閣大庫檔案，臺北：聯經出版事業股份有限公司，一九八六年。
- 中國第一歷史檔案館編：《康熙朝漢文硃批奏摺彙編》，檔案出版社，一九八五年。
- 中國第一歷史檔案館編譯：《康熙朝滿文硃批奏摺全譯》，中國社會科學出版社，一九九六年。

• 中國第一歷史檔案館編：《雍正朝漢文諭旨彙編》，廣西師範大學出版社，二〇〇八年。
• 中國第一歷史檔案館編：《雍正朝漢文硃批奏摺彙編》，江蘇古籍出版社，一九八八年。
• 中國第一歷史檔案館編譯：《雍正朝滿文硃批奏摺全譯》，黃山書社，一九九八年。
• 《文獻叢編》第一輯，北京：故宮博物院印行，一九三六年。
• 《世宗憲皇帝御製文集》，影印本文淵閣四庫全書，臺灣商務印書館，一九八二年。
• 《同文會考補編》，珪庭出版社有限公司，一九八〇年。
• 〈李文貞公年譜〉，《近代中國史料叢刊》第一輯，臺灣文海出版社，一九六六年。
• 馬國賢：《清廷十三年：馬國賢在華回憶錄》，上海古籍出版社，二〇〇四年。

二、學者論著

1. 篡位說

• 孟森：〈清世宗入承大統考實〉，《明清史論著集刊》，中華書局，一九五九年。
• 王鍾翰：〈清世宗奪嫡考實〉，《清史雜考》，中華書局，一九五七年。
• 王鍾翰：〈胤禎西征紀實〉，《清史雜考》，中華書局，一九五七年。

- 王鍾翰：〈清聖祖遺詔考辨〉，《社會科學輯刊》一九八七年〇一期。
- 楊珍：〈關於康熙朝儲位之爭及雍正繼位的幾個問題〉，《清史論叢》第六輯，中華書局，一九八五年。
- 楊珍：〈允禵儲君地位問題研究〉，《清史論叢》一九九二年號，遼寧人民出版社，一九九三年。
- 楊珍：〈允禟：品性・遭際・時代〉，《清史論叢》二〇〇九年號，中國廣播電視出版社，二〇〇八年。
- 楊珍：〈滿文密摺所見誠親王允祉與雍正帝胤禛〉，《第一屆中日學者中國古代史論壇文集》，中國社會科學出版社，二〇一〇年。
- 楊珍：《清朝皇位繼承制度》，學苑出版社，二〇〇九年。
- 楊珍：《康熙皇帝一家》，學苑出版社，二〇〇九年。
- 金承藝：《清朝帝位之爭史事考》，中華書局，二〇一〇年。
- 戴逸：〈雍正繼位的歷史疑謎〉，《清代人物研究》，故宮出版社，二〇一三年。
- 梁希哲：〈小議雍正帝〉，《吉林大學社會科學學報》一九九七年〇六期。
- 莊吉發：〈清世宗拘禁十四阿哥允禵始末〉，臺灣《大陸雜誌》四十九卷二期。
- 陳捷先：《雍正寫真》，商務印書館，二〇一一年。
- 許曾重：〈清世宗胤禛繼承皇位問題新探〉，《清史論叢》第四輯，中華書局，一九八二年。

- 許曾重：〈雍正得位前後〉，《文史知識》一九八三年〇三期。
- 羅冬陽：〈雍正帝矯詔召回撫遠大將軍王允禵考——附論康雍之際西北軍權的轉移〉，《明清論叢》二〇一二年〇一期。
- 羅冬陽：〈朝鮮使臣見聞記述之康雍史事考評——以爭儲及雍正繼位為核心〉，東北師大學報（哲學社會科學版）二〇一三年〇二期。
- 金恆源：〈雍正帝篡位說新證〉，《史林》二〇〇四年〇三期。
- 金恆源：〈雍正繼位疑案辨析——讀馮爾康「二百年疑案再斷」質疑〉，《清史研究》二〇一一年〇二期。
- 金恆源：《正本清源說雍正》，浙江人民出版社，二〇〇五年。
- 金恆源：《雍正稱帝與其對手》，上海人民出版社，二〇〇八年。
- 林乾：《雍正十三年》，中信出版社，二〇一七年。

2. 繼位說

- 馮爾康：《雍正傳》，上海三聯書店，一九九九年。
- 馮爾康：《雍正繼位新探》，天津人民出版社，二〇〇八年。
- 馮爾康：《清代人物三十題》，岳麓書社，二〇一二年。

- 楊啟樵：《雍正帝及其密摺制度研究》，上海古籍出版社，二〇〇三年。
- 楊啟樵：《揭開雍正皇帝隱祕的面紗》，上海書店出版社，二〇一一年。
- 楊啟樵：《雍正篡位說駁難》，上海書店出版社，二〇一二年。
- 李憲慶、白新良：〈康雍之際繼嗣制度的演變〉，《社會科學輯刊》一九八三年第二期。
- 吳秀良：《康熙朝儲位鬥爭紀實》，中國社會科學出版社，一九八八年。
- 史鬆：《雍正研究》，遼寧民族出版社，二〇〇九年。
- 郭成康：〈傳聞、官書與信史：乾隆皇帝之謎〉，《清史研究》一九九三年第三期。

國家圖書館出版品預行編目（CIP）資料

正說「九王奪嫡」：清史專家重述康熙朝最驚心動魄的皇位爭奪戰，獨到拆解雍正奪取上位的重重疑點／鄭小悠，橘玄雅，夏天著. -- 初版. -- 臺北市：麥田出版：英屬蓋曼群島商家庭傳媒股份有限公司城邦分公司發行，2023.05
272面；14.8×21公分
ISBN 978-626-310-421-1（平裝）

1.CST：清史 2.CST：通俗史話

627.09 112002017

正說「九王奪嫡」

清史專家重述康熙朝最驚心動魄的皇位爭奪戰，獨到拆解雍正奪取上位的重重疑點

作者　鄭小悠，橘玄雅，夏天
責任編輯　何維民

版權　吳玲緯
行銷　闕志勳 吳宇軒
業務　李再星 陳美燕
副總編輯　何維民
編輯總監　劉麗真
發行人　凃玉雲

出版　麥田出版
104台北市民生東路二段141號5樓
電話：(886) 2-2500-7696 傳真：(886) 2-2500-1967
發行　英屬蓋曼群島商家庭傳媒股份有限公司城邦分公司
104台北市民生東路二段141號11樓
書虫客服服務專線：(886) 2-2500-7718、2500-7719
24小時傳真服務：(886) 2-2500-1990、2500-1991
服務時間：週一至週五09:30-12:00，13:30-17:00
郵撥帳號：19863813 戶名：書虫股份有限公司
讀者服務信箱E-mail：service@readingclub.com.tw
麥田部落格：http://blog.pixnet.net/ryefield
麥田出版Facebook：http://www.facebook.com/RyeField.Cite/
香港發行所　城邦（香港）出版集團有限公司
香港灣仔駱克道193號東超商中心1樓
電話：(852) 2508-6231
傳真：(852) 2578-9337
馬新發行所　城邦（馬新）出版集團【Cite (M) Sdn Bhd.】
41-3, Jalan Radin Anum, Bandar Baru Sri Petaling,
57000 Kula Lumpur, Malaysia.
電話：(603) 9056-3833
傳真：(603) 9057-6622
E-mail：service@cite.my

印刷　前進彩藝有限公司
電腦排版　黃雅藍
書封設計　陳正德

初版一刷　2022年5月

定價／350元
ISBN：978-626-310-421-1